HENRY ARAGON

MEMBRE DE LA SOCIÉTÉ FRANÇAISE D'ARCHÉOLOGIE

CASTELL ROSSELLO

AU MOYEN AGE

L'ANTIQUE RUSCINO CASTEL-ROUSSILLON
PAPIER TERRIER DE CASTELL ROSSELLO
NOTA DEL CAPBREU DEL TERME DE CASTELL ROSSELLO
1451-1456

DOCUMENTS INÉDITS

TOULOUSE
IMPRIMERIE ET LIBRAIRIE ÉDOUARD PRIVAT
Librairie de l'Université.
14, RUE DES ARTS (SQUARE DU MUSÉE)

1916

PRÉFACE

Le *capbreu* est un instrument précieux, je dirai même unique pour faire connaître la valeur des terres à Castell Rossello, leur culture, les chemins et voies publiques qui sillonnaient les diverses propriétés.

On constatera, par le nombre de tenanciers jardiniers (*ortolani*), « que la masse du peuple resta agricole[1] », et l'on pourra concevoir ainsi comment la corporation des jardiniers devait prendre, plus tard, *une importance qui n'ira qu'en augmentant :* ils deviendront les ARBITRES et souvent les MAÎTRES DU MARCHÉ. Les chartes nous font voir que cette corporation possédait la plus grande partie des terres qui s'étendaient, même fort loin, tout autour du territoire de Castell Rossello ; les jardiniers ont été les premiers habitants de Perpignan, disent les érudits : ils voulurent, sans doute, y rester les plus influents. Ce sont eux qui, en 1451, détiennent le plus de terrains[2]

1. P. Vidal, *Perpignan : Les Jardins.*

2. La plupart des tenanciers (à Castell Rossello) sont des jardiniers (Ortolani) qui cultivaient principalement la *vigne* à Castell Rossello. Sur 576 tenanciers, j'ai relevé dans le *capbreu* 205 tenanciers *jardiniers* et 371 divers, parmi lesquels dominent les tisseurs, pareurs et négociants.

HENRY ARAGON
MEMBRE DE LA SOCIÉTÉ FRANÇAISE D'ARCHÉOLOGIE

CASTELL ROSSELLO

AU MOYEN AGE

L'ANTIQUE RUSCINO CASTEL-ROUSSILLON
PAPIER TERRIER DE CASTELL ROSSELLO
NOTA DEL CAPBREU DEL TERME DE CASTELL ROSSELLO
1451-1456

DOCUMENTS INÉDITS

TOULOUSE
IMPRIMERIE ET LIBRAIRIE ÉDOUARD PRIVAT
Librairie de l'Université.
14, RUE DES ARTS (SQUARE DU MUSÉE)
1916

CASTELL ROSSELLO AU MOYEN AGE

D'APRÈS LES DOCUMENTS PALÉOGRAPHIQUES

pour le seigneur de Perapertusa; on remarquera que la quantité de terrains plantés *en vignes* est de beaucoup supérieure aux champs dont la culture est consacrée aux céréales ou au jardinage.

Le *papier terrier* de Castell Rossello nous fera connaître, avec toutes les charges et les délimitations exactes des tenures, tous les champs, prés, forêts, devèses, eaux, moulins, maisons, domaines, terres exploitées pour le seigneur de Castel-Roussillon, *Guillaume-Raymond de Perapèrtusa*, ou d'Ortaffa, par bail emphytéotique ou en directe seigneurie.

On sait que « tout propriétaire de terres allodiales avait le droit de les concéder à des tenanciers qui lui payaient des redevances et jouissaient du produit de ces terres, tandis que le propriétaire ou seigneur primitif n'en conservait plus que la *directe seigneurie*[1]. »

Alart a soutenu, dans ses écrits, que l'allodialité était primitivement le caractère de toute propriété territoriale en Roussillon et Cerdagne, et le système des *fiefs* et des *honors* ne s'établit qu'à partir de la conquête franque, et même ce fut dans des proportions tellement restreintes, qu'à la fin du dixième siècle, les neuf dixièmes de la propriété territoriale étaient encore de simples alleux. Qu'étaient-ce, d'ailleurs, qu'un « alleu » et un « fief » en Roussillon? Un *alleu*, en Roussillon, était une terre libre et franche de toute redevance, censive, droit de mutation, envers un supérieur ou suzerain portant titre

1. Alart, *Correspondance inédite de l'archiviste Alart*, p. xv.

de « seigneur », mais soumise, comme les autres propriétés, à toutes les obligations des services publics... « *Le fief*, au contraire, était une propriété soumise, comme l'alleu, à toutes les *obligations* des services publics, et, de plus, à toutes les redevances, à tous les droits convenus entre le tenancier et le seigneur particulier de qui il dépendait[1]. »

Que représentaient donc tous ces domaines à Castell Rossello ? C'étaient des propriétés possédées par plusieurs familles exploitant les terres à leur profit, en payant au chevalier *Guillaume-Raymond de Perapertusa*, LEUR SEIGNEUR, les redevances, censives, lods, *foriscapis* et autres droits féodaux. Du reste, tout ce qui était susceptible de produire un revenu ou même un simple droit honorifique pouvait revêtir le caractère de fief, tout aussi bien que d'alleu.

On sait que, par l'effet du contrat féodal, la propriété se divisait : le premier propriétaire ou propriétaire allodial ne conservait plus que la suzeraineté ou *directe seigneurie*, tandis que le bénéficiaire, feudataire ou censitaire, recevait le *domaine utile*, dont les profits consistaient dans les produits du sol.

Nous allons examiner tous ces documents et voir les conséquences logiques que l'on peut en tirer.

---

1. Alart, *op. cit.*, p. XX.

Résumé des redevances payées au seigneur de Castell Roussillon. — Superficie des terres assujetties à un cens et aux droits de directe seigneurie.

En évaluant approximativement à 60 ares l'ayminate qui, primitivement, était la mesure de terre pour l'ensemencement de laquelle il fallait une *aymine* de grain (surface constante de 50 cannes sur 30, soit 59 ares 27), on constatera que la superficie des terrains assujettis à un cens, perçu par le chevalier Raymond-Albert de Perapertusa, seigneur de Castel-Roussillon, s'élevait, d'après les actes mentionnés, à :

	Hectares.
d'une part, 213 ayminates ou	127,80
d'autre part, 578 cartonates ou	86,70
Total	214,55

Si l'on ajoute à ce chiffre les terres dont la contenance n'est pas indiquée dans certains actes, notamment dans les reconnaissances faites au seigneur de Castel-Roussillon par Guillaume Macip, négociant à Perpignan (CXXIX), et que l'on peut évaluer, suivant la valeur du cens payé au seigneur, à une dizaine d'hectares environ, on peut, sans s'éloigner de la vérité, fixer l'étendue du terrain pour lequel on payait[1] le cens, le droit de directe sei-

1. Dans presque tous les actes, le paiement du cens en nature est indiqué en *deniers* parce que « les deniers étaient la plus commune des monnaies réelles ». Brutails, *Condition des populations rurales en Roussillon.*

gneurie et le foriscap (à Castell Rossello), à 225 hectares environ.

D'après les actes du *capbreu*, nous trouvons *576* tenanciers pour *230* hectares environ.

De l'ensemble de tous ces documents concernant Castell Rossello, il se dégage ce fait, c'est que les terrains étaient presque tous *cultivés en vignes*, que les redevances en nature étaient très faibles et qu'elles étaient presque toutes payables en espèces : deniers, deniers barcelonais, sous, oboles[1].

Sur *137 reconnaissances* faites par divers tenanciers au seigneur de Castel-Roussillon, et qui représentent environ 228 hectares de terrain, on relèvera :

Reconnaissances.		
4	4 redevances payables en volatiles de basse cour : poules, oies :	
	1° Acte 19 décembre 1452, « *unam guallinam domesticam bene receptibilem* »...........	XVIII
	2° Acte 15 avril 1451, « *unum ancerem domesticum bene receptibilem (unum anchot* capbreu A) »........................	CXLVII
	3° Acte 14 avril 1455, « *unam gallinam bene receptibilem* »...........................	XLIII
	4° Acte 21 juillet 1455, « *unam gallinam domesticam bene receptibilem* »................	CXVII

1. On pourrait approximativement fixer le prix de l'ayminate entre 4 et 6 deniers. Il est impossible de fixer exactement le prix payé par ayminate ou cartonate, celui-ci variant excessivement, suivant la nature du terrain exploité ou à exploiter : vigne, champ, maillol, coteau, gravier, jardin, etc. Sur les 137 reconnaissances, 90 mentionnent des vignes, « *peciam terre in vinea plantatam* » ; le reste, des champs ou des jardins.

6	**6**	redevances qui paient le cens en orge :	
		1 punyeria (ou 1/2 punyeria) « *ordei de censu* » (acte 28 mars 1455). [2 setiers combles et 1 setier ras valaient 5 mesures et « 2 *punyeres* »]	XXV
		1/2 carton d'orge « *medium cartonum ordei de censu* » (acte 16 décembre 1455)..........	CXXIX
		1 pugesia « *unam pugesiam de censu* » (acte 29 mars 1455).........................	XXIX
		1 punyeria d'orge « *unam punyeriam ordei de censu* » (acte 16 mai 1455)...............	C
		1/2 carton d'orge purgé « *medium quartonum ordei purgatum* » (acte 9 mai 1455).......	CIV
		1/2 carton d'orge ras « *medium quartonum ordei raserium* » (acte 1er décembre 1455). [La mesure pleine, on devait enlever le grain en excédent au moyen d'une règle droite.].	CXXV
127	**127**	reconnaissances assujetties à un cens payable en *deniers*, sous, oboles, deniers barcelonais : « *denarii, solidi censuales, annuales et rendales, obolum de censu, denarii barchinonenses censuales* ».	
137 Total.	**137**		

L'emploi des noms ou des formes purement catalanes pour les noms de lieux dans les textes latins est très commun dès le douzième et même dès le onzième siècle.

On remarquera que, dans les documents en latin du *capbreu* de 1451-1456, les lieux-dits sont transcrits en pur catalan.

CASTELL ROSSELLO AU MOYEN AGE

PAPIER TERRIER DE CASTEL-ROUSSILLON (1451)

NOTA DEL CAPBREU
DEL TERME DE CASTELL ROSSELLO

Jordi CIURANA, Notaire.

I. — Actes du 21 janvier 1451.

§ 1. Reconnaissance faite par BERNARD OLIBA, jardinier de la ville de Perpignan, au chevalier Guillaume-Raymond-Albert de Perapertuse ou d'Ortafa, SEIGNEUR DE CASTEL-ROUSSILLON, pour une terre, sise au territoire de *Notre-Dame de Castel-Roussillon*, d'une contenance de deux ayminates, confrontant le chemin qui va *de Castel-Roussillon* à *Villalongue*, et l'honorable *Vital Grimal,* bourgeois de cette ville : ce terrain est assujetti à un cens annuel de *deux sous* et *six deniers*, à la directe seigneurie, au foriscap[1] (ou droit de mutation) avec l'approbation du seigneur foncier, en cas d'aliénation ou de vente.

Témoins : Guillaume Just, jardinier; Georges Struc, tisserand à Perpignan et George Ciurane, notaire.

Sit omnibus notum[2] quod ego Bernardus Oliba, ortolanus ville Perpiniani, tutor et curator Honorati, Laurentii et Bernardi, filiorum et heredum Bernardi Oliba quondam, filii mei, gratis et ex certa scientia, dicto nomine, confiteor et in veritate recognosco honorabili Guillermo-Raymundo Albert, alias de Perapertusa seu de Ortafano, militi, domino termini castri Rossilionis, absenti, in posse notarii infras-

1. Les tenures féodales et emphytéotiques en Roussillon et en Cerdagne étaient soumises à un *foriscapi* égal au tiers de leur valeur (sentence de l'Audience royale de Barcelone, du 16 novembre 1612, B 380, fol. 257-260). De toutes les redevances, le *foriscapium* semble avoir été la plus durable. Certaines tenures n'étaient pas grevées d'autres charges. Dans le *Capbreu* de Castell Rossello, nous citerons quatre actes dans lesquels les tenanciers n'ont à payer aucun cens, sauf le *foriscap*.

2. A. en marge : non vidi instr[umentum].

cripti, nomine et vice dicti absentis et omnium quorum interest et intererit legitime stipulantis et recipientis, quod dicti pupilli tenent et possident pro eodem domino quemdam campum in dictis terminis [Beate Marie de Castro Rossilione] situm, circa duas ayminatas terre in se continentem, confrontatum ex una parte cum via publica qua itur de dicto Castro ad locum de Villalonga, et ex duabus partibus cum alia tenentia mea et cum tenentia honorabilis Vitalis Grimaldi, burgensis dicte ville; in et super quo dictus dominus recipit et recipere debet et consuevit anno quolibet, in festo Nativitatis Domini, duos solidos et sex denarios de censu; et directum dominium, laudimium et foriscapium, tociens quociens dictus campus vendatur vel inpignoretur in toto vel in parte; pro quo quidem censu dicto domino dicti termini et suis fore salvo et securo dandoque et solvendo anno quolibet dicto festo, et directo dominio, laudimio et foriscapio reservandis, obligo dicto nomine eidem dictum campum cum omni melioramento quod dicti pupilli et sui fecerint in eodem. Quod fuit actum Perpiniani, die vicesima prima januarii, anno a nativitate Domini millesimo quadringentesimo quinquagesimo primo; presentibus pro testibus Guillermo Just, ortolano, Georgio Struc, textore Perpiniani, et me Georgio Ciurana, notario infrascripto, qui predicta requisitus recepi.

Actes du 21 janvier 1451.

§ 2. Reconnaissance par B. Oliba, au Seigneur de Castel-Roussillon, pour un champ de trois cartonates, sis au territoire de *Notre-Dame de Castel-Roussillon*, confrontant la voie publique qui va de *Castel-Roussillon* à *Cabestany*, moyennant *un denier* de cens et les droits de directe seigneurie et de foriscap.

Limites : les héritiers et fils de Bernard Oliba.

Témoins de l'acte : Guillaume Just, jardinier; Georges Struc, tisserand, et Georges Ciurane, notaire.

Sit omnibus notum quod ego Bernardus Oliba, ortolanus ville Perpiniani, gratis et ex certa scientia confiteor et in veritate recognosco honorabili Guillermo Raymundo Albert, alias de Perapertusa et seu de Ortafano, militi, domino termini Castri Rossilionis, absenti, in posse vestri, notarii infrascripti, nomine et vice ejusdem et omnium quorum interest et intererit legittime stipulantis et recipientis, quod ego habeo, teneo et possideo jure directi dominii pro dicto domino.

Primo quendam campum in dictis terminis [dicti loci Beate Marie de Castro Rossilione] situm, continentem in se circa tres cartonatas, confrontatum ex una parte cum quodam campo filiorum et heredum Bernardi Oliba quondam, filii mei; ab alia parte, cum quodam corrogo; ex alia parte, cum via publica qua itur de dicto loco *à Cabestany;* in et super quo dictus dominus recipit et recipere debet et consuevit, anno quolibet, in festo nativitatis Domini, unum denarium de censu; et directum dominium, laudimium et foriscapium, tociens quociens dictus campus vendatur vel inpignoretur in toto vel in parte.

§ 3. Reconnaissance par B. Oliba au Seigneur de Castel-Roussillon pour un champ qui confronte le *chemin public de Castel-Roussillon* à *Villelongue*, d'une contenance de quatre ayminates et moyennant *dix-huit deniers* de cens annuel et le foriscap.

Limites : B. André, bourgeois de Perpignan ; l'honorable Guillaume Dez Pug.

Item, alium campum in dictis terminis situm, circa quatuor ayminatas terre in se continentem, confrontatum ex una parte cum via publica qua itur de dicto Castro ad locum de Villalonga; et ex duabus partibus, cum tenentia honorabilis Bernardi Andree, burgensis[1]; et ex alia, cum tenentia honorabilis Guillelmi Dez Pug, domicelli; in et super quo dictus dominus recipit et recipere debet et consuevit anno quolibet, in dicto festo, decem octo denarios de censu, sive censuales, annuales et rendales; et directum

1. A. burgensis Perpiniani.

dominium et foriscapium, tociens quociens dictus campus vendatur vel inpignoretur in toto vel in parte.

§ 4. Reconnaissance par le même d'une terre, confrontant le chemin du dit *Castel* à *Bonpas*, moyennant *six deniers* de cens et le foriscap.

Limites : la Colomine (*Condomina*) d'*En Mondo*, de Villalongue, le chemin public qui va de *Castel Roussillon* à *Bonpas*.

Item, alium campum in dictis terminis situm, circa unam ayminatam terre in se continentem, confrontatum de duabus partibus cum quadam condomina d'En Mondo, loci de Villalonga, que fuit d'En Ribesaltes ; ex alia parte cum via publica qua itur de dicto Castro ad locum de Bono Passu; et ex alia parte cum alia tenentia mea. In et super quo dictus dominus recipit et recipere debet et consuevit anno quolibet, in dicto festo, sex denarios de censu ; et directum dominium, laudimium et foriscapium, tociens quociens dictus campus vendatur vel inpignoretur in toto vel in parte.

§ 5. Reconnaissance par B. Oliba au Seigneur de Perapertuse, pour une *vigne* de deux ayminates, moyennant *douze deniers* de cens et le foriscap.

Limites : le tenancier et un ravin; Jean Cabestany, jardinier ; Jacques Montbaulo et *veuve* Na Rossellona.

Item, quandam vineam in dictis terminis sitam, circa duas ayminatas terre in se continentem, confrontatam ex una parte cum alia tenentia mea, ex alia parte cum quodam corrogo, et ex alia parte cum tenentia Johannis Cabestany, ortolani, et cum tenentia Jacobi Montbaulo, ortolani; et ab alia parte cum tenentia de Na Rossellona, vidua. In et super qua dictus dominus recipit et recipere debet et consuevit anno quolibet, in dicto festo, duodecim denarios de censu ; et directum dominium, laudimium et foriscapium, tociens quociens dicta vinea vendatur vel inpignoretur in toto vel in parte.

§ 6. Reconnaissance par B. Oliba pour un *maillol* de trois cartonates de terre, moyennant *six deniers* de cens et le foriscap.

Limites : la vigne du tenancier; Bernard Baster, jardinier; un *maillol* de Bernard Pincard, de Perpignan.

Item, quoddam malleolum in dictis terminis situm, circa tres quartonatas terre continens, confrontatum de duabus partibus cum dicta vinea proxime designata; ex alia parte cum tenentia Bernardi Baster, ortolani; ex alia parte cum quodam malleolo Bernardi Pincard, pellerii, omnium de Perpiniano. In et super quo dictus dominus recipit et recipere debet et consuevit anno quolibet, in dicto festo, sex denarios de censu; et directum dominium laudimium et foriscapium, tociens quociens dictum malleolum vendatur vel inpignoretur in toto vel in parte.

§ 7. Reconnaissance pour une terre de trois carrés (*quadroni*) et deux autres carrés, confrontant avec le chemin qui va du *Château-Roussillon* à la *Ville de Perpignan* (ces cinq pièces sont assujetties à un cens de *deux sous*, à la directe et au foriscap).

Limites diverses : Bernard Oliba; Bérenger Pugsech, prêtre; Guillaume Macip, négociant.

Témoins : Georges Struc, tisseur; Guillaume Just, négociant, et G. Ciurane, notaire.

Item, tres quadronos contiguos in dictis terminis sitos, circa unam ayminatam continentes, confrontatos cum dicta via, et ex alia parte cum campo dictorum pupillorum Bernardi Oliba, et ab alia parte cum quodam corrogo, ex alia parte cum tenentia discreti Beringarii Pugsech, presbiteri.

Item, alios duos quadronos contiguos[1], in dictis terminis sitos, circa unam quartonatam terre continentes, confrontatos ex una parte cum tenentia Guillermi Macip, mercatoris Perpiniani, ab alia parte cum via qua itur de dicto

1. A. en marge : non invenit instr[umentum].

Castro ad dictam villam Perpiniani, et ex alia parte cum dicto corrogo.

In et super quibus quidem quinque quadronis dictus dominus recipit et recipere debet et consuevit anno quolibet, in dicto festo nativitatis Domini, duos solidos de censu ; et directum dominium, laudimium et foriscapium, tociens quociens dicti quadroni vendantur vel inpignorentur in toto vel in parte.

Pro quibus quidem censibus dicto domino dicti termini et suis fore salvis et securis, dandisque et solvendis anno quolibet dicto termino sive festo, et directis dominiis, laudimiis et foriscapiis reservandis, obligo eidem et suis dicta predia cum omnibus melioramentis que ego et mei fecerimus in eisdem.

Quod fuit actum Perpiniani, die vicesima prima januarii, anno a nativitate Domini, millesimo quadringentesimo quinquagesimo primo, presentibus pro testibus Guillermo Just, ortolano, Georgio Struc, textore dicte ville, et me Georgio Ciurana, notario infrascripto qui predicta, requisitus, recepi.

II. — **Acte du 5 février 1451.**

Reconnaissance faite par Guillaume Jaubert, négociant de la ville de Perpignan, au chevalier G.-R.-Albert de Perapertusa, Seigneur de Castel-Roussillon, pour une terre plantée d'oliviers, située au territoire de *Notre-Dame de Castel Roussillon*, au lieu dit *lo Stany*, d'une contenance de trois ayminates et demie, et assujettie à un cens annuel de *douze deniers* ; la ville perçoit un droit d'aumône de 6 deniers.

Limites : Jean Montella et André Bernard, bourgeois ; Guillaume Vila; jardinier ; l'agouille.

Témoins : Pierre Maria, négociant ; Antoine Costa, épicier, et G. Ciurana, notaire.

Sit omnibus notum[1] quod ego Guillermus Jaubert, mercator ville Perpiniani, gratis et ex certa scientia, confiteor

1. A. En marge : non habet instr[umentum], nisi similem recognitionem.

et in veritate recognosco honorabili Guillermo Raymundo Albert, alias de Perapertusa et seu de Ortafano, militi, domino termini castri Rossilionis, absenti, in posse vestri, notarii infrascripti, tanquam publice et auctentice persone nomine et vice ejusdem absentis et omnium quorum interest et intererit legitime stipulantis et recipientis, quod ego habeo, teneo et possideo jure directi dominii pro dicto domino et suis quandam peciam terre cum olivariis in illa radicatis, sitam in dictis terminis[1] [dicti loci Beate Marie de Castro Rossilione] loco vocato *lo Stany*[2], circa tres ayminatas et mediam continentem, confrontatam ab una parte cum tenentia Johannis Montella, et ex alia parte cum tenentia Bernardi Andree, burgensis, ab alia parte cum tenentia Guillermi Vila, ortolani, et cum[3] aculea *del exauc.* In qua quidem pecia terre est media ayminata que fuit, Petri Andree, mercatoris Perpiniani, et que nunc et dicti Guillermi Vila; In et super qua dictus dominus recipit et recipere debet et consuevit anno quolibet, in festo nativitatis Domini, duodecim denarios de censu, sive censuales, annuales et rendales; et directum dominium, laudimium et foriscapium, tociens quociens dicta media ayminata vendatur vel inpignoretur in toto vel in parte. Et super residuis tribus partibus dictarum trium ayminatarum recipit dictus dominus directum dominium, laudimium et foriscapium tantummodo, tociens quociens vendantur vel inpignorentur in toto vel in parte. Et super residua quarta parte dictarum trium ayminatarum Elemosina[4] Comunis ville predicte recipit et recipere debet et consuevit anno quolibet in festo Sancti Michaelis mensis septembris, sex denarios[5] de censu; et directum dominium, laudimium et foriscapium

1. A. in terminis Beate Marie de C. R.
2. A. *L*, *Estany*.
3. A. in aculea *del axauch*.
4. A. elemosinarius elemosine comunis... nomine dicte elemosine.
5. A. barchinonenses.

tociens quociens dicta pars vendatur vel inpignoretur in toto vel in parte. Pro quo quidem censu dicto domino fore salvo et securo, dandoque et solvendo anno quolibet, dicto festo, et directo dominio, laudimio et foriscapio reservando, obligo eidem et suis dictam peciam terre cum omni melioramento quod ego et mei fecerimus in eadem.

Quod fuit actum Perpiniani, die quinta mensis februarii, anno a nativitate Domini millesimo quadringentesimo quinquagesimo primo, presentibus pro testibus Petro Maria, mercatore, Anthonio Costa, specierio dicte ville, et me Georgio Cuirana, notario infrascripto qui predicta, requisitus, recepi.

III. — **Acte du 20 février 1451.**

Reconnaissance faite par Jean Oliver, tisserand de la ville de Perpignan, à G.-R. de Perapertuse, Seigneur de Castel-Roussillon, pour une terre (*maillol*), sise à *Notre-Dame de Castel-Roussillon*, d'une contenance de une ayminate, moyennant *quatre deniers* de cens et les droits de directe seigneurie et de foriscap.

Limites : Guillaume Volona, négociant ; Guillaume *Dieu le sel*, jardinier, et un sentier.

Témoins : Jean Nègre, négociant *du Boulou;* Jean Pug, notaire de Perpignan, et G. Ciurane, notaire.

Sit omnibus notum quod ego Johannes Oliver, textor ville Perpiniani, gratis et ex certa scientia confiteor et in veritate recognosco honorabili Guillermo Raymundo Asalbert, alias de Perapertusa et seu de Ortafano, domino de Castro Rossilione, absenti, in posse vestri, notarii infrascripti, tanquam publice et auctentice persone nomine et vice dicti absentis et omnium et singulorum quorum interest et intererit legitime stipulantis et recipientis, quod ego habeo, teneo et possideo, jure directi dominii, pro eodem, quemdam malleolum sive peciam terre in ea (*sic*) plantatum, in dictis terminis [Beate Marie de Castro Rossilione], situm, continentem in se circa unam ayminatam, confrontatum ex una parte cum tenentia Guillermi Volona, mercatoris, ex alia parte cum tenentia Guillermi *Deus lo sal*[1], ortolani, et ex alia parte cum quodam cenderio. In et super quo dictus dominus recipit et recipere debet et consuevit anno quolibet, in festo nativitatis Domini, quatuor denarios de censu ; et directum dominium, laudimium et foriscapium, tociens quociens dictum malleolum vendatur vel inpignoretur, in toto vel in parte. Pro quo quidem censu dicto domino fore salvo et securo dandoque et solvendo anno quolibet, dicto festo, et directo dominio, laudimio et foriscapio reservando, obligo eidem dictum malleolum cum omni melioramento quod ego et mei fecerimus in eodem. Quod fuit actum Perpiniani, die vicesima februarii, anno a nativitate Domini millesimo quadringentesimo primo, presentibus pro testibus Johanne Nigri, mercatore loci de Volono, discreto Johanne Pug, notario Perpiniani, et me Georgio Cuirana, notario infrascripto qui predicta, requisitus, recepi.

IV. — Acte du 4 avril 1451.

Reconnaissance faite par JEAN TORDÈRES, jardinier de Perpignan, au chevalier d'Ortafa, SEIGNEUR DE CASTEL-ROUSSILLON, pour un *maillol* situé au terroir de *Notre-Dame de Castel-Roussillon*, moyennant *quatre sous* de cens, et les droits de directe et de foriscap. La contenance n'est pas indiquée,

Limites : Barthélemy Griffe, jardinier ; Jacques Vidal, Jean Royre, En Armengau Baxador des deux côtés ; et Jean Girau, tous de Perpignan,

Témoins : Bernard Pla et Jean Pug, notaires ; Jean Pesa, jardinier, et G. Ciurane, notaire.

Sit omnibus notum[2] quod ego Johannes Torderes, ortolanus ville Perpiniani, gratis et ex certa scientia confiteor et in veritate recognosco honorabili Guillermo Raymundo

1. A. *Deulosal.*
2. A. en marge : non vidi instrumentum.

Albert, alias de Perapertusa et seu de Ortafano, militi, domino termini de Castro Rossilione, absenti, in posse vestri, notarii infrascripti, tanquam publice et auctentice persone nomine et vice dicti absentis legitime stipulantis et recipientis, quod ego habeo, teneo et possideo jure directi dominii pro eodem, quemdam malleolum situm[1] in dictis terminis [beate Marie de Castro Rossilione][2], confrontatum ex una parte cum tenentia Bartholomei Griffa, ortolani; ex alia parte cum tenentia Jacobi Vidal, et cum tenentia Johannis Royne ([a]), ortolanorum, et cum tenentia d'En Armengau Baxador, de duabus partibus; et ab alia parte cum tenentia Johannis Girau, ortholani, omnium de Perpiniano. In et super quo dictus honorabilis Guillelmus Raymundus Albert recipit et recipere debet et consuevit anno quolibet, in festo nativitatis Domini, quatuor solidos de censu, sive censuales, annuales et rendales; et directum dominium, laudimium et foriscapium tociens quociens dictus malleolus vendatur vel inpignoretur in toto vel in parte. Pro quo quidem censu dicto domino et suis fore salvo et securo dandoque et solvendo anno quolibet, dicto festo, et directo dominio, laudimio et foriscapio reservando, obligo eidem et suis dictum malleolum cum omni melioramento quod ego et mei fecerimus in eodem.

Quod fuit actum Perpiniani, die quarta mensis aprilis, anno a nativitate Domini millesimo quadringentesimo quinquagesimo primo, presentibus pro testibus discretis Bernardo Pla, Johanne Pug, notariis, Johanne Pesa, ortolano, Perpiniani, et me Georgio Ciurana, notario infrascripto, qui predicta, requisitus, recepi.

---

1. A. in terminis Beate Marie de C. R.

2. Les mots entre parenthèses ont été barrés; il n'en résulte pas moins qu'en plein milieu du quinzième siècle, la vieille dénomination de terroir de Notre-Dame de Castel-Roussillon persistait encore.

(a) Écrit au-dessus de Royre, barré.

V. — **Acte du 4 mai 1451.**

Reconnaissance faite par Bernard Pincard, peaussier de Perpignan, à G.-R. de Perapertusa, Seigneur de Castel-Roussillon, pour une vigne et terre, situées au territoire de Notre-Dame de C.-Roussillon, d'une contenance de six cartonates environ, au lieu dit *Los Volons*, confrontant la voie publique qui va de Perpignan a Canet. Cette terre est assujettie à un cens annuel de *six deniers* et au foriscap.

Limites : Bernard Baster, les héritiers d'Arnald Rossello, jardinier.

Témoins : Jean Pug, notaire; Jean Nègre (*calseterius*), Antoine Guich, courtier (en *phelpe?*), et G. Ciurane, notaire.

Sit omnibus notum[1] quod ego Bernardus Pincard, pellerius ville Perpiniani, gratis et ex certa scientia confiteor et in veritate recognosco honorabili Guillermo Raymundo Albert, alias de Perapertusa et seu de Ortafano, militi, domino Castri Rossilionis, absenti, in posse vestri, notarii infrascripti, tanquam publice et auctentice persone nomine et vice dicti absentis et omnium quorum interest et intererit legitime stipulantis et recipientis, quod ego habeo, teneo et possideo, jure directi dominii, pro eodem, quandam vineam et terram in qua est plantata, sitam in dictis terminis [Beate Marie de Castro Rossilione], loco vocato *los Volons*[2], sex quartonatas terre vel circa continentem, confrontatam cum tenentia Bernardi Baster; ab alia parte cum tenentia heredum Arnaldi Rossello quondam, ortolani, et cum via publica qua itur de Perpiniano ad locum de Caneto. In et super qua dictus dominus recipit et recipere debet et consuevit anno quolibet, in festo Nativitatis Domini, sex denarios de censu; et directum dominium, laudimium et foriscapium, tociens quociens dicta vinea vendatur vel inpignoretur in toto vel in parte. Pro quo quidem censu dicto domino

---

1. A. En marge : vidi instrumentum.
2. A. *Als Volons.*

et suis fore salvo et securo dandoque et solvendo anno quolibet dicto festo, et directo dominio, laudimio et foriscapio, reservando, obligo eidem et suis in posse vestri dicti notarii, ut supra stipulantis et recipientis, dictam vineam cum omni melioramento quod ego et mei fecerimus in eodem. Quod fuit actum Perpiniani, die quarta mensis madii, anno a nativitate Domini millesimo quadringentesimo quinquagesimo primo, presentibus pro testibus discreto Johanne Pug, notario, Johanne Negre, calseterio, Anthonio Guich, curritore phelpe (?), omnibus de Perpiniano, et me Georgio Ciurana, notario infrascripto qui predicta, requisitus, recepi.

VI. — **Acte du 7 octobre 1451.**

Reconnaissance par Arnald Marc, joueur de flûte à Perpignan, au Seigneur de Castel-Roussillon pour une vigne, d'une ayminate environ moyennant un cens d'*une obole* et les droits de directe et de foriscap.

Limites : Barthélemy *Montbaulo*, Jean Girald ou Giraud (capbreu A); Jean Sabater, négociant; Pierre Guasc, jardinier; En Gari (morterator), tous de Perpignan.

Témoins : Bérenger Tenals (courtier-expert), J. Girau, tisseur, et G. Ciurane, notaire.

Sit omnibus notum[1] quod ego Arnaldus Marc, tubicen[2] ville Perpiniani, gratis et ex certa scientia confiteor et in veritate recognosco honorabili Guillermo Raymundo Albert, alias de Perapertusa, et seu de Ortaphano, militi, domino termini de Castro Rossilione, absenti, et vobis, notario infrascripto, tanquam publice et auctentice persone nomine et vice ipsius absentis et omnium quorum interest et intererit legitime stipulanti et recipienti, quod ego habeo, teneo et possideo jure directi dominii pro dicto domino quandam peciam terre in vinea plantatam, in terminis predictis sitam,

---

1. A. en marge : vidi instrumentum.
2. A. trompeta.

circa unam ayminatam continentem, confrontatam ab una parte cum tenentia Bartholomei Montbaulo, et cum alia tenentia Johannis Giraldi[1] et Johannis Sabater, mercatoris, que fuit Johannis Geli, et ab alia tenentia, Petri Guasc, ortolanorum, que fuit Petri Metge, textoris, et cum alia tenentia d'En Gari, morteratoris[2], omnium Perpiniani. In et super qua dictus dominus recipit et recipere debet et consuevit anno quolibet in festo Sancti Johannis de junio obolum de censu; et directum dominium, laudimium et foriscapium, tociens quociens dicta vinea vendatur vel inpignoretur in toto vel in parte. Pro quo quidem censu dicto domino fore salvo et securo dandoque et solvendo anno quolibet, dicto festo, et directo dominio, laudimio et foriscapio reservando, obligo eidem domino et suis dictam vineam cum omni melioramento quod ego et mei fecerimus in eodem. Quod fuit actum Perpiniani, die septima octobris, anno a nativitate Domini millesimo quadringentesimo quinquagesimo primo, presentibus pro testibus Beringuario Tenals, curritore auris, Jacobo Girau, textore Perpiniani, et me Georgio Ciurana, notario infrascripto qui predicta, requisitus, recepi.

VII. — **Acte du 25 octobre 1451.**

§ 1° Reconnaissance par Jean Darder, jardinier de Perpignan, au Seigneur de Castel-Roussillon, pour un terrain planté en vigne, d'une ayminate environ, moyennant *quatre deniers* de cens et les droits de directe seigneurie et de foriscap, confrontant Pierre Baget et Bernard Camp, cadet; En Real, épicier, et une garrigue d'En Moner, menuisier.

Témoins : F. Opoul, B. Agullo, jardiniers.

Sit omnibus notum[3] quod ego Johannes Darder, ortolanus ville Perpiniani, gratis et certa scientia confiteor et in

1. A. Giraudi.
2. A. morteraderii.
3. A. En marge : non vidi instrumentum.

veritate recognosco honorabili Guillelmo Albert, alias de Perapertusa et seu de Ortafano, militi, domino termini Castri Rossilionis, absenti, et vobis, notario infrascripto, nomine et vice dicti absentis et omnium quorum interest et intererit legitime stipulanti et recipienti, quod ego habeo, teneo et possideo jure directi dominii pro eodem quandam peciam terre vinea plantatam, in terminis de Castro Rossilione, sitam, circa unam ayminatam continentem, confrontatam cum tenentiis Petri Baget et Bernardi Camp junioris[1]; et cum alia tenentia d'En Real, spaserii, et cum quadam garriga que est d'En Moner, *fuster*. In et super qua dictus dominus recipit et recipere debet et consuevit anno quolibet, in festo nativitatis Domini, quatuor denarios de censu; et directum dominium, laudimium et foriscapium, tociens quociens dicta vinea vendatur vel inpignoretur in toto vel in parte.

§ 2° Reconnaissance par J. Darder pour une terre de 2 ayminates environ, moyennant un cens de *neuf deniers* et les droits de directe et de foriscap, confrontant Jean Gacies, tisserand, Guillaume Montbaulo et diverses garrigues.

Témoins : François *Opoul* et Barthélemy *Agullo*, jardiniers, et G. Ciurane, notaire.

Item, quandam peciam terre in dictis terminis sitam, circa duas ayminatas continentem, confrontatam cum tenentia Johannis Gacies, textoris[2]; ex alia parte, cum tenentia Guillelmi Montbaulo, et cum aliis garrigis[3]. In et super qua dictus dominus recipit et recipere debet et consuevit anno quolibet, in dicto festo, novem denarios de censu; et directum dominium, laudimium et foriscapium tociens quociens dicta pecia terre vendatur vel inpignoretur in toto vel in parte.

---

1. Bernardo Camp, minori dierum.
2. A. *tixedor*.
3. A. garricis.

Pro quibus quidem censibus dicto domino et suis fore salvis et securis dandisque et solvendis anno quolibet dicto festo et directo dominio, laudimio et foriscapio reservando, obligo eisdem dictam vineam [et dictam peciam terre], cum omni melioramento quod ego et mei fecerimus in eisdem. Quod fuit actum Perpiniani, die vicesima quinta mensis octobris, anno a nativitate Domini millesimo quadringentesimo quinquagesimo primo, presentibus pro testibus Francisco Opol, Bartholomeo Agullo, ortolanis de Perpiniano, et me Georgio Ciurana, notario infrascripto qui predicta, requisitus, recepi.

VIII — **Acte du 26 octobre 1451.**

Reconnaissance faite par Bernard Ballero, jardinier de Perpignan, au Seigneur de Castel-Roussillon, G.-R. Albert, chevalier de Perapertusa, ou d'Ortafa, pour une vigne d'environ 6 cartonates, et située au lieu dit Pug Teuler, assujettie à un cens de *vingt-deux deniers* de Barcelone et au foriscap. (L'église de Saint-Jean perçoit un cens annuel de 3 sous et 11 deniers.)

Limites : Arnald Pastor et Guillaume Ortafa, jardiniers; Jean Lose de Villalongue.

Témoins : Guillaume-Pons-Raymond, *de Corneilla de la Rivière;* Guillaume-Pierre Marie, négociant de Perpignan, et G. Ciurane.

Sit omnibus notum[1] quod ego Bernardus Ballero, ortolanus ville Perpiniani, gratis et ex certa scientia confiteor et in veritate recognosco honorabili Guillermo Raymundo Albert alias de Perapertusa seu de Ortaffano, militi, domino termini de Castro Rossilione, absenti, et vobis, notario infrascripto, tanquam publice et auctentice persone nomine et vice dicti absentis et omnium quorum interest et intererit legitime stipulanti et recipienti, quod ego habeo, teneo et possideo jure directi dominii pro dicto domino quandam vineam sitam in dictis terminis [Sancte Marie de Castro

1. En marge : non vidi instrumentum.

Rossilionis] loco vocato *Pug Teuler*[1], circa sex quartonatas continentem, confrontatam ex una parte cum tenentia Arnaldi Pastoris et cum tenencia Guillermi Ortafa, ortolanorum Perpiniani, et cum alia tenentia Johannis Losa, loci de Villalonga, et cum alia tenentia mea. In et super qua dictus dominus recipit et recipere debet et consuevit anno quolibet, in festo nativitatis Domini, viginti duos denarios[2] de censu sive censuales, annuales et rendales; et directum dominium, laudimium et foriscapium tociens quociens dicta vinea vendatur vel inpignoretur in toto vel in parte. Et beneficium institutum in ecclesia Sancti Johannis per madona Canyota, recipit et recipere debet et consuevit super dicta vinea tres solidos et undecim denarios de censu anno quolibet in festo Sancti Bartholomei. Pro quo quidem censu dicto domino fore salvo et securo dandoque et solvendo anno quolibet suo termino, et directo dominio, laudimio et foriscapio reservando, obligo dicto domino et suis in posse vestri dicti notarii, ut supra stipulanti dictam vineam cum omni melioramento quod ego et mei fecerimus in eadem.

Quod fuit actum Perpiniani, die vicesima sexta octobris, anno a nativitate Domini millesimo quadringentesimo quinquagesimo primo, presentibus pro testibus Guillermo Poncii[3] Raymundi, loci de Corniliano de Riparia, Guillermo Petro Maria, mercatore Perpiniani, et me Georgio Ciurano, notario infrascripto, qui predicta, requisitus, recepi.

---

1. A. Pug Tauler.
2. A. barchinonenses. Le capbreu A spécifie généralement qu'il s'agit de monnaie de Barcelone.
3. A. Guillermus Poncius.

IX. — Acte du 3 novembre 1451.

Reconnaissance faite par JEAN SOLA, jardinier de Perpignan, à Guillaume-Raymond-Albert, SEIGNEUR DE CASTEL-ROUSSILLON, pour une vigne d'environ deux ayminates, sise au territoire de C.-Roussillon, moyennant *trois sous* de cens, et les droits de directe et de foriscap.

Limites : Pierre Gros, jardinier ; Pierre Jaubert, pareur ; l'honorable Bernard Albert, chevalier.

Témoins : Arnald Prats, portier du roi ; Pierre Gélabert, pareur, et G. Ciurane.

Sit omnibus notum[1] quod ego Johannes Sola, ortolanus ville Perpiniani, gratis et ex certa scientia confiteor et in veritate recognosco honorabili Guillermo Albert, alias de Perapertusa seu de Ortafano, militi, domini termini seu terminorum de Castro Rossilione, absenti, et vobis, notario infrascripto, tanquam publice et auctentice persone nomine et vice dicti absentis et omnium quorum interest et intererit legitime stipulanti et recipienti, quod ego habeo, teneo et possideo jure directi dominii pro eodem, quandam peciam terre vinea plantatam, sitam in dictis terminis [Sancte Marie de Castro Rossilione], circa duas ayminatas in se continentem, confrontatam, ab una parte cum tenentia Petri Jaubert, paratoris[2], ab alia parte, cum tenentia Petri Gros, ortolani, et cum tenentia honorabilis Bernardi Albert, militis, que fuit d'En Carbonnell, paratoris, omnium Perpiniani ; in et super qua dictus dominus recipit et recipere debet et consuevit anno quolibet, in festo nativitatis Domini, tres solidos de censu ; et directum dominium, laudimium et foriscapium, tociens quociens dicta pecia terre vendatur vel inpignoretur in toto vel in parte. Pro quo quidem censu dicto domino fore salvo et securo dandoque et solvendo, et directo dominio, laudimio et forisca-

1. A. En marge : vidi instrumentum.
2. A. En marge : ara la te En Guillem Jaubert, mercader.

pio reservando, obligo eidem domino et suis in posse vestri dicti notarii, ut supra stipulanti, dictam peciam terre cum omni melioramento quod ego et mei fecerimus in eadem. Quod fuit actum Perpiniani die tertia novembris, anno a nativitate Domini millesimo quadringentesimo quinquagesimo primo, presentibus pro testibus Arnaldo Prats, porterio regio, Petro Gelabert, paratore dicte ville, et me Georgio Ciurana, notario infrascripto qui predicta, requisitus, recepi.

X. — Acte du 5 novembre 1451.

Reconnaissance par Pierre Reg, jardinier, d'une vigne d'une ayminate environ, située au territoire de *Notre-Dame de Castel-Roussillon*, au lieu dit Loberes, moyennant *deux deniers* et *une obole* de cens, et le foriscap.

Limites : François Roure ; Struc, tisseur ; Léonard Masada, jardinier et Bernard Reg (frère du dit).

Témoins : Bernard Reg, Georges Savine, menuisier, et G. Ciurane. notaire.

Sit omnibus notum quod ego Petrus Reg, ortolanus ville Perpiniani, gratis et ex certa scientia confiteor et in veritate recognosco honorabili Guillermo Raymundo Albert, alias de Perapertusa et sive de Ortafano, militi, domino termini de Castro Rossilione, absenti, in posse vestri, notarii infrascripti, tanquam publice et auctentice persone nomine et vice dicti absentis et omnium quorum interest et intererit legitime stipulantis et recipientis, quod ego habeo, teneo et possideo jure directi dominii pro dicto domino quandam peciam terre vinea plantatam in dictis terminis [Beate Marie de Castro Rossilione] sitam, loco vocato *Loberes*, circa unam ayminatam continentem, confrontatam ex una parte cum tenentia Francisci Roure, ortolani ; ex alia parte cum tenentia d'En Struc, textoris, itinere in medio[1] ; et ab alia parte

1. A. Et cum tenentia Johannis Roqueta, specierii, itinere in medio.

cum tenentia Leonardi Masada, et cum tenentia Bernardi Reg, fratris mei, ortolanorum Perpiniani. In et super qua dictus dominus recipit et recipere debet et consuevit anno quolibet, in festo nativitatis Domini, duos denarios et obolum de censu sive censuales, annuales et rendales; et directum dominium laudimium et foriscapium, tociens quociens dicta pecia terre vendatur vel inpignoretur in toto vel in parte. Pro quo quidem censu dicto domino fore salvo et securo dandoque solvendo anno quolibet, dicto termino, et directo dominio, laudimio et foriscapio reservando, obligo eidem domino et suis in posse vestri dicti notarii, ut supra stipulantis, dictam peciam terre cum omni melioramento quod ego et mei fecerimus in eadem.

Quod fuit actum Perpiniani, die quinta novembris anno a nativitate Domini millesimo quadringentesimo quinquagesimo primo, presentibus pro testibus Bernardo Reg, ortolano, Georgio Savina, fusterio Perpiniani, et me Georgio Ciurana, notario infrascripto qui predicta, requisitus, recepi.

XI. — **Acte du 5 novembre 1451.**

Reconnaissance faite par Bernard Reg, jardinier, frère du précédent, au Seigneur de Castel-Roussillon, pour une vigne, d'une ayminate environ, moyennant *un denier* de cens et le foriscap.

Limites : François Royre, Pierre Reg, frère du dit, Léonard Masade, Jean Girau, jardinier, et George Armengau, calseterius.

Témoins : George Savine, Pierre Reg et G. Ciurane, notaire.

Sit omnibus notum[1] quod ego Bernardus Reg, ortolanus ville Perpiniani, gratis et ex certa scientia, confiteor et in veritate recognosco honorabili Guillermo Raymundo Albert, alias de Perapertusa seu de Ortafano, militi, domino termini de Castro Rossilione, absenti, in posse vestri, notarii

---

1. A. En marge : vidi acapita de predictis duabus peciis terre, facta patri et avo predictorum.

infrascripti, tanquam publice et auctentice persone pro dicto absente et suis et omnibus quorum interest et intererit legitime stipulantis et recipientis, quod ego habeo, teneo et possideo jure directi dominii pro eodem, quandam peciam terre vinea plantatam[1], sitam in dictis terminis, circa unam ayminatam continentem, confrontatam ab una parte cum tenentia Francisci Royre, et cum tenentia Petri Reg, fratris mei, et cum tenentia Leonardi Masada, et cum tenentia Johannis Girau, ortolanorum, et cum alia tenentia Georgii Armengau, calseterii, Perpiniani. In et super qua dictus dominus recipit et recipere debet et consuevit anno quolibet, in festo nativitatis Domini, unum denarium de censu ; et directum dominium, laudimium et foriscapium, tociens quociens dicta pecia terre vendatur vel inpignoretur in toto vel in parte. Pro quo quidem censu dicto domino fore salvo et securo dandoque et solvendo anno quolibet, et directo dominio, laudimio et foriscapio reservando, obligo dicto domino et suis dictam peciam terre cum omni melioramento quod ego et mei fecerimus in eadem. Quod fuit actum Perpiniani, die quinta mensis novembris, anno a nativitate Domini millesimo quadringentesimo quinquagesimo primo, presentibus pro testibus Georgio Savina, fusterio, Petro Reg, ortolano Perpiniani, et me Georgio Cuirana, notario infrascripto, qui predicta, requisitus, recepi.

---

1. A. Quendam maleolum.

XII. — Acte du 10 novembre 1451.

Reconnaissance faite par JACQUES ARMENGAU, prêtre bénéficier de l'église Saint-Jean de Perpignan, au SEIGNEUR DE CASTEL-ROUSSILLON, pour une vigne de deux ayminates, assujettie à un cens de *douze deniers* annuels et au foriscap.

Limites : Jean Pesa, En Aliot et En Torderes, jardiniers ; George Armengau, *calseterius*.

Témoins : Jean Pug, Jean Carcaner, négociants et G. Ciurane, notaire.

Sit omnibus notum[1] quod ego Jacobus Armengau, presbiter beneficiatus in ecclesia Sancti Johannis ville Perpiniani, gratis et ex certa scientia confiteor et in veritate recognosco honorabili Guillermo Raymundo Albert, alias de Perapertusa seu de Ortafano, militi, domino terminorum Castri Rossilionis, absenti, in posse vestri notarii infrascripti, tanquam publice et auctentice persone nomine et vice dicti absentis et omnium quorum interest et intererit stipulantis et recipientis, quod ego habeo, teneo et possideo jure directi dominii pro dicto domino et suis, quandam peciam terre vinea plantatam, sitam in dictis terminis, circa duas ayminatas continentem, confrontatam cum tenentia Johannis Pesa et d'En Aliot et d'En Torderes, ortolanorum, et Georgii Armengau, calseterii, omnium Perpiniani. In et super qua dictus dominus recipit et recipere debet et consuevit anno quolibet in festo Sancti Bartholomei, duodecim denarios de censu ; et directum dominium, laudimium et foriscapium tociens quociens dicta pecia terre vendatur vel inpignoretur in toto vel in parte. Pro quo quidem censu dicto domino et suis fore salvo et securo dandoque et solvendo anno quolibet dicto festo, et directo dominio, laudimio et foriscapio reservando, obligo eidem et suis in posse vestri dicti notarii,

1. A. Non vidi instrumentum.

prout supra stipulantis, dictam peciam terre cum omni melioramento quod ego et mei fecerimus in eadem. Quod fuit actum Perpiniani, die decima novembris, anno a nativitate Domini millesimo quadringentesimo quinquagesimo primo, presentibus pro testibus Johanne Pug, Johanne Carcaner, mercatoribus Perpiniani, et me Georgio Ciurana, notario infrascripto qui predicta, requisitus, recepi.

XIII. — **Acte du 8 mai 1452.**

Reconnaissance faite par François Pages, jardinier, au Seigneur de Castel-Roussillon, pour une terre d'un demi-ayminate, au lieu dit Bell Royre, moyennant *un denier* de cens et le foriscap.

Limites : Guillaume Donat, jardinier; Na Maysos et les héritiers d'En Carbonell, barbier.

Témoins : Barthélemy Faraho, boulanger, et Barthélemy Jean, cordonnier, et Ciurane, notaire.

Sit omnibus notum quod ego Franciscus Pages, ortolanus ville Perpiniani, gratis et ex certa scientia confiteor et in veritate recognosco honorabili Guillermo Raymundo Albert, alias de Perapertusa seu de Ortafano, militi, domino terminorum de Castro Rossilione, absenti, in posse vestri, notarii infrascripti, nomine et vice dicti absentis et omnium quorum interest et intererit legitime stipulantis et recipientis, quod ego habeo, teneo et possideo jure directi dominii pro dicto domino, quandam peciam terre circa mediam ayminatam continentem, in dictis terminis sitam loco vocato *Bell Royre*, que antiquitus continebat sex quartonatas de quibus vendidi unam ayminatam a' N Conquers, carniserio Perpiniani. Confrontat dicta media ayminata cum tenentiis Guillermi Donat, ortolani, et de Na Maysos, et heredum d'En Carbonell, barbitonsoris[1], et dicti Conquers. In et super qua dictus dominus recipit et recipere debet et consue-

1. A. barber.

vit anno quolibet, in festo nativitatis Domini, unum denarium de censu; et directum dominium, laudimium et foriscapium, tociens quociens dicta pecia terre vendatur vel inpignoretur in toto vel in parte. Pro quo quidem censu dicto domino et suis fore salvo et securo dandoque et solvendo anno quolibet dicto festo, et directo dominio, laudimio et foriscapio reservando, obligo eidem domino et suis in posse vestri, dicti notarii prout supra stipulantis, dictam peciam terre cum omni melioramento quod ego et mei fecerimus in eadem.

Quod fuit actum Perpiniani, die octava madii, anno a nativitate Domini millesimo quadringentesimo quinquagesimo secundo, presentibus pro testibus Bartholomeo Faraho, furnerio, Bartholomeo Johannis, sutore, Perpiniani, et me Georgio Ciurana, notario infrascripto qui predicta, requisitus, recepi.

XIV. — **Acte du 12 novembre 1451.**

Reconnaissance (capbreu A) — f° 4 verso — par Jacques Possmanya, faite au seigneur : 1° pour un champ situé au territoire de Castel-Roussillon, de 7 cartonates environ, moyennant *deux sous* et *six deniers* de cens par an; 2° pour une vigne de 9 cartonates de terre, assujettie à un cens annuel de *trois sous* et au foriscap.

Limites : 1° En Minyot, pareur; En Blager, jardinier; la voie publique qui va de *Perpignan* à *Canet*; 2° Bernard Aganet; Madona Cabaner, et En Vila, bayle de Castel-Roussillon.

Témoins : Guillaume Ortolanus, tisseur, et Arnaud Martin, jardinier.

Die XII novembris[1].

Ego Jacobus Possmanya, ortolanus Perpiniani, gratis confiteor me tenere jure directi dominii pro dicto domino

1. Cette reconnaissance ne figure pas dans le capbreu B, mais dans A, f° 4 verso, où la note marginale suivante explique qu'elle doit être annulée :

« Ista directa dominia sunt heredum Johannis Fabri, et ideo male denuntiavit et consequenter revocavit. »

unum campum situm in terminis de Castro Rossilione, circa septem quartonatas terre in se continentem, confrontatum cum tenentia d'En Minyot, paratoris, et cum tenentia d'En Blager, ortolani, et cum tenentia d'En Massa, paratoris, et cum via publica qua itur de Perpiniano ad locum de Caneto. In et super qua recipit duos solidos, sex denarios censuales annuales, in festo nativitatis Domini, et directum dominium, laudimium et foriscapium, etc., pro quo, etc., obligavit, etc.

Item, quandam vineam sitam in terminis dicti loci, circa quinque cartonatas terre in se continentem, confrontatam cum tenentia Bernardi Aganet, senderio medio, et cum tenentia de Madona Cabanera, et cum En Vila, bajulo dicti Castri Rossilionis, et cum dicta via. Super qua recipit III solidos census dicto festo; et directum, etc.; pro quo obligavit, etc.

Testes Guillelmus Ortolanus, textor, Arnaldus Marti, ortolanus.

XV. — **Acte du 7 juin 1452.**

Reconnaissance par PIERRE CASALS, cardeur à Perpignan, au SEIGNEUR DE CASTEL-ROUSSILLON, d'une terre de I ayminate environ, assujettie à *dix-huit deniers* de cens et au foriscap.

Confronts : Guillaume Simon, prêtre, et la femme de Jacques Maysos, teinturier, et En Massa, meunier; Jean Montella, jardinier, et Genset, honorable bourgeois de la ville, et les héritiers d'En Bonahost, jardiniers.

Témoins : Bérenger André, jardinier; Bernard Gironne, écrivain, et G. Ciurane, notaire. Cens de 18 deniers (note B), ou I sou 6 deniers (capbreu A).

Sit omnibus notum quod ego Petrus Casals, carderius Perpiniani [1], gratis et ex certa scientia confiteor et in veritate recognosco honorabili Guillermo Raymundo Albert,

---

1. A. Cardarya.

alias de Perapertusa sive de Ortafano, militi, domino terminorum de Castro Rossilione, absenti, in posse vestri, notarii infrascripti, tanquam publice et aucteńtice persone, nomine et vice dicti absentis et omnium quorum interest et intererit legitime stipulantis et recipientis, quod ego habeo, teneo et possideo pro dicto domino et suis quandam peciam terre vinea plantatam, sitam in dictis terminis, circa unam ayminatam continentem, confrontatam cum tenentiis domini Guillermi Simon, presbiteri, et uxoris Jacobi Maysos, tincturerii, et cum En Massa, molinerii, et cum tenentia Johannis Montella, ortolani, et cum tenentia honorabilis Petri Genset, burgensis dicte ville, et cum tenentia heredum d'En Bonahost, ortholani. In et super qua dictus dominus recipit et recipere debet et consuevit anno quolibet, in festo nativitatis Domini, decem octo denarios[1] de censu; et directum dominium, laudimium et foriscapium, tociens quociens dicta pecia terre vendatur vel inpignoretur in toto vel in parte. Pro quo quidem censu dicto domino fore salvo et securo dandoqué et solvendo anno quolibet dicto festo, et directo dominio, laudimio et foriscapio reservando, obligo eidem domino et suis, in posse vestri, dicti notarii ut supra stipulantis dictam peciam terre cum omni melioramento quod ego et mei fecerimus in eadem. Quod fuit actum Perpiniani die septima junii, anno a nativitate Domini millesimo quadringentesimo quinquagesimo secundo. presentibus pro testibus Berengario Andreu, ortolano, Bernardo Gironni, scriptore Perpiniani, et me, Georgio Ciurana, notario infrascripto qui predicta, requisitus, recepi.

---

1. A. I solidum, VI denarios.

XVI. — Acte du 23 septembre 1452.

Reconnaissance faite par Jean Sola, jardinier de Perpignan, au Seigneur de Castel-Roussillon, pour une vigne, moyennant un cens annuel de *deux deniers* et le foriscap.

Limites : Jean Vila, Barthélemy Moner, prêtres; l'honorable Pierre Rodon, bourgeois; B. Pugsech, prêtre.

Témoins : Antoine Maître, notaire; Jean Gitard, pareur, et G. Ciurane, notaire.

Sit omnibus notum[1] quod ego Johannes Sola, ortolanus ville Perpiniani, gratis et ex certa scientia confiteor et in veritate recognosco honorabili Guillermo Albert, alias de Perapertusa seu de Ortafano, militi, domino terminorum de Castro Rossilione, absenti, in posse vestri, notarii infrascripti, nomine et vice dicti absentis et omnium quorum interest et intererit legitime stipulanti et recipienti, quod ego habeo, teneo et possideo pro dicto domino et suis, jure directi dominii, quandam peciam terre vinea sive malleolo plantatam[2], sitam in dictis terminis, circa quinque quartonatas continentem, confrontatam cum tenentia Stephani Pug, mercatoris, et cum tenentia discreti Johannis Vila, et Bartholomei Moner, presbiterorum, et cum alia tenentia discreti Berengarii Pugsech, etiam presbiteri, et cum alia tenentia honorabilis Petri Rodon, burgensis, cenderio medio. In et super qua dictus dominus recipit et recipere debet et consuevit anno quolibet, in festo Sancti Bartholomei, duos denarios de censu; et directum dominium, laudimium et foriscapium, tociens quociens dicta pecia terre vendatur vel inpignoretur in toto vel in parte. Pro quo quidem censu dicto domino fore salvo et securo dandoque et solvendo anno quolibet, dicto festo, et directo dominio, laudimio et foriscapio reservando, obligo eidem domino et suis dictam

1. A. En marge : non vidi instrumentum.
2. A. quendam malleolum.

peciam terre cum omni melioramento quod ego et mei fecerimus in eadem. Quod fuit actum Perpiniani, die vigesima tercia septembris, anno a nativitate Domini millesimo quadringentesimo quinquagesimo secundo, presentibus pro testibus discreto Anthonio Magistri, notario, Johanne Gitard, paratore Perpiniani, et me, Georgio Ciurana, notario infrascripto, qui predicta, requisitus, recepi.

XVII. — Actes du 10 octobre 1452.

§ 1. Reconnaissance faite par JEAN GIRALD, jardinier, au SEIGNEUR DE CASTEL-ROUSSILLON, pour une vigne de une ayminate (autrefois garrigue et cédée en acapte à son père) moyennant un cens annuel de *six deniers* et le foriscap.

Limites : Bérenger Ramon, briquetier ; En Griffe, jardinier ; Armengau, cordonnier, et George Girald, fils du tenancier.

Rédacteur de l'acte : Jean Bellero, notaire à Perpignan.

Sit omnibus notum[1] quod ego Johannes Giraldi[2], ortolanus ville Perpiniani, filius et heres universalis Petri Girau quondam, ortolani, gratis et ex certa scientia confiteor et in veritate recognosco honorabili Guillermo Raymundo Albert, alias de Perapertusa seu de Ortafano, militi, domino terminorum de Castro Rossilione, absenti, in posse vestri, notarii infrascripti, tanquam publice et auctentice persone pro dicto domino et omnium quorum interest et intererit legitime stipulantis et recipientis, quod ego habeo, teneo et possideo, jure directi dominii, pro dicto domino et omnibus quandam peciam terre vinea plantatam, in dictis terminis sitam, circa unam ayminatam continentem, que antea fuit garriga patri meo ad accapitum concessa cum instrumento acto Perpiniani die decima octobris anno a nativitate Domini millesimo trecentesimo nonagesimo quinto recepto

1. A. En marge : vidi instrumentum.
2. A. Girau.

et clauso per discretum Johannem Bellero, notario Perpiniani. Et confrontat dicta pecia terre cum tenentia Berengarii Ramon, teulerii, et cum tenentia d'En Griffa, ortolani, et cum alia tenentia [ ][1] Armengau, calseterii, et cum alia tenentia Georgii Girau, filii mei. In et super qua dictus dominus recipit et recipere debet et consuevit anno quolibet, in festo nativitatis Domini, sex denarios de censu; et directum dominium, laudimium et foriscapium tociens quociens dicta pecia terre vendatur vel inpignoretur in toto vel in parte.

§ 2. Reconnaissance de JEAN GIRALD, pour une vigne, d'une ayminate, avec le droit de foriscap et un cens annuel de *six deniers*.

Limites : Bernard Reg, Barthélemy Ballero, Léonard Massade.

Témoins : François Paulet, prêtre de Saint-Jean; Guillaume Reg, notaire, et George Ciurane, notaire.

Item, aliam peciam terre vinea plantatam, in dictis terminis sitam, quam dedi Georgio, filio meo, tempore sui matrimonii, circa unam ayminatam continentem, confrontatam cum tenentia Bernardi Reg, et cum alia tenentia Bartholomei Ballero, et alia tenentia Leonardi Massada, et cum alia tenentia mea. In et super qua dictus dominus recipit et recipere debet et consuevit anno quolibet, dicto festo, alios sex denarios de censu; et directum dominium, laudimium et foriscapium, tociens quociens dicta pecia terre vendatur vel inpignoretur in toto vel in parte. Pro quibus quidem censibus dicto domino et suis fore salvis et securis dandisque et solvendis anno quolibet dicto festo, et directis dominiis, laudimiis et foriscapiis reservandis, obligo eidem domino et suis, in posse vestri, dicti notarii, ut supra, stipulantis, dictas pecias terre cum omnibus melioramentis que ego et mei fecerimus in eisdem. Quod fuit actum Perpiniani, die decima octobris, anno a nativitate Domini millesimo quadringentesimo quinquagesimo secundo, presentibus pro

1. Le prénom, en blanc.

testibus discreto Francisco Paulet, presbitero in ecclesia Sancti Johannis, Guillermo Reg, notario, Perpiniani, et me Georgio Ciurana, notario infrascripto qui predicta, requisitus, recepi.

XVIII. — **Acte du 19 décembre 1452.**

Reconnaissance faite par Pierre et Bernard Béméset, tisseurs de Perpignan, au Seigneur de Castel-Roussillon, pour un champ de quatre ayminates environ, confrontant au lieu dit *lo Capellaniu* (la chapellenie) et la *voie publique dite « de Carles »* et le chemin public qui va de *Perpignan à Villelongue*, moyennant un cens d'*une poule domestique* et *trois deniers* de cens et le foriscap.

Témoins : Guillaume Béméset, tisseur ; Bernard Gironne, écrivain, et G. Ciurane, notaire.

Sit omnibus notum[1] quod nos Petrus et Bernardus Beneset, textores ville Perpiniani, gratis et ex certis nostris scientiis confitemur et in veritate recognoscimus honorabili Guillermo Raymundo Albert, alias de Perapertusa et seu de Ortafano, militi, domino terminorum de Castro Rossilione, absenti, et vobis, notario infrascripto tanquam publice et auctentice persone pro dicto absente et omnibus quorum interest et intererit legitime stipulanti et recipienti, quod nos habemus, tenemus et possidemus, jure directi dominii, pro dicto domino et suis, pro indiviso, quemdam campum in dictis terminis situm, circa quatuor ayminatas continentem, confrontatum cum tenentia Bernardi Jorda, ortolani, et cum alia tenentia Jacobi Pinyol quondam, ortolani, et cum quadam pecia terre vocata *lo capellaniu*, et cum via[2] vocata *de Carles*, et cum via publica qua itur de Perpiniano ad locum de Villalonga. In et super quo dictus dominus recipit et recipere debet et consuevit anno quolibet, in

---

1. A. non vidi instrumentum.
2. A. via publica.

festo nativitatis Domini, ex una parte *unam guallinam*[1] *domesticam* bene receptibilem, et ex alia parte tres denarios de censu; et directum dominium, laudimium et foriscapium, tociens quociens dictus campus vendatur vel inpignoretur in toto vel in parte. Pro quo quidem censu dicto domino fore salvo et securo dandoque et solvendo anno quolibet dicto festo, et directo dominio, laudimio et foriscapio reservando, obligamus dicto domino et suis, in posse vestri, dicti notarii, prout supra stipulantis, dictum campum cum omni melioramento quod nos et nostri fecerimus in eodem. Quod fuit actum Perpiniani, die decima nona decembris, anno a nativitate Domini millesimo quadringentesimo quinquagesimo secundo, presentibus pro testibus Guillermo Beneset, textore, Bernado Gironni, scriptore Perpiniani, et me Georgio Ciurana, notario infrascripto qui predicta, requisitus recepi.

---

1. On peut remarquer la modicité des redevances payables en poulets, oies : ces volatiles de basse-cour ne paraissent pas avoir abondé, dit Brutails, « peut-être parce qu'ils font grand mal aux vignobles et parce que le pays était sec. » Dans le *Capbreu* de Castell Rossello, nous trouvons quatre redevances de ce genre : ch. XVIII, XLVII, XLVIII et CXVII.

Ch. XVIII : *unam guallinam domesticam bene receptibilem.*

Ch. XLVII : Reconnaissance par Georges Prim, jardinier, pour une redevance d'une oie. *Unum ancerem domesticum bene receptibilem* (*anchot*) Capbreu A (acte du 15 avril 1451).

Ch. XLVIII : Reconnaissance par Bernard Jorda qui paie une redevance d'une poule : *unam gallinam bene receptibilem.* Acte du 14 avril 1455.

Ch. CXVII : Ve Claïre Boscaries, paie pour un champ au Seigneur de C. Roussillon, une redevance d'une *poule de basse-cour : unam gallinam domesticam bene receptibilem,* acte 21 juillet 1455.

XIX. — Acte du 26 mars 1455.

Reconnaissance faite par Jean Cabestany, jardinier de Perpignan, au Seigneur de Perapertuse, d'une vigne, de trois cartonates, moyennant *un denier* de cens, la directe et le foriscap.

Limites : Bérenger Tortose, Antoine Buadelle et Jacques Buadelle et les héritiers de G. Catala.

Témoins : André Amell, tisseur ; Jean Seguer, jardinier, et G. Ciurane, notaire.

Sit omnibus notum[1] quod ego Johannes Cabestany, ortolanus ville Perpiniani, gratis et ex certa scientia confiteor et in veritate recognosco honorabili Guillermo Raymundo Albert, alias de Perapertusa et sive de Ortafano, militi, domino terminorum de Castro Rossilione, absenti, et vobis, notario infrascripto, tanquam publice et auctentice persone pro dicto absente et omnibus aliis et singulis quorum interest et intererit, legitime stipulanti et recipienti, quod ego habeo, teneo et possideo jure directi dominii pro eodem, quandam peciam[2] terre vinea plantatam, in dictis terminis sitam, continentem circa tres quartonatas, confrontatam cum tenencia Berenguarii Tortosa, et cum alia tenentia Anthonii Buadella et Jacobi Buadella, et cum alia tenentia heredum Guillermi Catala, ortolanorum Perpiniani. In et super qua dictus dominus recipit et recipere debet et consuevit anno quolibet, in festo nativitatis Domini, unum denarium de censu ; et directum dominium, laudimium et foriscapium, tociens quociens dicta pecia terre vendatur vel inpignoretur in toto vel in parte. Pro quo quidem censu dicto domino fore salvo et securo dandoque et solvendo anno quolibet dicto festo, et directo dominio, laudimio et foriscapio reservando, obligo dicto domino et suis in posse vestri, dicti notarii, ut supra stipulantis, dictam peciam terre cum omni melioramento

1. A. Vidi instrumentum.
2. A. quoddam malcolum sive vineam.

quod ego et mei fecerimus in eadem. Quod fuit actum Perpiniani, die vicesima sexta marcii, anno a nativitate Domini millesimo quadringentesimo quinquagesimo quinto, presentibus pro testibus Andrea Amell, textore, Johanne Seguer, ortolano, Perpiniani. Et me, Georgio Ciurana, notario infrascripto qui predicta, requisitus recepi.

XX. — **Acte du 27 mars 1455.**

Reconnaissance faite par Guillaume Prim, jardinier, au Seigneur de Castel-Roussillon, d'un champ de deux ayminates environ, moyennant un cens de *douze deniers* et le foriscap.

Limites : le *manse* de l'honorable Guillaume de Puig, damoiseau ; Bernard André, bourgeois de Perpignan, et le terme de *Vilarnau.*

Témoins : André Amell, tisseur ; Jean Puig, jardinier, et G. Ciurane, notaire.

Sit omnibus notum quod ego Guillermus Prim, ortolanus ville Perpiniani, gratis et ex certa scientia confiteor et in veritate recognosco honorabili Guillermo Raymundo Albert, alias de Perapertusa et seu de Ortafano, militi, domino terminorum de Castro Rossilione, absenti, et vobis, notario infrascripto, tanquam publice et auctentice persone pro dicto absente et omnibus et singulis quorum interest et intererit legitime stipulanti et recipienti, quod ego habeo, teneo et possideo jure directi dominii pro dicto domino quemdam campum in dicto termino situm prope mansum honorabilis Guillermi de Podio[1], domicelli, circa duas ayminatas continentem, confrontatum cum tenentia dicti Guillermi Dez Pug[2] ; et de duabus partibus cum tenentia honorabilis Bernardi Andree, burgensis Perpiniani, et cum termino de Vilarnaldo[3]. In et super quo dictus dominus recipit et recipere debet et consuevit anno quolibet in festo

1. A. Dez Puig.
2. A. Dez Puig.
3. A. Vilarnau.

nativitatis Domini, duodecim denarios de censu; et directum dominium, laudimium et foriscapium, tociens quociens dictus campus vendatur vel inpignoretur in toto vel in parte. Pro quo quidem censu dicto domino fore salvo et securo dandoque et solvendo anno quolibet dicto festo, et directo dominio, laudimio et foriscapio reservando, obligo dicto domino et suis predictum campum cum omni melioramento quod ego et mei fecerimus in eodem. Quod fuit actum Perpiniani, die vicesima septima mensis marcii, anno a nativitate Domini millesimo, quadringentesimo, quinquagesimo quinto, presentibus pro testibus[1] Andrea Amell, textore, Johanne Pug, ortolano, Perpiniani, et me, Georgio Ciurana, notario infrascripto, qui predicta, requisitus, recepi.

XXI. — **Acte du 27 mars 1455.**

Reconnaissance faite par Laurent Torre, baigneur de Perpignan, au Seigneur de Castel-Roussillon, pour une garrigue, au lieu dit *Coma Lobera*, de deux ayminates environ, assujettie à un cens de *six deniers* et au foriscap.

Limites : Raymond Coma, avocat; le chemin public qui va de *Cabestany* à *Canet;* les héritiers de Jacques Atzène, jardinier.

Témoins : André Amell, tisseur; Pierre Calvell, coutelier, et G. Ciurane, notaire.

Sit omnibus notum quod ego Laurentius Torre, baynerius[2] ville Perpiniani, gratis et ex certa scientia confiteor et in veritate recognosco honorabili Guillermo Raymundo Albert, alias de Perapertusa et seu de Ortafano, militi, domino termini de Castro Rossilione, absenti, et vobis, notario infrascripto, tanquam publice persone pro dicto absente et omnibus aliis quorum interest et intererit legitime stipulanti et recipienti, quod ego habeo, teneo et possideo jure

1. A. Testes *discretus*.
2. bahinerius.

directi dominii pro dicto domino quandam peciam terre garrigam in dicto termino sitam, loco vocato *Coma Lobera*[1], circa duas ayminatas continentem, confrontatam cum tenentia Raymundi Coma, causidici[2], corrego mediante[3]; et cum via publica qua itur de Capitestagno ad locum de Caneto, et cum tenentia heredum Jacobi Atzena quondam, ortolani. In et super qua dictus dominus recipit et recipere debet et consuevit anno quolibet, in festo nativitatis Domini, sex denarios de censu; et directum dominium, laudimium et foriscapium, tociens quociens dicta pecia terre vendatur vel inpignoretur in toto vel in parte. Pro quo quidem censu dicto domino et suis fore salvo dandoque et solvendo anno quolibet dicto festo, et directo dominio, laudimio et foriscapio reservando, obligo dicto domino et suis, in posse vestri dicti notarii ut supra stipulantis, dictam peciam terre cum omni melioramento quod ego et mei fecerimus in eadem. Quod fuit actum Perpiniani, die vicesima septima marcii, anno a nativitate Domini millesimo quadringentesimo quinquagesimo quinto, presentibus pro testibus[4] Andrea Amell, textore, Petro Calvell, coltellerio[5], Perpiniani, et me Georgio Ciurana, notario infrascripto qui predicta, requisitus, recepi.

---

1. A. *à Coma Lobera.*
2. A. procuratoris.
3. A. ab un correch al mig.
4. A. discretus.
5. A. cotellerius.

XXII. — Acte du 28 mars 1455.

Reconnaissance faite par Jean Vindro, jardinier de Perpignan, au Seigneur de Castel-Roussillon, pour une vigne de deux ayminates environ, au lieu dit *al Volos,* moyennant un cens annuel de *six deniers* et le foriscap.

Limites : le chemin public *de Canet* (à travers la garrigue); *En Gayrau;* Pierre Fabre et Jean Seguer, jardiniers.

Témoins : Guillaume Sapte et Pierre Tapis, *amortitzador calsis,* apprenti maçon (litt. qui éteint la chaux), et G. Ciurana, notaire.

Sit omnibus notum quod ego Johannes Vindro, ortholanus ville Perpiniani, gratis et ex certa scientia confiteor et in veritate recognosco honorabili Guillermo Raymundo Albert, alias de Perapertusa et seu de Ortafano, militi, domino termini de Castro Rossilione, absenti, in posse vestri, notarii infrascripti, tanquam publice et auctentice persone nomine et vice dicti absentis legitime stipulantis et recipientis, quod ego habeo, teneo et possideo jure directi dominii pro dicto domino et suis, quandam peciam terre vinea plantatam, in dicto termino sitam, loco vocato *Al Volos,* circa duas ayminatas continentem, confrontatam cum via publica de Caneto, garriga in medio; et cum tenentia d'En Gayrau, et cum alia tenentia Petri Fabri, et cum tenentia Johannis Seguer, ortolanorum. In et super qua dictus dominus recipit et recipere debet et consuevit anno quolibet, in festo nativitatis Domini, sex denarios de censu; et directum dominium, laudimium et foriscapium, tociens quociens dicta pecia terre vendatur vel inpignoretur in toto vel in parte. Pro quo quidem censu dicto domino et suis fore salvo et securo dandoque et solvendo anno quolibet dicto festo, et directo dominio, laudimio et foriscapio reservando, obligo dicto domino et suis in posse vestri, dicti notarii ut supra stipulantis, dictam peciam terre cum omni melioramento quod ego et mei fecerimus in eadem. Quod fuit actum Perpiniani, die vicesima octava marcii, anno a nativitate

Domini m° quadringentesimo quinquagesimo quinto, presentibus pro testibus Guillermo Sapte, ortolano, Petro Tapis[1], amortitzatore calsis, Perpiniani, et me, Georgio Ciurana, notario infrascripto, qui predicta, requisitus, recepi.

XXIII. — **Acte du 28 mars 1455.**

Reconnaissance faite par Arnaud Pastor, jardinier de Perpignan, au Seigneur de Castel-Roussillon, pour une vigne d'environ six cartonates de terre, *al cap del Stany*, moyennant un cens annuel de *cinq deniers* et le foriscap.

Limites : Jean Costa, chanoine de l'église Saint-Jean de Perpignan; Pierre Cabestany, Guillaume Ortafa et Bernard Ballero, tous jardiniers de la ville.

Témoins : Guillaume Sapte, Barthélemy Griffe, jardinier, et G. Ciurane, notaire.

Sit omnibus notum[2] quod ego Arnaldus Pastor, ortolanus ville Perpiniani, gratis et ex certa scientia confiteor et in veritate recognosco honorabili Guillermo Raymundo Albert, alias de Perapertusa et seu de Ortafano, militi, domino terminalis de Castro Rossilione, absenti, in posse vestri, notarii subscripti nomine et vice dicti absentis et omnium quorum interest et intererit legitime stipulantis et recipientis, quod ego habeo, teneo et possideo jure directi dominii pro eodem domino et suis quandam peciam terre vinea plantatam, in dicto termino sitam[3], circa sex quartonatas continentem, confrontatam cum tenentia domini Johannis Costa, canonici ecclesie Sancti Johannis Perpiniani, et cum tenentia Petri Cabestany, et cum tenentia Guillermi Ortafa, et cum tenentia Bernardi Ballero, ortolanorum dicte ville. In et super qua dictus dominus recipit et recipere debet et consuevit anno quolibet, in festo nativitatis Domini, quin-

1. A. Tapies.
2. A. Vidi instrumentum.
3. A. In loco vocato *Al cap del Stany*.

que denarios de censu; et directum dominium et foriscapium tociens quociens dicta pecia terre vendatur vel inpignoretur in toto vel in parte. Pro quo quidem censu dicto domino fore salvo et securo dandoque et solvendo anno quolibet dicto festo, et directo dominio laudimio et foriscapio reservando, obligo eidem domino et suis dictam peciam terre cum omni melioramento quod ego et mei fecerimus in eadem. Quod fuit actum Perpiniani die vicesima octava marcii, anno a nativitate Domini millesimo quadringentesimo quinquagesimo quinto, presentibus pro testibus Guillermo Sapte, Bartholomeo Griffa, ortolanis de Perpiniano, et me, Georgio Ciurana, notario infrascripto qui predicta, requisitus, recepi.

XXIV. — **Actes du 28 mars 1455.**

§ 1. Reconnaissance faite par Barthélemy Griffe, jardinier, au Seigneur de Castel-Roussillon, pour une vigne sise au territoire de Castel-Roussillon, au lieu dit *Coma Lobera*, de deux ayminates environ, moyennant *huit deniers* de cens, la directe et le foriscap.

Limites : Jean Guirau, jardinier; Jacques Raymond, briquetier.

Sit omnibus notum quod ego Bartholomeus Griffa, ortolanus ville Perpiniani, gratis et ex certa scientia confiteor et in veritate recognosco honorabili Guillermo Raymundo Albert, alias de Perapertusa et seu de Ortafano, militi, domino termini de Castro Rossilione, absenti, in posse vestri, notarii infrascripti, tanquam publice et auctentice persone pro dicto absente et omnibus quorum interest et intererit legitime stipulantis et recipientis, quod ego habeo, teneo et possideo jure directi dominii pro eodem, quandam peciam terre vinea plantatam, sitam in dicto termino de Castro Rossilione loco vocato *Coma Lobera*, circa duas ayminatas [continentem][1], confrontatam cum tenentia Johannis Guirau,

1. Mot passé dans l'original.

ortolani, et Jacobi Raymundi, teulerii, et cum tenentia uxoris Berengarii Ramon, teulerii. In et super qua dictus dominus recipit et recipere debet et consuevit anno quolibet, in festo nativitatis Domini, octo denarios de censu; et directum dominium, laudimium et foriscapium, tociens quociens dicta pecia terre vendatur vel inpignoretur in toto vel in parte.

§ 2. Reconnaissance pour une autre vigne, au lieu dit *dejus les faldes de Santa Tecla,* assujettie à un cens de *quatre deniers* et au foriscap.

Témoins des deux actes : Guillaume Sapte, Jean Opoul, jardiniers, et G. Ciurane, notaire.

Limites : Pierre Masade, jardinier ; Antoine Massamont, menuisier, et Jean Montella, briquetier.

Item, aliam peciam terre vinea plantatam in dictis terminis sitam, circa unam ayminatam continentem, loco vocato *dejus les faldes de Santa Tecla,* confrontatam cum tenentia Petri Masada, ortolani, et cum tenentia Anthonii Massamont, fusterii, ab alia parte cum tenentia Johannis Montella, teulerii. In et super qua dictus dominus recipit et recipere debet et consuevit anno quolibet, in dicto festo, quatuor denarios de censu; et directum dominium, laudimium et foriscapium, tociens quociens dicta pecia terre vendatur vel inpignoretur in toto vel in parte. Pro quibus quidem censibus dicto domino fore salvis et securis dandisque et solvendis anno quolibet dicto festo, et directis dominiis, laudimiis et foriscapiis reservandis, obligo eidem domino et suis dictas pecias terre cum omnibus melioramentis que ego et mei fecerimus in eisdem. Quod fuit actum Perpiniani, die vicesima octava marcii, anno a nativitate Domini millesimo quadringentesimo quinquagesimo quinto, presentibus pro testibus Guillermo Sapte, Johanne Opol, ortolanis dicte ville, et me, Georgio Ciurana, notario infrascripto qui predicta, requisitus, recepi.

XXV. — Acte du 28 mars 1455.

Reconnaissance faite par JEAN OPOUL, jardinier de Perpignan, au SEIGNEUR GUILHEM-RAYMOND-ALBERT DE PERAPERTUSE, pour un champ d'une ayminate environ, au lieu dit *Sobre l'Estany gros*, assujetti à un cens annuel d'*une demie punyeria* d'orge, et au foriscap.

Limites : Raymond Balanse, jardinier; l'honorable Barthélemy Montalba, juge; les héritiers de Pierre Candell, notaire, et Pierre et Bernard Benedict, frères, tisseurs.

Témoins : G. Sapte, B. Griffe, et G. Ciurane, notaire.

Sit omnibus notum[1] quod ego Johannes Opol, ortolanus ville Perpiniani, gratis et ex certa scientia confiteor et in veritate recognosco honorabili Guillermo Raymundo Albert, alias de Perapertusa et sive de Ortaffano, militi, domino terminorum de Castro Rossilione, absenti, in posse vestri, notarii infrascripti, tanquam publice et auctentice persone nomine et vice dicti absentis et omnium quorum interest et intererit legitime stipulantis et recipientis, quod ego habeo, teneo et possideo jure directi dominii pro eodem, quendam campum situm in dictis terminis, loco vocato *Sobre l'Estany gros*, circa unam ayminatam continentem, confrontatum cum tenentia Raymundi Balansa, ortolani, et cum tenentia honorabilis Bartholomei Montalba, jurisperiti, et cum tenentia heredum Petri Candell, notarii, quondam, et cum tenentia Petri et Bernardi Benedicti, fratrum, textorum. In et super quo dictus dominus recipit et recipere debet et consuevit anno quolibet, in festo Sanctorum Petri et Felicis, mediam[2] pu[n]yeriam ordei de censu; et directum dominium, laudimium et foriscapium, tociens quociens dictus campus vendatur vel inpignoretur in toto vel in parte. Pro quo quidem censu dicto domino fore salvo et securo dandoque et solvendo anno quolibet dicto festo, et directo dominio, lau-

1. A. En marge : vidi instrumentum.
2. A. unam.

dimio et foriscapio reservando, obligo eidem domino et suis in posse vestri, dicti notarii ut supra stipulantis, dictum campum cum omni melioramento quod ego et mei fecerimus in eodem. Quod fuit actum Perpiniani, die vicesima octava marcii, anno a nativitate Domini M°CCCC° quinquagesimo quinto, presentibus pro testibus Guillermo Sapte, Bartholomeo Griffa, ortolanis Perpiniani, et me, Georgio Ciurana, notario infrascripto qui predicta, requisitus, recepi.

XXVI. — **Acte du 28 mars 1455.**

Reconnaissance faite par Jean Céret, étalagiste de Perpignan, au Seigneur de Castel-Roussillon, pour une vigne, d'environ une ayminate, (ou 4, capbreu A), au lieu dit *Los Volos*, moyennant un cens d'*une obole*, et le foriscap.

Limites : l'honorable Barthélemy Montalba, juge; les héritiers de Pierre Maso, tisseur; les héritiers de l'honorable Guillaume Crestia, négociant, et Hippolyte Burges, menuisier.

Témoins : Guillaume Aloy, forgeron; Guillaume Riu, jardinier et G. Ciurane, notaire.

Sit omnibus notum quod ego Johannes Ceret, tenderius ville Perpiniani, gratis et ex certa scientia confiteor et in veritate recognosco honorabili Guillermo Raymundo Albert alias de Perapertusa et seu de Ortafano, militi, domino terminorum de Castro Rossilione, absenti, in posse vestri, notarii infrascripti, tanquam publice et auctentice persone pro dicto absente et omnibus quorum interest et intererit legitime stipulantis et recipientis, quod ego habeo, teneo et possideo jure directi dominii pro eodem, quandam peciam terre vinea plantatam, in dictis terminis sitam, loco vocato *Los Volos*, circa unam ayminatam[1] continentem, confrontatam cum tenentia honorabilis Barthomei (*sic*) Montalba, jurisperiti, et cum tenentia heredum Petri Maso, textoris,

---

1. A. quatuor ayminatas.

quondam, et cum tenentia Ypoliti Burges[2], fusterii, et cum tenentia heredum honorabilis Guillermi Crestia, mercatoris, quondam. In et super qua dictus dominus recipit et recipere debet et consuevit anno quolibet, in festo Sanctorum Petri et Felicis, unum obolum de censu; et directum dominium, laudimium et foriscapium, tociens quociens dicta pecia terre vendatur vel inpignoretur in toto vel in parte. Pro quo quidem censu dicto domino et suis fore salvo et securo dandoque et solvendo anno quolibet dicto festo, et directo dominio, laudimio et foriscapio reservando, obligo eidem domino et suis in posse vestri, dicti notarii, ut supra stipulantis, dictam peciam terre cum omni melioramento quod ego et mei fecerimus in eadem. Quod fuit actum Perpiniani, die vicesima octava marcii, anno a nativitate millesimo quadringentesimo quinquagesimo quinto, presentibus pro testibus Guillermo Aloy, fabro, Guillermo Riu, ortolano, Perpiniani, et me Georgio Ciurana, notario infrascripto qui predicta, requisitus, recepi.

XXVII. — **Acte du 29 mars 1455.**

Reconnaissance faite par Arnald Marti, jardinier de Perpignan, au Seigneur de Castel-Roussillon, pour une vigne (*maillol*) de trois ayminates environ, au lieu dit *les Loberes*, et assujettie à un cens de *dix-huit deniers* et au foriscap.

Limites : Pierre Pesa, jardinier, et le chemin qui va de *Castel-Roussillon à Cabestany*.

Témoins : André Amell, tisseur; G. Sapte, jardinier et G. Ciurane, notaire.

Sit omnibus notum quod ego Arnaldus Marti, ortolanus ville Perpiniani, gratis et ex certa scientia confiteor et in veritate recognosco honorabili Guillermo Raymundo Albert alias de Perapertusa et seu de Ortafano, militi, domino ter-

2. A. Polit Burgués.

minorum de Castro Rossilione, absenti, in posse vestri, notarii infrascripti, tanquam publice et auctentice persone pro dicto absente et omnibus aliis quorum interest et intererit legitime stipulantis et recipientis, quod ego habeo, teneo et possideo, jure directi dominii pro dicto domino, quandam peciam terre[1] malleolo plantatam, in dictis terminis sitam, loco vocato *les Loberes*, circa tres ayminatas continentem, confrontatam cum tenentia Petri Pesa, ortolani, et cum itinere quo itur de Castro Rossilione ad locum de Cabestany. In et super qua dictus dominus recipit et recipere debet et consuevit anno quolibet, in festo nativitatis Domini, decem octo denarios de censu; et directum dominium, laudimium et foriscapium, tociens quociens dicta pecia terre vendatur vel inpignoretur in toto vel in parte. Pro quo quidem censu dicto domino et suis fore salvo et securo dandoque et solvendo anno quolibet dicto festo, et directo dominio, laudimio et foriscapio reservando, obligo eidem domino et suis in posse vestri, dicti notarii, ut supra stipulantis, dictam peciam terre cum omni melioramento quod ego et mei fecerimus in eadem. Quod fuit actum Perpiniani, die vicesima nona marcii, anno a nativitate Domini millesimo quadringentesimo quinquagesimo quinto, presentibus pro testibus Andrea Amell, textore, Guillermo Sapte, ortolano, de Perpiniano, et me, Georgio Ciurana, notario infrascripto, qui predicta, requisitus, recepi.

---

1. A. vineam.

XXVIII. — **Acte du 29 mars 1455.**

Reconnaissance faite par Jacques Blanquet, jardinier de Perpignan, pour une vigne au lieu dit *Al Pug de la Rosa*, d'une contenance de six cartonates, moyennant un cens d'*une mesure* (*pugesia*) d'orge ou de froment.

Limites : Bernard Blanquet, Bérenger Boffill, et Jean Girau, jardinier, et la voie *de Carles*.

Témoins : André Amell, tisseur; G. Sapte et G. Ciurane, notaire.

Sit omnibus notum[1] quod ego Jacobus Blanquet, ortolanus ville Perpiniani, gratis et ex certa scientia confiteor et in veritate recognosco honorabili Guillermo Raymundo Albert, alias de Perapertusa et seu de Ortafano, militi, domino terminorum de Castro Rossilione, absenti, in posse vestri, notarii infrascripti, tanquam publice et auctentice persone pro dicto absente et omnibus quorum interest et intererit legitime stipulantis et recipientis, quod ego habeo, teneo et possideo jure directi dominii pro dicto domino quandam peciam terre vinea plantatam, sitam in dictis terminis loco vocato *Al Pug de la Rosa*[2], circa sex quartonatas continentem, confrontatam cum via vocata *de Carles*, et cum tenentia Bernardi Blanquet, ortolani, et cum tenentia Berengarii Boffill, et cum tenentia Johannis Girau[3], ortolani. In et super qua dictus dominus recipit et recipere debet et consuevit anno quolibet, in festo nativitatis Domini, unam *pugesiam* de censu; et directum dominium, laudimium et foriscapium, tociens quociens dicta pecia terre vendatur vel inpignoretur in toto vel in parte. Pro quo quidem censu dicto domino fore salvo et securo dandoque et solvendo anno quolibet dicto festo, et directo dominio, laudimio et foriscapio reservando, obligo eidem domino et suis, in posse

1. A. vidi instrumentum.
2. A. Puig.
3. A. Guirau.

vestri, dicti notarii ut supra stipulantis, dictam peciam terre cum omni melioramento quod ego et mei fecerimus in eadem. Quod fuit actum Perpiniani, die vicesima nona marcii, anno a nativitate millesimo quadringentesimo quinquagesimo quinto, presentibus pro testibus[1] Andrea Amell, textore, Guillermo Sapte, ortolano, Perpiniani, et me, Georgio Ciurana, notario infrascripto, qui predicta, requisitus, recepi.

XXIX. — **Acte du 29 mars 1455.**

Reconnaissance faite par Bernard Blanquet, jardinier de Perpignan, au Seigneur de Castel-Roussillon, pour une vigne d'environ trois cartonales, au lieu dit *Pug de la Rosa,* moyennant un cens d'*une mesure d'orge* (pugesia de censu) et le foriscap.

Limites : Jacques Blanquet et Bérenger Boffil, briquetier, et le chemin dit *de Carles.*

Témoins : Pierre Masade, G. Sapte, jardiniers; G. Ciurane, notaire.

Sit omnibus notum[2] quod ego Bernardus Blanquet, ortolanus ville Perpiniani, gratis et ex certa scientia confiteor et in veritate recognosco honorabili Guillermo Raymundo Albert, alias de Perapertusa et seu de Ortafano, militi, domino terminorum de Castro Rossilione, absenti, in posse vestri, notarii infrascripti, pro dicto domino et omnibus quorum interest et intererit legitime stipulantis et recipientis quod ego habeo, teneo et possideo jure directi dominii pro ipso quandam peciam terre vinea plantatam, in dictis terminis sitam loco vocato *Pug de la Rosa*[3], circa tres quartonatas continentem, confrontatam cum tenentia Jacobi Blanquet, ortolani, et cum tenencia Berengarii Boffil, teulerii, de duabus partibus, et cum via vocata *de Carles*[4]. In et

---

1. Discretus.
2. A. vidi instrumentum.
3. A. *Al Puig de la Rosa.*
4. itinere d'En Carles.

super qua dictus dominus recipit et recipere debet et consuevit anno quolibet, in festo nativitatis Domini, unam pugesiam de censu ; et directum dominium, laudimium et foriscapium, tociens quociens dicta pecia terre, vendatur vel inpignoretur in toto vel in parte. Pro quo quidem censu dicto domino fore salvo et securo dandoque et solvendo anno quolibet dicto festo et directo dominio, laudimio et foriscapio reservando, obligo dicto domino et suis, in posse vestri, dicti notarii, ut supra stipulantis, dictam peciam terre cum omni melioramento quod ego et mei fecerimus in eadem. Quod fuit actum Perpiniani, die vicesima nona marcii, anno a nativitate Domini millesimo quadringentesimo quinquagesimo quinto, presentibus pro testibus Petro Masada, Guillermo Sapte, ortolanis Perpiniani, et me, Georgio Ciurana, notario infrascripto, qui predicta, requisitus, recepi.

XXX. — **Acte du 29 mars 1455.**

Reconnaissance par Jean Bassagode ou Basegude, jardinier de Perpignan, au Seigneur de Castel-Roussillon, pour une vigne de six cartonates environ, au lieu dit *al cap del Stany* et assujettie à *un denier* de cens et au foriscap.

Limites : Guillem Pug et Bernard Barallo, jardiniers ; Honoré Buadelle et le chemin de l'étang (*del Stany*).

Témoins : André Amell, J. Blanquet et G. Ciurane, notaire.

Sit omnibus notum quod ego Johannes Bassagoda[1], ortolanus ville Perpiniani, gratis et ex certa scientia confiteor et in veritate recognosco honorabili Guillermo Raymundo Albert, alias de Perapertusa et seu de Ortaffano, militi, domino terminorum de Castro Rossilione, absenti, in posse vestri, notarii infrascripti, tanquam publice et auctentice persone pro dicto absente et pro omnibus quorum interest

1. A. Baseguda.

et intererit legitime stipulantis, quod ego habeo, teneo et possideo jure directi dominii pro eodem domino quandam peciam terre vinea plantatam[1], in dictis terminis sitam, loco vocato *al cap del stany*, confrontatam cum tenentia Guillermi Pug[2], et cum tenentia Bernardi Barallo, et cum tenentia Honorati Buadella, ortolanorum, et cum via *del stany*. In et super qua dictus dominus recipit et recipere debet et consuevit anno quolibet, in festo nativitatis Domini, unum denarium de censu; et directum dominium, laudimium et foriscapium, tociens quociens dicta pecia terre vendatur vel inpignoretur in toto vel in parte. Pro quo quidem censu dicto domino fore salvo et securo dandoque et solvendo anno quolibet dicto festo, et directo dominio, laudimio et foriscapio reservando, obligo dicto domino et suis, in posse vestri, dicti notarii, ut supra stipulantis, dictam peciam terre cum omni melioramento quod ego et mei fecerimus in eadem. Quod fuit actum Perpiniani, die vicesima nona marcii, anno a nativitate Domini M°CCCC° quinquagesimo quinto, presentibus pro testibus Andrea Amell, textore, Jacobo Blanquet, ortolano Perpiniani, et me, Georgio Ciurana, notario infrascripto, qui predicta requisitus, recepi.

XXXI. — **Acte du 29 mars 1455.**

Reconnaissance faite par CHRISTOPHE BLANQUET, jardinier, au SEIGNEUR DE CASTEL-ROUSSILLON, d'un champ sis à *Castel Roussillon*, au lieu dit l'*Estany d'En Losa*, moyennant *six deniers* de cens et le foriscap ; confrontant Bernard Féliu, François Blanquet, Bernard Baster, jardiniers.

Témoins : A. Amell, tisseur; Pierre Masade et G. Ciurane, notaire.

Sit omnibus notum[3] quod ego Christophorus Blanquet, ortolanus ville Perpiniani, gratis et ex certa scientia, confi-

1. A. continentem sex quartonatas vel inde circa.
2. A. Puig.
3. Le feuillet d'A contenant les six reconnaissances ci-après est déchiré.

teor et in veritate recognosco honorabili Guillermo Raymundo Albert, alias de Perapertusa et seu de Ortafano, militi, domino terminorum de Castro Rossilione, absenti, in posse vestri notarii subscripti, tanquam publice et auctentice persone nomine et vice dicti absentis et omnium quorum interest et intererit legitime stipulantis et recipientis, quod ego habeo, teneo et possideo jure directi dominii pro dicto domino unum campum situm in dictis terminis loco vocato l'*Estany d'En Losa,* confrontatum cum tenentia Bernardi Feliu, ortolani, et cum tenentia Francisci Blanquet, et cum tenentia Bernardi Baster, ortolanorum, senderio medio. In et super quo dictus dominus recipit et recipere debet et consuevit anno quolibet, in festo nativitatis Domini, sex denarios de censu ; et directum dominium, laudimium et foriscapium, tociens quociens dictus campus vendatur vel inpignoretur in toto vel in parte. Pro quo quidem censu dicto domino et suis fore salvo et securo dandoque et solvendo anno quolibet dicto festo, et directo dominio, laudimio et foriscapio reservando, obligo dicto domino et suis in posse vestri, dicti notarii, prout supra stipulantis, dictum campum cum omni melioramento quod ego et mei fecerimus in eodem. Quod fuit actum Perpiniani, die vicesima nona marcii, anno a nativitate Domini millesimo quadringentesimo quinquagesimo quinto, presentibus pro testibus Andrea Amell, textore, Petro Masada, ortolano, Perpiniani, et me, Georgio Ciurana, notario infrascripto qui predicta, requisitus, recepi.

XXXII. — Acte du 29 mars 1455.

Reconnaissance par Guitard, jardinier, d'une vigne, près de *Sainte-Thècle*, assujettie à un cens de *dix deniers* et au foriscap ; confrontant la veuve Na Balansa et le chemin *de Carles* qui descend de *Sainte-Thècle*, et H. Buadelle, jardinier.

Témoins ; A. Amell, Pierre Masade et G. Ciurane. notaire.

Sit omnibus notum quod ego Guitard, ortolanus ville Perpiniani, gratis et ex certa scientia confiteor et in veritate rocognosco honorabili Guillermo Raymundo Albert, etc., ut supra, quod ego habeo, teneo et possideo jure directi dominii pro eodem, quandam peciam terre vinea plantatam sitam in dictis terminis, propre Sanctam Teclam, confrontatam cum tenencia de Na Balansana, vidue, et cum tenentia Jacobi Balansa, et cum via *de Carles* que descendit de *Sancta Tecla*, et cum alia tenentia Honorati Buadella, ortolanorum. In et super qua dictus dominus recipit et recipere debet et consuevit anno quolibet, in festo nativitatis Domini, decem denarios de censu; et directum dominium, laudimium et foriscapium, tociens quociens dicta vinea vendatur vel inpignoretur in toto vel in parte. Pro quo quidem censu dicto domino et suis fore salvo et securo dandoque et solvendo anno quolibet dicto festo et directo dominio, laudimio et foriscapio reservando, obligo eidem domino et suis, in posse vestri, notarii infrascripti, ut supra stipulantis, dictam peciam terre cum omni melioramento quod ego et mei fecerimus in eadem. Quod fuit actum Perpiniani die vicesima nona martii, anno a nativitate Domini millesimo quadringentesimo quinquagesimo quinto, presentibus pro testibus Andrea Amell, textore, Petro Masada, ortolano, Perpiniani, et me, Georgio Ciurana, notario infrascripto, qui predicta, requisitus, recepi.

XXXIII. — Acte du 29 mars 1453.

Reconnaissance par Bernard Bonet, jardinier, au Seigneur de Castel-Roussillon, pour une terre de trois cartonates environ, au lieu dit *Pug de la Rosa*, assujettie à un cens de *douze deniers* par an.

Limites : Raymond Roig; Pierre et Bernard Beneset, frères, tisseurs; et Pierre Bonet, jardinier.

Témoins : G. Sapte, Jacques Possimanya et G. Ciurane, notaire.

Sit omnibus notum quod ego Bernardus Bonet, ortolanus ville Perpiniani, gratis et ex certa scientia confiteor et in veritate recognosco honorabili Guillermo Raymundo Albert, etc., ut supra, quod ego habeo, teneo et possideo jure directi dominii pro eodem domino, quandam peciam terre sitam in dictis terminis loco vocato *Pug de la Rosa*, circa tres quartonatas continentem, confrontatam cum tenentia Raymundi Roig, et cum tenentia Petri et Bernardi Beneset, fratrum, textorum, et cum tenentia Petri Bonet, ortolani. In et super qua dictus dominus recipit et recipere debet et consuevit anno quolibet, in festo nativitatis Domini, duodecim denarios de censu; et directum dominium, laudimium et foriscapium, tociens quociens dicta pecia terre vendatur vel inpignoretur in toto vel in parte. Pro quo quidem censu dicto domino et suis fore salvo et securo dandoque et solvendo anno quolibet dicto festo, et directo dominio, laudimio et foriscapio reservando, obligo dicto domino et suis in posse vestri, dicti notarii, prout supra stipulantis, dictam peciam terre cum omni melioramento quod ego et mei fecerimus in eadem. Quod fuit actum Perpiniani, die vicesima nona marcii, anno a nativitate Domini millesimo quadringentesimo quinquagesimo quinto, presentibus pro testibus Guillermo Sapte, Jacobo Possimanya, ortolanis Perpiniani, et me, Georgio Ciurana, notario infrascripto qui predicta, requisitus, recepi.

XXXIV. — **Acte du 31 mars 1455.**

Reconnaissance faite par Bérenger Guitard, jardinier, de Perpignan (*ut supra*), pour une terre d'une contenance de trois cartonates environ, au lieu dit *A Bell Roure*, moyennant un cens de *un denier* et le foriscap.

Limites : Arnaud Aganet, jardinier; Jacques Maysos, pareur; Pierre Carbonell, chirurgien ; et En Conquer, jardinier.

Témoins : G. Sapte; Pierre Geli; et G. Ciurane, notaire.

Sit omnibus notum quod ego Berangarius Guitard, ortolanus ville Perpiniani, gratis et ex certa scientia, confiteor et in veritate recognosco honorabili Guillermo Raymundo Albert, etc., ut supra, quod ego habeo, teneo et possideo jure directi dominii pro dicto domino, quandam peciam terre in dictis terminis sitam loco vocato *A Bell Roure*, circa tres quartonatas continentem, confrontatam cum tenentia Arnaldi Aganet, ortolani, et cum tenentia Jacobi Maysos, paratoris, et cum alia tenentia Petri Carbonell, cirurgici, et cum tenentia d'En Conquer, ortolani. In et super qua dictus dominus recipit et recipere debet et consuevit anno quolibet, in festo nativitatis Domini, unum denarium de censu ; et directum dominium, laudimium et foriscapium, tociens quociens dicta pecia terre vendatur vel inpignoretur in toto vel in parte. Pro quo quidem censu dicto domino et suis fore salvo et securo dandoque et solvendo anno quolibet dicto festo, et directo dominio, laudimio et foriscapio reservando, obligo dicto domino et suis, in posse vestri, dicti notarii, ut supra stipulantis, dictam peciam terre cum omni melioramento quod ego et mei fecerimus in eadem. Quod fuit actum Perpiniani, die tricesima prima et ultima marcii, anno a nativitate Domini M° CCCC L quinto, presentibus pro testibus Guillermo Sapte, Petro Geli, ortolanis, et me, Georgio Ciurana, notario infrascripto, qui predicta, requisitus, recepi.

XXXV. — Actes du 31 mars 1455.

§ 1. Reconnaissance par Bernard Balaguer (*ut supra*), pour une terre d'environ une ayminate, au lieu dit *Les Loberes*, moyennant *neuf deniers* de cens et le foriscap.

Limites : Jacques Gelsen, jardinier, et le chemin qui va de *Castel-Roussillon aux Llobères*; et Jacques Caselles, jardinier.

Sit omnibus notum quod ego Bernardus Balaguer, ortolanus ville Perpiniani, gratis et ex certa scientia confiteor et in veritate recognosco honorabili Guillermo, etc., ut supra, quod ego habeo, teneo et possideo, jure directi dominii, pro eodem domino et suis, quandam peciam terre sitam in dictis terminis loco vocato *Les Loberes*, circa unam ayminatam continentem, confrontatam cum tenentia Jacobi Gelsen, ortolani, et cum via qua itur de dicto Castro *a les Loberes*, et cum tenentia Jacobi Caselles, ortolani. In et super qua dictus dominus recipit et recipere debet et consuevit anno quolibet, in festo nativitatis Domini, novem denarios de censu et directum dominium, laudimium et foriscapium, tociens quociens dicta pecia terre vendatur vel inpignoretur in toto vel in parte.

§ 2. Autre reconnaissance pour une terre de trois cartonates, au lieu dit *Los Volos*, moyennant un cens de *six deniers* et le foriscap.

Limites : Jean Colom et Bernard Ortola, épicier, séparés par un sentier.

Témoins des deux actes : G. Sapte; Jacques Possimanya, jardinier; et G. Ciurana, notaire.

Item aliam peciam terre in dictis terminis sitam, loco vocato *Los Volos*, circa tres quartonatas continentem, confrontatam cum tenentia Johannis Colomi de duabus partibus, et cum tenentia Bernardi Ortola, specierii, senderio in medio. In et super qua dictus dominus recipit et recipere debet et consuevit anno quolibet, in dicto festo, sex denarios de censu; et directum dominium, laudimium et foriscapium, tociens quociens dicta pecia terre vendatur vel inpignoretur in toto vel in parte.

Pro quibus quidem censibus dicto domino fore salvis et securis dandisque et solvendis anno quolibet dicto festo et directo dominio, laudimio et foriscapio reservando, obligo dicto domino et suis in posse vestri, dicti notarii, ut supra stipulantis, dictas pecias terre cum omni melioramento quod ego et mei fecerimus in eisdem. Quod fuit actum Perpiniani, die tricesima prima et ultima marcii, anno a nativitate Domini M° CCCC L quinto, presentibus pro testibus Guillermo Sapte, Jacobo Possimanya, ortolanis Perpiniani, et me, Georgio Ciurana, notario infrascripto qui predicta, requisitus, recepi.

XXXVI. — **Acte du 31 mars 1455.**

Reconnaissance par Bernard Feliu, jardinier, pour une terre, sise à *Castel-Roussillon*, au lieu dit *Cap de Caderoles*, de une ayminate environ, assujettie à un cens de *six deniers* et au foriscap.

Limites : Christophe Blanquet, François Blanquet et le tenancier.

Témoins : Antoine Portell, tisseur, et G. Sapte; G. Ciurane, notaire.

Sit omnibus notum quod ego Bernardus Feliu, ortolanus ville Perpiniani, gratis et ex certa scientia confiteor et in veritate recognosco honorabili Guillermo, etc., ut supra, quod ego habeo, teneo et possideo jure directi dominii pro dicto domino, quandam peciam terre sitam in dictis terminis loco vocato *Cap de Caderoles*, continentem circa unam ayminatam, confrontatam cum tenentia Christophori Blanquet, et cum tenentia Francisci Blanquet, ortolanorum, et cum alia tenentia mea. In et super qua dictus dominus recipit et recipere debet et consuevit anno quolibet, in festo nativitatis Domini, sex denarios de censu; et directum dominium, laudimium et foriscapium, tociens quociens dicta pecia terre vendatur vel inpignoretur in toto vel in parte. Pro quo quidem censu dicto domino fore salvo et securo dandoque et solvendo anno quolibet dicto festo, et directo dominio, laudimio et foriscapio reservando, obligo dicto domino et suis in posse vestri, dicti notarii, ut supra stipulantis, dictam peciam terre cum omni melioramento quod ego et mei fecerimus in eadem. Quod fuit actum Perpiniani, die tricesima prima et ultima marcii, anno a nativitate Domini millesimo quadringentesimo quinquagesimo quinto, presentibus pro testibus Anthonio Portell, textore, Guillermo Sapte, ortolano, de Perpiniano, et me, Georgio Ciurana, notario infrascripto qui predicta, requisitus, recepi.

XXXVII. — **Acte du 31 mars 1455.**

Reconnaissance faite par ESCLARMONDE, épouse de feu BARTHÉLEMY VÉSIA, pareur, pour une vigne d'une ayminate environ, sise *près de la Chapelle Sainte-Thècle*, assujettie à un cens de *trois deniers* et au foriscap.

Limites : veuve Balansa et Étienne Pug (ou Puig), négociant.

Témoins : Guillaume Sapte et Jacques Sellera, de Thuir ; G. Ciurane, notaire.

Sit omnibus notum quod ego Sclarmunda, uxor Bartholomei Vesia, paratoris quondam ville Perpiniani, gratis et ex certa scientia confiteor et in veritate recognosco honorabili Guillermo Raymundo, etc., ut supra, quod ego habeo, teneo et possideo jure directi dominii pro eodem domino et suis, quandam peciam terre vinea plantatam in dictis terminis sitam prope[1] capillam Sancte Tecle, circa unam ayminatam continentem, confrontatam cum tenentia domine Balansane, vidue, et cum tenentia Stephani Pug[2], mercatoris, et cum tenentia de Na Cabanera, vidue. In et super qua dictus dominus recipit et recipere debet et con-

1. A. Prope Sancta Tecla.
2. A. Puig.

suevit anno quolibet, in festo nativitatis Domini, tres denarios de censu ; et directum dominium, laudimium et foriscapium, tociens quociens dicta pecia terre vendatur vel inpignoretur in toto vel in parte. Pro quo quidem censu dicto domino et suis fore salvo et securo dandoque et solvendo anno quolibet dicto festo, et directo dominio, laudimio et foriscapio reservando, obligo dicto domino et suis in posse vestri, dicti notarii, ut supra stipulantis, predictam peciam terre cum omni melioramento quod ego et mei fecerimus in eadem.

Quod fuit actum Perpiniani, die tricesima prima et ultima marcii, anno a nativitate Domini Millesimo quadringentesimo quinquagesimo quinto, presentibus pro testibus Guillermo Sapte, ortolano, et Jacobo Sellera, loci de Thoyrio, et me, Georgio Ciurana, notario infrascripto, qui predicta, requisitus, recepi.

XXXVIII. — **Acte du 31 mars 1455.**

Reconnaissance par Germain Castillo, tisseur de Perpignan, pour une vigne d'une ayminate, située à Castel-Roussillon, au lieu dit *Pug de la Rosa*, moyennant un cens de *trois sous* et la directe et le foriscap.

Limites : Raphaël Rog, épicier; François Rocha, pareur; Guillaume Vila, jardinier, et Jean Sebiude, tisseur.

Témoins : G. Sapte; Barthélemy Vallespir, tisseur; G. Ciurane, notaire.

Sit omnibus notum quod ego Germanus[1] Castillionis, textor ville Perpiniani, gratis et ex certa scientia confiteor et in veritate recognosco, honorabili Guillermo Raymundo, etc., ut supra, quod ego habeo, teneo et possideo pro dicto domino quandam peciam terre vinea plantatam, in dictis terminis sitam loco vocato *Pug de la Rosa*[2], circa

1. A. Germa.
2. A. *Al Pug de la Rosa.*

unam ayminatam continentem, confrontatam cum tenentia Raphaelis Rog[1], specierii, et cum tenentia Francisci Rocha, paratoris, et cum tenentia Guillermi Vila, ortolani, et cum alia tenentia Johannis Sebiud, textoris. In et super qua dictus dominus recipit et recipere debet et consuevit anno quolibet, in festo nativitatis Domini, tres solidos de censu; et directum dominium, laudimium et foriscapium, tociens quociens dicta pecia terre vendatur vel inpignoretur in toto vel in parte. Pro quo quidem censu dicto domino fore salvo et securo dandoque et solvendo anno quolibet dicto festo, et directo dominio, laudimio et foriscapio reservando; obligo dicto domino et suis in posse vestri, dicti notarii, ut supra stipulantis, dictam peciam terre cum omni melioramento quod ego et mei fecerimus in eadem. Quod fuit actum Perpiniani, die tricesima prima marcii, anno a nativitate Domini M°CCCCL quinto, presentibus pro testibus Guillermo Sapte, ortolano, Bartholomeo Vallespir, textore Perpiniani, et me, Georgio Ciurana, notario infrascripto qui predicta, requisitus, recepi.

XXXIX. — **Acte du 31 mars 1455.**

Reconnaissance par la FEMME GUIRAUD, épouse de Guillaume Parès, tisseur, fille et héritière de feu Bernard Sabater, pareur, pour une vigne de six cartonates environ, au lieu dit *les Carderoles*, moyennant un cens d'*une obole* et le foriscap.

Limites : le chemin qui va *à les Loberes;* les tenures de la femme de Me Carbonell, chirurgien, et de la femme de Jacques Sabater; En Cases, cordonnier, et la veuve de Jean Aloy.

Témoins : Jacques Bonahost, tisseur, et Guillaume Sapte, jardinier; G. Ciurane, notaire.

Sit omnibus notum quod ego Guirauda, uxor Guillermi Pares, textoris, filia et heres Bernardi Sabater, paratoris

---

1. A. Roig.

quondam ville Perpiniani, de et cum consensu dicti viri mei, hiis presentis, gratis et ex certa scientia confiteor et in veritate recognosco honorabili Guillermo, etc. ut supra, quod ego habeo, teneo et possideo jure directi dominii pro dicto domino quandam peciam terre vinea plantatam, in dictis terminis sitam loco vocato *les Carderoles*[1], circa sex quartonatas continentem, confrontatam cum via qua itur *à les Loberes*, et cum tenentia uxoris magistri Carbonell, cirurgici, et cum tenentia domine Johane, uxoris Jacobi Sabater, et cum tenentia d'En Cases, sabaterii, et cum tenentia Johanne, uxoris Johannis Aloy, quondam. In et super qua dictus dominus recipit et recipere debet et consuevit anno quolibet, in festo nativitatis Domini, unum obolum de censu; et directum dominium, laudimium et foriscapium, tociens quociens dicta pecia terre vendatur vel inpignoretur in toto vel in parte. Pro quo quidem censu dicto domino fore salvo et securo dandoque et solvendo anno quolibet dicto festo, et directo dominio, laudimio et foriscapio reservando, obligo eidem domino in posse vestri, dicti notarii, prout supra stipulantis dictam peciam terre cum omni melioramento quod ego et mei fecerimus in eadem. Quod fuit actum Perpiniani, die tricesima prima marcii, anno a nativitate Domini M°CCCC L quinto, presentibus pro testibus Jacobo Bonahost, textore, Guillermo Sapte, ortolano, Perpiniani, et me Georgio Ciurana, notario infrascripto qui predicta, requisitus, recepi.

---

1. A. *à les Carderoles*.

XL. — **Acte du 31 mars 1455.**

Reconnaissance par la veuve d'Hippolyte Bonet, ancien jardinier, pour une vigne de deux ayminates, située au lieu dit *lo cap del Stany*, moyennant un cens de *huit deniers*, la directe et le foriscap.

Limites : En Terrius de Villalongue ; Jean Pau, de la même localité ; Jean Vaquer et Jean Roquette, épicier.

Témoins : Étienne Opoul, prêtre de Saint-Jean ; G. Sapte et G. Ciurana, notaire.

Sit omnibus notum quod ego Anthonia uxor Ypoliti[1] Bonet quondam ortolani ville Perpiniani, gratis et ex certa scientia confiteor et in veritate recognosco honorabili Guillermo, etc. ut supra, quod ego habeo, teneo et possideo jure directi dominii pro eodem domino quandam peciam terre vinea plantatam, in dictis terminis sitam, circa duas ayminatas continentem, loco vocato *lo cap del Stany*[2], confrontatam cum tenentia d'En Terrius de Vila longua, et cum tenentia Johannis Pau, ejusdem loci, et cum tenentia Johannis Vaquer, et cum alia tenentia Johannis Roqueta, specierii Perpiniani. In et super qua dictus dominus recipit et recipere debet et consuevit anno quolibet, in festo nativitatis Domini, octo denarios de censu ; et directum dominium, laudimium et foriscapium, tociens quociens dicta pecia terre vendatur vel inpignoretur in toto vel in parte. Pro quo quidem censu dicto domino, fore salvo et securo dandoque et solvendo anno quolibet dicto festo, et directo dominio, laudimio et foriscapio reservando, obligo dicto domino, in posse vestri, dicti notarii, prout supra stipulantis dictam peciam terre cum omni melioramento quod ego et mei fecerimus in eadem. Quod fuit actum Perpiniani, die tricesima prima marcii, anno a nativitate Domini M.CCCCL quinto,

1. A. Politi.
2. A. *Al Cap del Stany.*

presentibus pro testibus discreto Stephano Opol, presbitero in ecclesia Sancti Johannis, Guillermo Sapte, ortolano Perpiniani, et me, Georgio Ciurana, notario infrascripto qui predicta, requisitus, recepi.

XLI. — **Acte du 8 avril 1455.**

Reconnaissance par Bernard Cabestany, de Cabestany, pour une vigne située à Castel-Roussillon, au lieu dit *Teulet*, d'une contenance de quatre ayminates, moyennant un cens de *douze deniers* (en marge : un sou), et le foriscap.

Limites : Guillaume Ortafa et Arnaud Pastor, jardiniers ; Jean Costa, prêtre de Saint-Jean de Perpignan ; et la veuve Na Maso.

Témoins : Antoine Masade, de Cabestany ; Bernard Vile, boucher de Castel-Roussillon, et G. Ciurane, notaire.

Sit omnibus notum quod ego Bernardus Cabestany, loci de Capitestagno, gratis et ex certa scientia confiteor et in veritate recognosco honorabili Guillermo Raymundo, etc., ut supra, quod ego habeo, teneo et possideo jure directi dominii pro dicto domino, quandam peciam terre vinea plantatam, in dictis terminis sitam loco vocato *Teulet*[1], continentem circa quatuor ayminatas, confrontatam cum tenentia Guillermi Ortafa, et cum tenentia Arnaldi Pastoris, ortolanorum, et cum tenentia domini Johannis Costa, presbiteri Sancti Johannis Perpiniani, et cum tenentia de Na Masona, vidue. In et super qua dictus dominus recipit et recipere debet et consuevit anno quolibet duodecim denarios[2] de censu, in festo nativitatis Domini ; et directum dominium, laudimium et foriscapium, tociens quociens dicta pecia terre vendatur vel inpignoretur in toto vel in parte. Pro quo quidem censu dicto domino fore salvo et securo dandoque et solvendo anno quolibet dicto festo, et directo dominio, laudimio et foriscapio reservando, obligo dicto domino, in

1. A. Taulet.
2. A. En marge : 1 sol.

FAC-SIMILÉ DE L'ACTE XLI (page 70)

Capbreu B.

Le *Capbreu B* constitue le véritable registre amplifié que nous appellerons la *notule*.

Dans la reconnaissance faite par Bernard Cabestany au seigneur de Perapertuse, on lit en surcharge à la quatrième ligne, au-dessus des mots « *loco vocato Taulet* » la phrase oubliée par le scribe : *in dictis terminis sitam*, qui se rapporte au membre de phrase qui précède « *vineam plantatam* »; à la huitième ligne, au-dessus du mot « *recipit* », les mots, *dictus dominus;* et, finalement, à la quatorzième ligne, au-dessus du membre de phrase « *dicto domino quandam peciam terre* », la phrase : *in posse vestri eidem notarii ut supra stipulantis*.

[illegible] Ego me Georgio [illegible]

[illegible]

Sit omnibus notum quod ego [illegible]

[illegible]

posse vestri, dicti notarii, ut supra stipulantis, dictam peciam terre cum omni melioramento quod ego et mei fecerimus in eadem. Quod fuit actum Perpiniani die octava mensis aprilis, anno a nativitate Domini M° CCCC L, quinto, presentibus pro testibus Anthonio Masada, loci de Capitestagno, Bernardo Vila, carniserio de Castro Rossilione, et me, Georgio Ciurana, notario infrascripto qui predicta, requisitus, recepi.

XLII. — **Acte du 10 avril 1455.**

Reconnaissance par Agnès, veuve de Pallais Duran, pour un champ sis au territoire de Castel-Roussillon, de six cartonates environ, au lieu dit *Na Brandina*, moyennant *deux sous* de cens et le foriscap.

Limites : Jacques Possimanya ; Antoine Olive ; les héritiers de Martin Ortaffa, et les deux chemins publics.

Témoins : André Amell et Nicolas Tauler, tisseurs.

Sit omnibus notum quod ego Agnes, uxor Palladii Duran, ortolani, quondam, ville Perpiniani, gratis et ex certa scientia confiteor et in veritate recognosco honorabili Guillermo Raymundo, etc., ut supra, quod ego habeo, teneo et possideo, jure directi dominii, pro eodem domino et suis, quendam campum in dictis terminis situm, loco vocato *Na Brandina*, circa sex quartonatas continentem, confrontatum cum tenentia Jacobi Possimanya, et cum tenentia Anthonii Oliba, et cum tenentia heredum Martini Ortaffa quondam, ortolanorum, et cum duabus viis publicis. In et super quo dictus dominus recipit et recipere debet et consuevit anno quolibet, in festo Sancti Johannis de junio, duos solidos de censu ; et directum dominium, laudimium et foriscapium, tociens quociens dictus campus vendatur vel inpignoretur in toto vel in parte. Pro quo quidem censu dicto domino fore salvo et securo dandoque et solvendo anno quolibet dicto festo, et directo dominio, laudimio et foriscapio reservando, obligo dicto domino et suis in posse vestri, dicti notarii ut supra stipulantis, dictum campum cum omni melioramento quod ego et mei fecerimus in eodem. Quod fuit actum Perpiniani, die decima aprilis, anno a nativitate Domini M° CCCC L quinto, presentibus pro testibus Andrea Amell, Nicholao Tauler, textoribus Perpiniani, et me, Georgio Ciurana, notario infrascripto qui predicta, requisitus, recepi.

XLIII. — Acte du 14 avril 1455.

Reconnaissance par Bernard Jorda, jardinier à Perpignan, pour un champ situé au territoire de *Castel-Roussillon*, au lieu dit *En Correu*, au-dessus du chemin qui va de *Castel-Roussillon* à *Villalongue*, et d'une contenance de quatre ayminates, moyennant un cens de *trois deniers* annuels et une poule de basse-cour *bene receptibilem*, et les droits de directe et de foriscap.

Tenanciers et fonds limitrophes : la route de Villalongue ; Etienne Cassanyes, épicier ; Pierre et Bernard Beneset, tisseurs.

Témoins : Jean Griffe, G. Sapte, jardiniers, et G. Ciurane, notaire.

Sit omnibus notum quod ego Bernardus Jorda, ortolanus ville Perpiniani, gratis et ex certa scientia confiteor et in veritate recognosco honorabili Guillermo Raymundo, etc., ut supra, quod ego habeo, teneo et possideo jure directi dominii pro eodem, quendam campum situm in dictis [terminis][1] loco vocato d'*En Correu*, supra viam qua itur de dicto Castro ad locum de Villalonga, circa quatuor ayminatas continentem, confrontatum de duabus partibus cum dicta via de Villalonga, et cum tenentia Stephani Cassanyes, specierii, et cum tenentia Petri et Bernardi Beneset, textorum, fratrum. In et super quo dictus dominus recipit et recipere debet et consuevit anno quolibet, in festo nativitatis Domini, unam gallinam domesticam et bene receptibilem, et ulterius tres denarios de censu ; directum dominium, laudimium et foriscapium, tociens quociens dictus campus

1. Mot passé.

vendatur vel inpignoretur in toto vel in parte. Pro quibus quidem censibus dicto domino fore salvis et securis dandisque et solvendis anno quolibet dicto festo, et directo dominio, laudimio et foriscapio reservandis, obligo dicto domino et suis, in posse vestri, dicti notarii, ut supra stipulantis, dictum campum cum omni melioramento quod ego et mei fecerimus in eodem. Quod fuit actum Perpiniani, die quartadecima aprilis, anno a nativitate Domini millesimo quadringentesimo quinquagesimo quinto, presentibus pro testibus Johanne Griffa, Guillermo Sapte, ortolanis Perpiniani, et me, Georgio Ciurana, notario infrascripto, qui predicta, requisitus, recepi.

XLIV. — **Actes du 14 avril 1455.**

§ 1. Reconnaissance faite par Bernard Baster, jardinier de Perpignan, pour deux pièces de terre, au lieu dit l'*estany d'En Losa*, confrontant 1° Hippolyte Tallant, de Cabestany; Nicolas Castillo, négociant, et le chemin *de Carles*; 2° un sentier; Hippolyte Tallant et Jean Blanquet, moyennant *cinq sous* et *un denier*, et les droits de foriscap.

Sit omnibus notum quod ego Bernardus Baster, ortolanus ville Perpiniani, gratis et ex certa scientia confiteor et in veritate recognosco honorabili Guillermo Raymundo, etc., ut supra, quod ego habeo, teneo et possideo jure directi dominii pro dicto domino predia sequentia.

Primo, duas pecias terre in dictis terminis sitas loco vocato l'*estany d'En Losa*[1], quarum altera affrontat cum tenentia Ypoliti[2] Tallant, loci de Capitestagno, et cum tenentia Nich[ol]ay[3] Castillionis, mercatoris Perpiniani, et cum itinere seu via vocata *de Carles;*

Altera vero pecia affrontat cum quodam senderio sito in medio dictarum peciarum terre, et cum tenentia dicti

---

1. A. d'*En Llosa.*
2. A. Polit.
3. Le texte porte : Nichay.

Ypoliti Tallant, et cum tenentia Johannis Blanquet, ortolani.

In et super quibus dictus dominus recipit et recipere debet et consuevit anno quolibet, in festo nativitatis Domini, quinque solidos et unum denarium de censu; et directum dominium, laudimium et foriscapium, tociens quociens dicte due pecie terre vendantur vel inpignorentur in toto vel in parte.

§ 2. Reconnaissance pour un champ (olivette), de six cartonates environ, au lieu dit *Na Brandina*, moyennant un cens de *deux sous* et les droits de foriscap.

Tenanciers et fonds limitrophes : Martin Ortafa, jardinier ; Jean Molinès, pareur ; Jacques Possimanya, jardinier ; Jean Guirau, notaire.

Item, quendam alium campum cum olivariis, situm in dictis terminis loco vocato *Na Brandina*, circa sex quartonatas continentem, confrontatum cum tenentia Martini Ortafa, ortolani, et cum tenentia Johannis Molinés, paratoris, et cum tenentia Jacobi Possimanya, ortolani, et cum alia tenentia Johannis Guirau, notarii. In et super quo dictus dominus recipit et recipere debet et consuevit anno quolibet in dicto festo duos solidos de censu ; et directum dominium, laudimium et foriscapium, tociens quociens dictus campus vendatur vel inpignoretur in toto vel in parte.

§ 3. Une vigne de trois cartonates environ, au lieu dit *Los Volos*, et assujettie à un cens de *un denier* et au foriscap.

Confrontant de trois côtés le preneur et Bernard Pincard, peaussier.

Item, quandam vineam sitam in dictis terminis loco vocato *Los Volos*[1] circa tres quartonatas continentem. Et afrontat cum alia tenentia mea de tribus partibus, et cum

1. A. *als Volos*.

tenentia Bernardi Pincard, pellerii, senderio in medio. In et super qua dictus dominus recipit et recipere debet et consuevit anno quolibet in dicto festo unum denarium de censu ; et directum dominium, laudimium et foriscapium, tociens quociens dicta vinea vendatur vel inpignoretur in toto vel in parte.

§ 4. Une vigne de trois cartonates, au lieu dit *Los Volos*, assujettie à un cens de *cinq deniers* et au foriscap.
Tenanciers et fonds limitrophes : Bernard Oliba et le tenancier.

Item, quandam aliam vineam in dictis terminis sitam loco vocato *Los Volos*[1], circa tres quartonatas continentem, confrontatam cum tenentia Bernardi Oliba et aliis tenentiis meis de tribus partibus. In et super qua dictus dominus recipit et recipere debet et consuevit anno quolibet in dicto festo quinque denarios de censu ; et directum dominium, laudimium et foriscapium, tociens quociens dicta vinea vendatur vel inpignoretur in toto vel in parte.

§ 5. Un champ de trois cartonates, au lieu dit *Lo Stany d'En Losa*, assujetti à un cens de *un denier* et au foriscap.
Confrontant Pierre Aganet et des deux côtés les autres tenanciers et le chemin *de Carles*.

Item, alium campum in dictis terminis situm loco vocato *lo stany d'En Losa*[2], circa tres quartonatas continentem, confrontatum cum tenentia Petri Aganet, et de duabus partibus cum aliis tenentiis meis et cum via vocata *de Carles*. In et super quo dictus dominus recipit et recipere debet anno quolibet in dicto festo unum denarium de censu ; et directum dominium, laudimium et foriscapium, tociens quociens dictus campus vendatur vel inpignoretur in toto vel in parte.

---

1. A. *als Volos*.
2. A. Llosa.

§ 6. Un champ de six cartonates, au lieu dit *L'Estany d'En Losa*, moyennant un cens d'*une obole* et le foriscap.

Confrontant Pierre Aganet, Bernard aîné et la voie publique qui va de *Perpignan aux Llobères*.

Témoins de ces actes : Guillaume Sellère, négociant ; G. Sapte, jardinier ; G. Ciurane, notaire.

Item, alium campum in dictis terminis et loco vocato *L'estany d'En Losa*[1] situm, circa sex quartonatas continentem, confrontatum cum alia tenentia mea, et cum tenentia Petri Aganet, et cum tenentia Bernardi Major, ortolanorum, et cum via publica qua itur de Perpiniano *a les Loberes*[2]. In et super quo dictus dominus recipit et recipere debet et consuevit anno quolibet in dicto festo unum obolum de censu ; et directum dominium, laudimium et foriscapium, tociens quociens dictus campus vendatur vel inpignoretur in toto vel in parte.

Pro quibus quidem censibus dicto domino et suis fore salvis et securis dandisque et solvendis suis terminis, et directis dominiis, laudimiis et foriscapiis reservandis, obligo dicto domino et suis, in posse vestri, dicti notarii, ut supra stipulantis, dicta predia cum omnibus melioramentis que ego et mei fecerimus in eisdem. Quod fuit actum Perpiniani, die quarta decima aprilis, anno a nativitate Domini millesimo quadringentesimo quinquagesimo quinto, presentibus pro testibus Guillermo Sellera, mercatore ; Guillermo Sapte, ortolano, Perpiniani, et me, Georgio Ciurana, notario infrascripto qui predicta, requisitus, recepi.

---

1. A. Llosa.
2. A. cum via publica *per quod* (sic) itur de Perpiniano *ad les Loberes*.

XLV. — **Acte du 14 avril 1455.**

Reconnaissance faite par Pierre Bonet, jardinier à Perpignan, au Seigneur de Castel-Roussillon, pour un champ, situé au territoire de *Castel-Roussillon*, moyennant un cens de *six deniers* et le foriscap, au lieu dit *Pug Coma* et d'une contenance de six cartonates.

Tenanciers et fonds limitrophes : Bernard Bonet, Raphaël Roig, Guillaume Vila, jardiniers, et Jean Montella.

Témoins : Guillaume Sapte, jardinier ; Jean Raholf, menuisier à Perpignan, et Georges Ciurane, notaire.

Sit omnibus notum quod ego Petrus Bonet, ortolanus ville Perpiniani, gratis et ex certa scientia confiteor et in veritate recognosco honorabili Guillermo, etc., ut supra, quod ego habeo, teneo et possideo jure directi dominii pro dicto domino quemdam campum, situm in terminis dicti Castri loco vocato *Pug Coma*, circa sex quartonatas continentem, confrontatum cum tenentia Bernardi Bonet, et cum tenentia Raphaelis Roig, et cum tenentia Guillermi Vila, ortolani, et cum alia tenentia Johannis Montella, ortolani. In et super quo dictus dominus recipit et recipere debet et consuevit anno quolibet, in festo nativitatis Domini, sex denarios de censu ; et directum dominium, laudimium et foriscapium, tociens quociens dictus campus vendatur vel inpignoretur in toto vel in parte. Pro quo quidem censu dicto domino fore salvo et securo dandoque et solvendo anno quolibet dicto festo, et directo dominio, laudimio et foriscapio reservando, obligo dicto domino et suis in posse vestri, dicti notarii, ut supra stipulantis dictum campum cum omni melioramento quod ego vel mei fecerimus in eodem. Quod fuit actum Perpiniani, die quartadecima aprilis, anno a nativitate Domini M°CCCCL quinto, presentibus pro testibus Guillermo Sapte, ortolano, Johanne Raholf, fusterio Perpiniani, et me, Georgio Ciurana, notario infrascripto, qui predicta, requisitus, recepi.

XLV (*bis*).

Reconnaissance (figurant dans le capbreu A) faite par PIERRE BONET, jardinier, au SEIGNEUR DE CASTEL-ROUSSILLON, pour une vigne, au lieu dit *Les Loberes*, de trois ayminates environ, confrontant Raymond Comes, procureur royal; *Le Ravin;* Guillaume Tusce, briquetier, et Guillaume Tarasco, menuisier, et assujettie à un cens d'*un sou*, à la directe et au foriscap.

Ego Petrus Bonet[1] ortolanus, gratis, etc., confiteor tenere jure directi dominii pro honorabili domino dicti Castri Rossilionis quandam vineam sitam in dictis terminis Castri Rossilionis, loco vocato *Les Loberes,* continentem tres ayminatas vel inde circa. Affrontat cum tenentia Raymundi Comes, procuratoris fischalis regii ab una parte, et cum uno *correch* ab alia parte, et cum tenentia Guillermi Tuxa, teulerii, ab alia parte, et cum tenentia Guillermi Tarascho, fusterii. In et super qua recipit unum solidum anno quolibet, in festo nativitatis Domini; et directum dominium, etc. Pro quibus obligavit dictam vineam, etc.

Item, quodam aliud campum... loco vocato *Pug Coma,* etc. (cf. p. 77).

XLVI. — **Acte du 14 avril 1455.**

Reconnaissance faite par BERNARD ORTOLA, épicier de Perpignan, au SEIGNEUR DE CASTEL-ROUSSILLON, pour une vigne d'environ sept cartonates, au lieu dit *Al Volos*, moyennant *huit deniers* de cens et le foriscap.

Tenanciers et fonds limitrophes : Guillaume Just, pareur ; Bérenger Tortose, et un coteau appartenant à Raphaël Roig, épicier.

Témoins : George Prim, Guillaume Sapte et George Ciurana, notaire.

Sit omnibus notum quod ego Bernardus Ortolani[2], specierius ville Perpiniani, gratis et ex certa scientia confiteor et in veritate recognosco honorabili Guillermo Raymundo, etc., ut supra, quod ego habeo, teneo et possideo, jure directi

1. Cette reconnaissance, qui ne se trouve pas dans le capbreu B, figure dans A par erreur, comme l'indique la note marginale suivante : « Es de Madona Fabressa aquests XII diners. » Une autre note marginale en face de la seconde reconnaissance indique qu'au contraire celle-ci est valable : « Ista pecia terre est domini Castri Rossilionis. »

2. A. *Ortola.*

dominii pro dicto domino, quandam peciam terre vinea plantatam, in dictis terminis sitam loco vocato *Al Volos*[1], circa septem quartonatas continentem, confrontatam cum tenentia Guillermi Just, paratoris, et cum tenentia Berengarii Tortosa, et cum quodam cotivo Raphaelis Roig, specierii. In et super qua dictus dominus recipit et recipere debet et consuevit anno quolibet, in festo nativitatis Domini, octo denarios de censu ; et directum dominium, laudimium et foriscapium, tociens quociens dicta pecia terre vendatur vel inpignoretur in toto vel in parte. Pro quo quidem censu dicto domino et suis fore salvo et securo dandoque et solvendo anno quolibet, dicto festo, et directo dominio, laudimio et foriscapio reservando, obligo dicto domino et suis in posse vestri, dicti notarii, ut supra stipulantis, dictam peciam terre cum omni melioramento quod ego et mei fecerimus in eadem. Quod fuit actum Perpiniani, die quarta decima aprilis, anno a nativitate Domini M°CCCCL quinto, presentibus pro testibus Georgio Prim, Guillermo Sapte, ortolanis Perpiniani, et me, Georgio Ciurana, notario infrascripto, qui predicta, requisitus, recepi.

XLVII. — **Acte du 15 avril 1455.**

Reconnaissance faite par GEORGE PRIM, jardinier, ... pour une vigne, sise à *Castel-Roussillon*, d'une contenance de deux ayminates et assujettie à un cens d'*une oie de basse-cour* (*bene receptibilem*) et au foriscap.

Tenanciers et fonds limitrophes : le chemin dit *de Carles ;* les héritiers de Jean Calmet, tisseur, et Pierre Julia, négociant.

Témoins : Bernard Ortola, épicier; G. Sapte, jardinier, et G. Ciurane, notaire.

Sit omnibus notum quod ego Georgius Prim, ortolanus ville Perpiniani, gratis et ex certa scientia confiteor et in veritate recognosco honorabili Guillermo Raymundo, etc., ut supra, quod ego habeo, teneo et possideo, jure directi

---

1. A. Et cum itinere per quod itur *al Volos*.

dominii pro dicto domino et suis, quandam peciam terre vinea plantatam, in dictis terminis sitam loco vocato *Los Volos*[1], circa duas ayminatas continentem, confrontatam cum via vocata *de Carles*, et cum tenentia heredum Johannis Calmet, textoris, quondam, et cum tenentia Petri Julia mercatoris. In et super qua dictus dominus recipit et recipere debet et consuevit anno quolibet, in festo Sancti Johannis de junio, unum ancerem[2] domesticum bene receptibilem; et directum dominium, laudimium et foriscapium, tociens quociens dicta pecia terre vendatur vel inpignoretur, in toto vel in parte. Pro quo quidem censu dicto domino et suis fore salvo et securo dandoque et solvendo anno quolibet, dicto festo, et directo dominio, laudimio et foriscapio reservando, obligo eidem in posse vestri, dicti notarii, ut supra stipulantis, dictam peciam terre cum omni melioramento quod ego et mei fecerimus in eadem. Quod fuit actum Perpiniani, die quinta decima aprilis, anno a nativitate Domini M°CCCCL quinto, presentibus pro testibus Bernardo Ortola, specierio, Guillermo Sapte, ortolano, Perpiniani, et me Georgio Ciurana, notario infrascripto qui predicta, requisitus, recepi.

XLVIII. — **Acte du 15 avril 1455.**

Reconnaissance faite par RICSENDE, épouse de feu RAYMOND BALANSA, pour une vigne située à *Castel-Roussillon*, au lieu dit SAINTE-TÈCLE, d'une contenance d'une ayminate environ, moyennant un cens de *trois deniers* et le foriscap.

Tenanciers et fonds limitrophes : Guillaume Castell, tisseur ; Jean Guitard, Bernard Vila, jardiniers.

Témoins : G. Sapte, Guillaume MAURELLAS et Jean MAURELLAS ; G. Ciurane, notaire.

Sit omnibus notum quod ego Riccendis, uxor Raymundi Balansa quondam, ortolani ville Perpiniani, gratis et ex

---

1. A. *Al Volos.*
2. A. unum *anchot.*

certa scientia confiteor et in veritate recognosco honorabili Guillermo, etc., ut supra, quod ego habeo, teneo et possideo jure directi dominii pro eodem, quandam peciam terre vinea plantatam, in dictis terminis sitam loco vocato *Sancta Tecla*, circa unam ayminatam continentem, confrontatam cum tenentia Guillermi Castell, textoris, et cum tenentia Johannis Guitard, ab alia parte cum tenentia Bernardi Vila, ortolanorum, et cum alia tenentia mea. In et super qua dictus dominus recipit et recipere debet et consuevit anno quolibet, in festo nativitatis Domini tres denarios de censu; et directum dominium, laudimium et foriscapium, tociens quociens dicta pecia terre vendatur vel inpignoretur in toto vel in parte. Pro quo quidem censu dicto domino fore salvo et securo dandoque et solvendo anno quolibet dicto festo, et directo dominio, laudimio et foriscapio reservando, obligo dicto domino et suis in posse vestri, dicti notarii, prout supra stipulantis, dictam peciam terre cum omni melioramento quod ego et mei fecerimus in eadem. Quod fuit actum Perpiniani, die quindecima mensis aprilis, anno a nativitate Domini M°CCCCL quinto, presentibus pro testibus Guillermo Sapte, Guillermo Maurellas, Johanne Maurellas, ortolanis Perpiniani, et me, Georgio Ciurana, notario infrascripto qui predicta, requisitus, recepi.

XLIX. — **Acte du 15 avril 1455.**

Reconnaissance faite par Bernard Reig, au Seigneur de Castel-Roussillon, pour une vigne au lieu dit *Les Loberes*, d'une contenance d'une ayminate environ, moyennant un cens de *un denier* et le foriscap.

Confrontant : Jean Guirau, jardinier; Jean Armengau, prêtre, et François Roure, courtier.

Témoins : François Blanquet, Antoine Orts, jardiniers, et G. Ciurane, notaire.

Sit omnibus notum quod ego Bernardus Reig, ortolanus ville Perpiniani, gratis et ex certa scientia confiteor et in veritate recognosco honorabili Guillermo, etc., ut supra, quod ego habeo, teneo et possideo jure directi dominii pro dicto domino et suis quandam peciam terre vinea plantatam, in dictis terminis sitam, loco vocato *Les Loberes*, circa unam ayminatam continentem, confrontatam cum tenentia Johannis Guirau, ortolani, senderio[1] medio, de duabus partibus; et cum tenentia discreti Johannis Armengau, presbiteri, senderio etiam medio, et cum tenentia Francisci Roure, correterii. In et super qua dictus dominus recipit et recipere debet et consuevit anno quolibet, in festo nativitatis Domini, unum denarium de censu; et directum dominium, laudimium et foriscapium, tociens quociens dicta pecia terre vendatur vel inpignoretur in toto vel in parte. Pro quo quidem censu dicto domino fore salvo et securo dandoque et solvendo anno quolibet dicto festo, et directo dominio, laudimio et foriscapio reservando, obligo dicto domino et suis in posse vestri, dicti notarii, ut supra stipulantis et recipientis, dictam peciam terre cum omni melioramento quod ego et mei fecerimus in eadem. Quod fuit actum Perpiniani, die quinta decima aprilis, anno a nativitate Domini M°CCCCL quinto presentibus pro testibus Francisco Blanquet, Anthonio Orts, ortolanis Perpiniani, et me, Georgio Ciurana, notario infrascripto qui predicta, requisitus, recepi.

L. — **Acte du 15 avril 1455.**

Reconnaissance faite par Jean Blanquet, jardinier, au Seigneur de Castel-Roussillon, pour un champ d'une ayminate environ, au lieu dit *dejus Carderoles*, assujetti à un cens de *six deniers* et au foriscap.

Confrontant : Bernard Baster, Christophe Blanquet, jardiniers, Bernad Feliu et un maillol de Jean Blanquet.

Témoins : G. Sapte, Antoine Orts, brasseur à Perpignan, et G. Ciurane, notaire.

Sit omnibus notum quod ego Johannes Blanquet, ortolanus ville Perpiniani, gratis et ex certa scientia confiteor et

1. A. *scender*.

in veritate recognosco honorabili Guillermo, etc., ut supra, quod ego habeo, teneo et possideo jure directi dominii pro dicto domino et suis quendam campum, situm in dictis terminis loco vocato *dejus Carderoles*, circa unam ayminatam continentem, confrontatum cum tenentia Bernardi Baster et cum tenentia Christophori Blanquet, ortalonorum, et cum tenentia Bernardi Feliu, et cum quodam malleolo Johannis Blanquet. In et super quo dictus dominus recipit et recipere debet et consuevit anno quolibet, in festo nativitatis Domini, sex denarios de censu; et directum dominium, laudimium et foriscapium, tociens quociens dictus campus[1] vendatur vel inpignoretur in toto vel in parte. Pro quo quidem censu dicto domino et suis fore salvo et securo dandoque et solvendo anno quolibet dicto festo, et directo dominio, laudimio et foriscapio reservando, obligo dicto domino et suis in posse vestri dicti notarii, ut supra stipulantis, dictum campum[2] cum omni melioramento quod ego et mei fecerimus in eodem. Quod fuit actum Perpiniani die quinta decima aprilis, anno a nativitate Domiui M°CCCCL quinto, presentibus pro testibus Guillermo Sapte, ortolano, Anthonio Orts, brasserio Perpiniani, et me, Georgio Ciurana, notario infrascripto qui predicta, requisitus, recepi.

LI. — **Acte du 15 avril 1455.**

Reconnaissance par Arnaud Aganet, jardinier, pour un champ d'environ une ayminate (capbreu B) et de cinq ayminates (capbreu A), au lieu dit *La Salancha*, moyennant *douze deniers* de cens et le foriscap.

Tenanciers et fonds limitrophes : le chemin public qui va de *la ville de Perpignan à Villelongue;* les héritiers de feu Bérenger Amill, prêtre; Bernard et Pierre Beneset, tisseurs; Étienne Villalongue.

Témoins : G. Sapte et Jean Cabestany, jardiniers à Perpignan, et G. Ciurane, notaire.

Sit omnibus notum quod ego Arnaldus Aganet, ortolanus ville Perpiniani, gratis et ex certa scientia confiteor et in ve-

1. Écrit au-dessus des mots *pecia terre*, barré.
2. Même note.

ritate recognosco honorabili Guillermo, etc., ut supra, quod ego habeo, teneo et possideo jure directi dominii pro dicto domino quendam campum, in dictis terminis situm loco vocato *la Salancha*, circa unam[1] ayminatam continentem, confrontatum cum via publica qua itur de villa Perpiniani ad locum de Villalongua[2], et cum tenentia heredum discreti Berengarii Amill quondam, presbiteri, et cum tenentia Bernardi et Petri Beneset, fratrum, textorum, et cum tenentia Stephani Villalonga. In et super quo dictus dominus recipit et recipere debet et consuevit anno quolibet, in festo nativitatis Domini. duodecim denarios de censu; et directum dominium, laudimium et foriscapium, tociens quociens dictus campus vendatur vel inpignoretur in toto vel in parte. Pro quo quidem censu dicto domino et suis fore salvo et securo dandoque et solvendo anno quolibet dicto festo, et directo dominio, laudimio et foriscapio reservando, obligo dicto domino et suis in posse vestri, dicti notarii, ut supra stipulantis, dictum campum cum omni melioramento quod ego et mei fecerimus in eodem. Quod fuit actum Perpiniani die quinta decima aprilis, anno a nativitate Domini M°CCCCL quinto, presentibus pro testibus Guillermo Sapte, Johanne Cabestany, ortolanis Perpiniani, et me, Georgio Ciurana, notario infrascripto qui predicta, requisitus, recepi.

---

1. A. *quinque*, ce qui paraît plus en rapport avec le cens ci-après indiqué.
2. A. ad villam longuam.

LII. — Acte du 15 avril 1455.

Reconnaissance faite par Bernard Ballero, jardinier de Perpignan, à G.-R. de Perapertusa, Seigneur de Castel-Roussillon, pour une vigne, d'une contenance de 6 cartonates, au lieu dit *Pug Taulo*, moyennant un cens de *vingt-deux deniers* et le foriscap.

Tenanciers et fonds limitrophes : Guillaume Ortaffa, *l'Agouille*, ruisseau du dit Castel-Roussillon (note A capbreu) ; Arnaud Pastor, Jean Baster, de Villalongue.

Témoins : Arnaud Aganet, G. Sapte, jardiniers, et G. Ciurane, notaire.

Sit omnibus notum quod ego Bernardus Ballero, ortolanus ville Perpiniani, gratis et ex certa scientia confiteor et in veritate recognosco honorabili Guillermo Raymundo, etc., ut supra, quod ego habeo, teneo et possideo jure directi dominii pro dicto domino, quandam vineam in dictis terminis sitam loco vocato *Pug Taulo*, circa sex quartonatas continentem, confrontatam cum tenentia Guillermi Ortaffa, ortolani, et cum acculea[1], et cum tenentia Arnaldi Pastoris, ortolani, et cum tenentia Johannis Baster[2], de Villalonga. In et super qua dictus dominus recipit et recipere debet et consuevit anno quolibet, in festo nativitatis Domini, viginti duos denarios de censu ; et directum dominium, laudimium et foriscapium, tociens quociens dicta vinea vendatur vel inpignoretur in toto vel in parte. Pro quo quidem censu dicto domino et suis fore salvo et securo dandoque et solvendo anno quolibet, dicto festo, et directo dominio, laudimio et foriscapio reservando, obligo dicto domino et suis in posse vestri, dicti notarii, ut supra stipulantis, dictam vineam cum omni melioramento quod ego et mei fecerimus in eadem. Quod fuit actum Perpiniani, die quinta decima aprilis, anno a nativitate Domini M°CCCCL

1. A. cum *l'agulla* dicti Castri Rossilionis.
2. A. porte *Losa* au lieu de Baster.

quinto, presentibus pro testibus Arnaldo Aganet, Guillermo Sapte, ortolanis Perpiniani, et me Georgio Ciurana, notario infrascripto, qui predicta, requisitus, recepi.

LIII. — Acte du 15 avril 1455.

Reconnaissance faite par Léonard Masada, jardinier de la ville de Perpignan, à Guillaume-Raymond-Albert de Perapertusa, Seigneur de Castel-Roussillon, pour une vigne de trois ayminates, au lieu dit *Les Loberes*, et moyennant un cens de *quatre deniers* et le foriscap.

Tenanciers et fonds limitrophes : Bernard Reig, George Guirau, Pierre Reig et Bérenger Blanquet, jardiniers (séparés par un sentier).

Témoins : Jean Opoul, G. Sapte et G. Ciurane.

Sit omnibus notum quod ego Leonardus Masada, ortolanus ville Perpiniani, gratis et ex certa scientia confiteor et in veritate recognosco honorabili Guillermo Raymundo, etc., quod ego habeo, teneo et possideo jure directi dominii pro dicto domino, quandam peciam terre vinea plantatam, in dictis terminis sitam, loco vocato *Les Loberes*[1] circa tres ayminatas continentem; confrontatam cum tenentia Bernardi Reig, et cum tenentia Georgii Guirau, et cum tenentia Berengarii Blanquet, ortolonarum, senderio medio. In et super qua dictus dominus recipit et recipere debet et consuevit anno quolibet, in festo nativitatis Domini, quatuor denarios de censu; et directum dominium, laudimium et foriscapium, tociens quociens dicta pecia terre vendatur vel inpignoretur in toto vel in parte. Pro quo quidem censu dicto domino fore salvo et securo dandoque et solvendo anno quolibet, dicto festo, et directo dominio, laudimio et foriscapio reservando, obligo dicto domino et suis in posse vestri, dicti notarii, ut supra stipulantis, dictam peciam terre cum omni melioramento quod ego et mei fecerimus in eadem. Quod fuit actum Perpiniani, die quinta

1. A. *à les Loberes*.

decima aprilis, anno a nativitate Domini millesimo quadringentesimo quinquagesimo quinto, presentibus pro testibus Johanne Opol, Guillermo Sapte, ortolanis Perpiniani, et me, Georgio Ciurana, notario infrascripto qui predicta, requisitus, recepi.

LIV. — **Acte du 15 avril 1455.**

Reconnaissance faite par Jean Raynès, dit Aliot, jardinier de Perpignan, pour une vigne de deux ayminates, au lieu dit *Les Loberes*, assujettie à un cens de *six deniers* et au foriscap[1].

Confrontant Jen Pesa, jardinier; Jean Tordères, Jacques Armengau, prêtre, et Jean Fabre, jardinier.

Témoins : Guillaume Sapte, Guillaume de la Sana, jardiniers de Perpignan, et G. Ciurane, notaire.

Sit omnibus notum quod ego Johannes Raynès, alias Aliot, ortolanus ville Perpiniani, gratis et ex certa scientia confiteor et in veritate recognosco honorabili Guillermo Raymundo, etc., quod ego habeo, teneo et possideo jure directi dominii pro eodem, quandam peciam terre vinea plantatam, in dictis terminis sitam, loco vocato *Les Loberes*[2], circa duas ayminatas continentem, confrontatam cum tenentia Johannis Pesa, ortolani, et cum tenentia discreti Jacobi Armengau, presbiteri, et cum tenentia Johannis Torderes, ortolani, via in medio, et cum tenentia Johannis Fabri, ortolani. In et super qua dictus dominus recipit et recipere debet et consuevit anno quolibet, in festo nativitatis Domini, sex denarios de censu; et directum dominium, laudimium et foriscapium, tociens quociens dicta pecia terre vendatur vel inpignoretur in toto vel in parte. Pro quo quidem censu dicto domino et suis fore salvo et securo dandoque et solvendo anno quolibet dicto festo, et

---

1. A. En marge : [ara es de] Johan Climent, parayre.
2. A. *à les Loberes*.

directo dominio, laudimio et foriscapio, reservando, obligo dicto domino, in posse vestri, dicti notarii, prout supra stipulantis, dictam peciam terre cum omni melioramento quod ego et mei fecerimus in eadem. Quod fuit actum Perpiniani, die quintadecima aprilis anno a nativitate Domini M°CCCCL quinto, presentibus pro testibus Guillermo de la Sana, Guillermo Sapte, ortolanis Perpiniani, et me, Georgio Ciurana, notario infrascripto qui predicta, requisitus, recepi.

LV. — **Acte du 15 avril 1455**.

Reconnaissance faite par MARGUERITE BURGUES, veuve d'Hippolite Burgues, ancien menuisier, pour un *maillol* d'une ayminate, au lieu dit *Los Volos*, moyennant *une obole* de cens et le foriscap.

Confrontant : Jean Massa, pareur ; Barthélemy Maso, Jean CÉRET, étalagiste, et Bernard Sabater, tisseur.

Témoins : G. Sapte, Jean Boquer, jardiniers, et G. Ciurane.

Sit omnibus notum[1] quod ego Margarita, uxor Ypoliti Burgues, fusterii, quondam, Perpiniani, gratis et ex certa scientia confiteor et in veritate recognosco honorabili Guillermo, etc., quod ego habeo, teneo et possideo jure directi dominii pro dicto domino quoddam malleolum in dictis terminis situm, loco vocato *Los Volos*, circa unam ayminatam continentem, confrontatum cum tenentia Johannis Massa, paratoris, et cum tenentia Bartholomei Maso, et cum tenentia Johannis Ceret, tenderii, et cum tenentia Bernardi Sabaterii, textoris. In et super quo dictus dominus recipit et recipere debet et consuevit anno quolibet, in festo nativitatis Domini, unum obolum de censu ; et directum dominium, laudimium et foriscapium, tociens quociens dictus malleolus vendatur vel inpignoretur in toto vel in parte. Pro quo quidem censu dicto domino fore salvo et

---

1. A. En marge : vtdi instrumentum.

securo dandoque et solvendo anno quolibet dicto festo, et directo dominio, laudimio et foriscapio reservando, obligo dicto domino et suis in posse vestri, dicti notarii, ut supra stipulantis, dictum malleolum cum omni melioramento quod ego et mei fecerimus in eodem. Quod fuit actum Perpiniani die quintadecima aprilis, anno a nativitate Domini M°CCCCL quinto, presentibus pro testibus Guillermo Sapte, Johanne Boquer, ortolanis Perpiniani, et me, Georgio Ciurana, notario infrascripto, qui predicta, requisitus, recepi.

LVI — **Acte du 15 avril 1455.**

§ 1. Reconnaissance faite par Guillaume Geli, épicier de Perpignan, pour une vigne d'environ trois cartonates, au lieu dit *Lo Pug* (ou Al Pug) *de La Rosa*, moyennant un cens de *six deniers* et le foriscap.

Confrontant la voie publique *de Carles*, le dit tenancier et la femme Ballèro, et le chemin qui va *de Perpignan aux Llobères*.

Sit omnibus notum[1] quod ego Guillermus Geli specierius ville Perpiniani, gratis et ex certa scientia, confiteor et in veritate recognosco honorabili Guillermo Raymundo, etc., quod ego habeo, teneo et possideo jure directi dominii pro eodem, quandam peciam terre vinea plantatam in dictis terminis sitam loco vocato[2] *Lo Pug de la Rosa*, circa tres quartonatas continentem, confrontatam cum via vocata *de Carles*, et cum alia via qua itur de Perpiniano *à les Loberes*, et cum alia tenentia mea, et cum tenentia uxoris[3] Ballero. In et super qua dictus dominus recipit et recipere debet et consuevit anno quolibet, in festo Sancti Bartholomei, sex denarios de censu; et directum dominium, laudimium et foriscapium, tociens quociens dicta pecia terre vendatur vel inpignoretur in toto vel in parte.

---

1. A. En marge : vidi instrumentum.
2. A. *Al Pug*...
3. Dans A et B, le prénom en blanc.

§ 2. Reconnaissance par G. Geli d'une terre, sise à *Castel-Roussillon*, d'une contenance de trois ayminates, assujettie à un cens de *deux sous* et au foriscap.

Confrontant : la vigne du tenancier, Jean Aleriques, pareur, un *cotiu* du seigneur de Perapertusa, Jean Samaler, tisseur, Antoine Sabater, prêtre, et le chemin *de Carles*.

Témoins des deux actes : André Amell, avocat; Jean Tordères, jardinier, et G. Ciurane, notaire.

Item, aliam peciam terre[1] in dictis terminis et loco sitam circa tres ayminatas continentem, confrontatam cum dicta vinea, et cum tenentia dicte uxoris[2] Ballero, et cum tenentia Johannis Aleriques, paratoris, et cum quodam cotivo[3] dicti domini, et cum tenentia Johannis Samaler, textoris, et cum tenentia domini Anthonii Sabater, presbiteri, et cum dicta via *de Carles*. In et super qua dictus dominus recipit et recipere debet et consuevit anno quolibet in dicto festo duos solidos de censu; et directum dominium, laudimium et foriscapium tociens quociens dicta pecia terre vendatur vel inpignoretur in toto vel in parte.

Pro quibus quidem censibus dicto domino fore salvis et securis, dandisque et solvendis anno quolibet dicto festo, et directis dominiis, laudimiis et foriscapiis reservandis, obligo dicto domino et suis in posse vestri, dicti notarii, prout supra stipulantis, dictas pecias terre cum omnibus melioramentis que ego et mei fecerimus in eisdem. Quod fuit actum Perpiniani, die quinta decima aprilis anno a nativitate Domini M° CCCCL quinto, presentibus pro testibus, Andrea Amell, causidico, Johanne Torderes, ortolano, Perpiniani, et me, Georgio Ciurana, notario infrascripto qui, predicta, requisitus, recepi.

1. En marge : vidi instrumentum.
2. Dans A et B le prénom en blanc.
3. A. *cotiu*.

LVII. — **Acte du 15 avril 1455.**

Reconnaissance faite par Jean Tordères, jardinier, au Seigneur de Castel-Roussillon, pour une vigne et un coteau, situés au territoire de *Castel-Roussillon*, au lieu dit *Les Loberes*, d'une contenance de deux ayminates environ et exempts de tout *cens*, mais assujettis aux droits de directe et de foriscap.

Confrontant : Barthélemy Griffe, jardinier; Jacques Vidal, Jean Guirau, Jean Raynès dit Aliot.

Témoins : Jacques Blanquet, Guillaume Sapte et G. Ciurane, notaire.

Sit omnibus notum[1] quod ego Johannes Torderes, ortolanus ville Perpiniani, gratis et ex certa scientia confiteor et in veritate recognosco honorabili Guillermo, etc., quod ego habeo, teneo et possideo jure directi dominii pro dicto domino et suis quandam peciam terre, partim vinea plantatam et partim cotivam, in dictis terminis sitam loco vocato *Les Loberes*, circa duas ayminatas continentem, confrontatam cum tenentia Bartholomei Griffa, ortolani, et cum tenentia Jacobi Vidal, et cum tenentia Johannis Guirau, et cum tenentia Johannis Raynes, alias Aliot In et super qua dictus dominus recipit et recipere debet et consuevit directum dominium, laudimium et foriscapium tantummodo, sine prestatione alicujus census[2], tociens quociens dicta pecia terre vendatur vel inpignoretur in toto vel in parte. Pro quo quidem directo dominio, laudimio et foriscapio reservando, obligo dicto domino dictam peciam terre cum omni melioramento quod ego et mei fecerimus in eadem. Quod fuit actum Perpiniani die quinta decima aprilis, anno a nativitate Domini M° CCCCL quinto presentibus pro testibus Jacobo Blanquet, Guillermo Sapte, ortolanis Perpiniani, et me, Georgio Ciurana, notario infrascripto qui predicta, requisitus, recepi.

---

1. A. En marge : *ara es d'En Minyol.*
2. On remarquera que de toutes les terres soumises à l'impôt, cette portion est exempte de tout cens (*sine prestatione alicujus census*).

LVIII. — Acte du 15 avril 1455.

Reconnaissance par Jean Montella, jardinier de Perpignan, pour une vigne sise au territoire de *Castel-Roussillon*, au lieu dit *Al cap dels Volos*, d'environ cinq cartonates et assujettie à *cinq sous* de cens et au foriscap.

Confrontant : Georges Cabestany et Bernard Bonet, jardiniers; François Serre, teinturier, et Antoine Melet, jardinier, séparés par un sentier.

Témoins : Guillaume Sapte, Pierre Opoul, jardinier; G. Ciurane, notaire.

Sit omnibus notum quod ego Johannes Montella, ortolanus ville Perpiniani, gratis et ex certa scientia confiteor et in veritate recognosco honorabili Guillermo, etc., quod ego habeo, teneo et possideo jure directi dominii pro eodem, quandam peciam terre vinea plantatam in dictis terminis sitam loco vocato *Al cap dels Volos*, circa quinque quartonatas continentem, confrontatam cum tenentia Georgii Cabestany, et cum tenentia Bernardi Bonet, ortholani, et cum tenentia Francisci Serra, tincturerii, et cum tenentia Anthonii Melet[1], ortolani, senderio medio. In et super qua dictus dominus recipit et recipere debet et consuevit, anno quolibet, in festo nativitatis Domini, quinque solidos de censu; et directum dominium, laudimium et foriscapium, tociens quociens dicta pecia terre vendatur vel inpignoretur in toto vel in parte. Pro quo quidem censu dicto domino et suis fore salvo et securo dandoque et solvendo anno quolibet dicto festo, et directo dominio, laudimio et foriscapio reservando, obligo dicto domino et suis, in posse vestri dicti notarii, ut supra stipulantis, dictam peciam terre cum omni melioramento quod ego et mei fecerimus in eadem.

Quod fuit actum Perpiniani, die quinta decima aprilis

---

1. Malet.

anno a nativitate Domini M° CCCCL quinto presentibus pro testibus Guillermo Sapte, Petro Opol ortolanis Perpiniani, et me, Georgio Ciurana, notario infrascripto qui predicta, requisitus, recepi.

LIX. — **Acte du 15 avril 1455.**

Reconnaissance par Jean Uguet, jardinier de Perpignan, pour une vigne d'une ayminate, au lieu dit *Les Lobères*, moyennant un cens de *quatre deniers* et le foriscap.

Confrontant : Nicolas Molères, la dame Volo, Guillaume Dieu-le-Sel, Pierre Masade, jardiniers.

Témoins : Pierre Caselles, G. Sapte, et G. Ciurane, notaire.

Sit omnibus notum quod ego Johannes Uguet, ortolanus ville Perpiniani, gratis et ex certa scientia confiteor et in veritate recognosco honorabili Guillermo, etc., quod ego habeo, teneo et possideo jure directi dominii pro dicto domino, quandam peciam terre vinea plantatam, in dictis terminis sitam loco vocato *Les Loberes*[1], circa unam ayminatam, continentem, confrontatam ab una parte cum tenentia Nicholay Moleres, et cum tenentia domine Volone, et cum tenentia Guillermi Deus losal[2], et cum alia tenentia Petri Masada, ortolanorum. In et super qua dictus dominus recipit et recipere debet et consuevit, anno quolibet, in festo nativitatis Domini, quatuor denarios de censu; et directum dominium, laudimium et foriscapium, tociens quociens dicta pecia terre vendatur vel inpignoretur in toto vel in parte. Pro quo quidem censu dicto domino fore salvo et securo dandoque et solvendo anno quolibet dicto festo, et directo dominio, laudimio et foriscapio reservando, obligo dicto domino et suis in posse vestri, dicti notarii, prout

1. A. *à les Loberes.*
2. A. Deu lo sal.
3. A. *scender.*

supra stipulantis, dictam peciam terre cum omni melioramento quod ego et mei fecerimus in eadem. Quod fuit actum Perpiniani, die quinta decima aprilis, anno a nativitate Domini M°CCCCL quinto, presentibus pro testibus Petro Caselles, Guillermo Sapte, ortolanis Perpiniani, et me, Georgio Ciurana, notario infrascripto qui predicta, requisitus, recepi.

LX. — **Acte du 15 avril 1455.**

Reconnaissance par George Guirau, jardinier de Perpignan, pour une vigne sise au terroir de *Castel-Roussillon*, d'une contenance de trois cartonates, au lieu dit *Les Lobères*, assujettie à un cens de *six deniers* et au foriscap.

Confrontant Léonard Massade, Bernard Reig, Jean Guirau, jardiniers, et un coteau de *Na Bellerona* (dame Bellero).

Témoins : Guillaume Costa, forgeron ; G. Sapte, et G. Ciurane.

Sit omnibus notum quod ego Georgius Guirau, ortolanus ville Perpiniani, gratis et ex certa scientia confiteor et in veritate recognosco honorabili Guillermo, etc., quod ego habeo, teneo et possideo jure directi dominii pro eodem, quandam peciam terre vinea plantatam, sitam in dictis terminis loco vocato *Les Loberes*[1], circa tres quartonatas continentem, confrontatam cum tenentia Leonardi Massada, et cum tenentia Bernardi Reig, et cum tenentia Johannis Guirau, ortolanorum, et cum quodam cotivo[2] de Na Bellerona. In et super qua dictus dominus recipit et recipere debet et consuevit anno quolibet, in festo Nativitatis sex denarios de censu ; et directum dominium, laudimium et foriscapium, tociens quociens dicta pecia terre vendatur vel inpignoretur in toto vel in parte. Pro quo quidem censu dicto domino fore salvo et securo dandoque et solvendo anno quolibet dicto festo, et directo dominio, laudimio et foris-

1. A. *à les Loberes.*
2. A. cotiu.

capio reservando, obligo dicto domino et suis, in posse vestri, dicti notarii, prout supra stipulantis, dictam peciam terre cum omni melioramento quod ego et mei fecerimus in eadem. Quod fuit actum Perpiniani, die quinta decima aprilis, anno a nativitate Domini M° CCCC L quinto, presentibus pro testibus Guillermo Costa, fabro, Guillermo Sapte, ortolano, Perpiniani, et me, Georgio Ciurana, notario infrascripto qui predicta, requisitus, recepi.

LXI. — **Acte du 15 avril 1455.**

Reconnaissance faite par Pierre Reig, jardinier de Perpignan, au Seigneur de Castel-Roussillon, pour une vigne sise au territoire de *Castel-Roussillon*, d'une contenance d'une ayminate environ, au lieu dit *Loberes*, et assujettie à un cens de *deux deniers* et *une obole*, et au foriscap.

Confrontant François Roure, courtier; Bernard Reig, Léonard Masade, jardiniers; Jean Roquete, épicier; sentier entre deux.

Témoins : Guillaume Costa, forgeron; Jean Morer, jardinier, et G. Ciurane.

Sit omnibus notum quod ego Petrus Reig, ortolanus ville Perpiniani, gratis et ex certa scientia confiteor et in veritate recognosco honorabili Guillermo, etc., quod ego habeo, teneo et possideo jure directi dominii pro dicto domino quandam peciam terre vinea plantatam, in dictis terminis sitam, loco vocato *Loberes*[1], circa unam ayminatam continentem, confrontatam cum tenentia Francisci Roure, correterii, de duabus partibus, et cum tenentia Bernardi Reig, et cum tenentia Leonardi Masada, ortolanorum, et cum tenentia Johannis Roqueta, specierii, senderio in medio. In et super qua dictus dominus recipit et recipere debet et consuevit anno quolibet, in festo nativitatis Domini, duos denarios et obolum; et directum dominium, laudimium et foriscapium, tociens quociens dicta pecia terre vendatur vel

---

1. A. *à les Loberes.*

inpignoretur in toto vel in parte. Pro quo quidem censu dicto domino fore salvo et securo dandoque et solvendo anno quolibet dicto festo, et directo dominio, laudimio et foriscapio reservando, obligo dicto domino et suis in posse vestri, dicti notarii, ut supra stipulantis, dictam peciam terre cum omni melioramento quod ego et mei fecerimus in eadem. Quod fuit actum Perpiniani, die quinta decima aprilis, anno a nativitate Domini M° CCCC L quinto, presentibus pro testibus Guillermo Costa, fabro, Johanne Morera, ortolano, Perpiniani, et me Georgio Ciurana, notario infrascripto qui predicta, requisitus, recepi.

LXII. — **Acte du 15 avril 1455.**

Reconnaissance faite par Pons Aganet, jardinier de Perpignan, pour un coteau situé au territoire de *Castel-Roussillon*, de deux ayminates environ, au lieu dit *Bell Roure*, assujetti à un cens de *trois deniers* et au foriscap.

Confrontant le chemin dit *de Carles*, Bernard Baster, Bernard aîné, Honoré Volo et Bernard Barallo, jardiniers.

Témoins : G. Sapte, Guillaume Jean, négociant à Perpignan, et G. Ciurane, notaire.

Sit omnibus notum[1] quod ego Poncius Aganet, ortolanus ville Perpiniani, gratis et ex certa scientia confiteor et in veritate recognosco honorabili Guillermo, etc., quod ego habeo, teneo et possideo jure directi dominii pro dicto domino quandam peciam terre cotivam in dictis terminis sitam, loco vocato *Bell Roure*, circa duas ayminatas continentem, confrontatam cum via vocata *de Carles*, et cum tenentia Bernardi Baster, et cum tenentia Bernardi Major, et cum tenentia Honorati Volo, et cum tenentia Bernardi Barallo, ortolanorum. In et super qua dictus dominus recipit et recipere debet et consuevit anno quolibet, in festo nativitatis

1. A. en marge : *ara es d'En Arnau Aganet.*

Domini, tres denarios de censu ; et directum dominium, laudimium et foriscapium, tociens quociens dicta pecia terre vendatur vel inpignoretur in toto vel in parte. Pro quo quidem censu dicto domino fore salvo et securo dandoque et solvendo anno quolibet dicto festo, et directo dominio, laudimio et foriscapio reservando, obligo dicto domino et suis in posse vestri, notarii ut supra stipulantis, dictam peciam terre cum omni melioramento quod ego et mei fecerimus in eadem. Quod fuit actum Perpiniani, die quinta decima aprilis, anno a nativitate Domini M° CCCC L quinto, presentibus pro testibus Guillermo Sapte, ortolano, Guillermo Johannis, mercatore Perpiniani, et me, Georgio Ciurana, notario infrascripto qui predicta, requisitus, recepi.

LXIII. — Acte du 15 avril 1455.

Reconnaissance faite par veuve Manda Camp, tutrice et curatrice de Jacmine ou Jaumine, fille de Guillaume Catala, jardinier, pour une vigne de trois cartonates environ, au lieu dit *Los Volos*, et assujettie à un cens de *cinq deniers* et au foriscap.

Confrontant Jacques Buadelle, Jean Cabestany, jardiniers ; Jean Roig, et un chemin qui va *als Volos*.

Témoins : Antoine Melet (ou Malet), G. Sapte, et G. Cuirane, notaire.

Sit omnibus notum quod ego Manda, uxor Bernardi Camp quondam, tutrix et curatrix Jacmine [1], filie Guillermi Catala, ortolani quondam ville Perpiniani, gratis et ex certa scientia confiteor et in veritate recognosco honorabili Guillermo, etc., quod ego habeo, teneo et possideo jure directi dominii pro eodem quandam peciam terre vinea plantatam, in dictis terminis sitam, loco vocato *Los Volos* [2], circa tres quartonatas continentem, confrontatam cum tenentia Jacobi Buadella, et cum tenentia Johannis Cabestany, ortolano-

1. A. *Jaumine.*
2. A. *Al Volos.*

rum, et cum tenentia[1] Johannis Roig, et cum quodam itinere quo itur *als Volos*[2]. In et super qua dictus dominus recipit et recipere debet et consuevit anno quolibet, in festo nativitatis Domini, quinque denarios de censu; et directum dominium, laudimium et foriscapium, tociens quociens dicta pecia terre vendatur vel inpignoretur in toto vel in parte. Pro quo quidem censu dicto domino et suis fore salvo et securo dandoque et solvendo anno quolibet dicto festo, et directo dominio, laudimio et foriscapio reservando, obligo dicto domino et suis in posse vestri, dicti notarii, ut supra stipulantis, dictam peciam terre cum omni melioramento quod ego et mei fecerimus in eadem. Quod fuit actum Perpiniani, die quinta decima aprilis, anno a nativitate Domini M°CCCCL quinto presentibus pro testibus Anthonio Melet[3], Guillermo Sapte, ortolanis Perpiniani, et me, Georgio Ciurana, notario infrascripto qui predicta, requisitus, recepi.

LXIV. — **Acte du 15 avril 1455.**

Reconnaissance faite par Pierre Guasc, jardinier, pour une vigne sise au territoire de *Castel-Roussillon*, au lieu dit *à Cardaroles* ou *Carderoles*, d'environ une ayminate, et assujettie à un cens de *neuf deniers* et au foriscap.

Confrontant un sentier; Arnaud March, portier royal, un coteau du dit seigneur et un autre coteau de Bocanova, prêtre.

Témoins : G. Sapte, Bernard Bonet, marchand forain, et G. Ciurane, notaire.

Sit omnibus notum quod ego Petrus Guasc, ortolanus ville Perpiniani, gratis et ex certa scientia confiteor et in veritate recognosco honorabili Guillermo, etc., quod ego habeo, teneo et possideo jure directi dominii pro eodem, quandam peciam terre vinea plantatam in dictis ter-

1. A. cotiu.
2. A. *Al Volos*.
3. A. Malet.

minis sitam, loco vocato *Carderoles*[1], circa unam ayminatam continentem, confrontatam cum quodam senderio, et cum tenentia Arnaldi March, portarii regii, et cum cotivo dicti domini, et cum quodam alio cotivo domini Bocanova, presbiteri. In et super qua dictus dominus recipit et recipere debet et consuevit anno quolibet, in festo nativitatis Domini, novem denarios de censu; et directum dominium, laudimium et foriscapium tociens quociens dicta pecia terre vendatur vel inpignoretur in toto vel in parte. Pro quo quidem censu dicto domino fore salvo et securo dandoque et solvendo anno quolibet dicto festo, et directo dominio, laudimio et foriscapio reservando, obligo dicto domino et suis, in posse vestri, dicti notarii, prout supra stipulantis, dictam peciam terre cum omni melioramento quod ego et mei fecerimus in eadem. Quod fuit actum Perpiniani, die quinta decima aprilis, anno a nativitate Domini M°CCCC° quinquagesimo quinto, presentibus pro testibus Guillermo Sapte, ortolano, Bernardo Bonet, aventurerio Perpiniani, et me Georgio Ciurana, qui predicta, requisitus, recepi.

LXV. — **Acte du 15 avril 1455.**

Reconnaissance par Jacmine, veuve de Pierre Carbonell, chirurgien de la ville de Perpignan, pour une vigne[2] sise à *Castel-Roussillon*, au lieu dit *Carderolles* et assujettie à un cens de *un denier* et au foriscap.

Confrontant le chemin qui va *a les Loberes;* Jean Maysos, teinturier; la femme Guirau, épouse de G. Parés; Bérenger Guitard, jardinier.

Témoins : G. Sapte, Julien Pagès, charretier, et G. Ciurane, notaire.

Sit omnibus notum quod ego Jacmina[3], que fui uxor Petri Carbonell, cirurgici quondam ville Perpiniani, gratis et ex certa scientia confiteor et in veritate recognosco honorabili Guillermo, etc., quod ego habeo, teneo et possideo

---

1. A. *à Cardaroles.*
2. La contenance n'est pas indiquée.
3. A. Jaumina.

jure directi dominii pro eodem, quandam peciam terre vinea plantatam in dictis terminis sitam, loco vocato *Carderoles*[1], confrontatam cum via qua itur *à Les Loberes*, et cum tenentia Guiraude, uxoris Guillermi Pares, textoris, et cum tenentia Johannis Maysos, tincturerii, et cum tenentia Berenguarii Guitard, ortolani. In et super qua dictus dominus recipit et recipere debet et consuevit anno quolibet in festo nativitatis Domini unum denarium de censu; et directum dominium, laudimium et foriscapium, tociens quociens dicta pecia terre vendatur vel inpignoretur in toto vel in parte. Pro quo quidem censu dicto domino et suis fore salvo et securo dandoque et solvendo anno quolibet dicto festo, et directo dominio, laudimio et foriscapio reservando, obligo dicto domino et suis in posse vestri, dicti notarii, ut supra stipulantis, dictam peciam terre cum omni melioramento quod ego et mei fecerimus in eadem. Quod fuit actum Perpiniani, die quinta decima aprilis, anno a nativitate Domini M°CCCCL quinto, presentibus pro testibus Guillermo Sapte, ortolano, Juliano Pages, traginerio Perpiniani, et me, Georgio Ciurana, notario infrascripto, qui predicta, requisitus, recepi.

LXVI. — **Acte du 15 avril 1455.**

Reconnaissance faite par Laurent Ysern, cordonnier de la ville de Perpignan, pour une terre d'environ cinq cartonates, au lieu dit *Loberes*, assujettie aux droits de directe et de foriscap, *mais exempte de tout cens*.

Confrontant : Michel Pastor, juge; En Bertrand Pellissier, Jean Guitard, de Villalongue, des deux côtés.

Témoins : G. Sapte, Antoine Olivier, cordonnier de Claira, et G. Ciurane, notaire.

Sit omnibus notum[2] quod ego Laurencius Ysern, sutor[3] ville Perpiniani, gratis et ex certa scientia, confiteor et in

1. A. *à Cardaroles.*
2. En marge : ara es d'En Guillem Roure.
3. A. Sabaterius.

veritate recognosco honorabili Guillermo, etc., quod ego habeo, teneo et possideo jure directi dominii pro eodem, quandam peciam terre sitam in dictis terminis, loco vocato *Loberes*, circa quinque quartonatas continentem, confrontatam cum tenentia domini Micaelis Pastoris, jurisperiti, et cum tenentia d'En Bertran Pellisser, et cum tenentia Johannis Guitard, de Villalonga, de duabus partibus. In et super qua dictus dominus recipit et recipere debet et consuevit, sine prestatione alicujus census[1], directum dominium, laudimium et foriscapium, tociens quociens dicta pecia terre vendatur vel inpignoretur in toto vel in parte. Pro quo quidem directo dominio, laudimio et foriscapio reservando, obligo dicto domino et suis in posse vestri, dicti notarii, ut supra stipulantis, dictam peciam terre cum omni melioramento, quod ego et mei fecerimus in eadem. Quod fuit actum Perpiniani, die quinta decima aprilis, anno a nativitate Domini M°CCCCL quinto, presentibus pro testibus Guillermo Sapte, ortolano, Perpiniani, Anthonio Oliver, sutore loci de Clayrano, et me, Georgio Ciurana, notario infrascripto qui predicta, requisitus, recepi.

LXVII. — Acte du 15 avril 1455.

Reconnaissance faite par la veuve Garau, femme de Pierre Garau, ancien menuisier de Perpignan, pour une vigne située au lieu dit *Sobre l'Estany* de *Castell Rossello*, d'une contenance d'une ayminate, et moyennant un cens de *douze deniers* et le foriscap.

Confrontant Jean Membrat, pareur; Jean Case, cordonnier; Guillaume Jaubert, pareur.

Témoins : G. Sapte, François Étienne, tisseur, et G. Ciurane.

Sit omnibus notum[2] quod ego Garauna, uxor Petri Garau, fusterii ville Perpiniani, quondam, gratis et ex certa scien-

1. C'est la seconde portion de terrain exempte de tout cens.
2. A. En marge : docuit instrumentum in posse Johannis Lobet, notarii.

tia confiteor et in veritate recognosco honorabili Guillermo, etc., quod ego habeo, teneo et possideo jure directi dominii pro dicto domino et suis, quandam peciam terre vinea plantatam in dictis terminis sitam loco vocato[1] *Sobre l'Estany*, circa unam ayminatam continentem, confrontatam cum tenentia Johannis Membrat, paratoris, et cum tenentia Johannis Cases, sabaterii, et cum tenentia Guillermi Jaubert, paratoris. In et super qua dictus dominus recipit et recipere debet et consuevit anno quolibet, in festo nativitatis Domini, duodecim denarios de censu; et directum dominium, laudimium et foriscapium, tociens quociens dicta pecia terre vendatur vel inpignoretur in toto vel in parte. Pro quo quidem censu dicto domino fore salvo et securo dandoque et solvendo anno quolibet dicto festo, et directo dominio, laudimio et foriscapio reservando, obligo dicto domino et suis in posse vestri, dicti notarii, prout supra stipulantis, dictam peciam terre cum omni melioramento quod ego et mei fecerimus in eadem. Quod fuit actum Perpiniani, die quinta decima aprilis, anno a nativitate Domini M°CCCCL quinto, presentibus pro testibus Guillermo Sapte, ortolano, Francisco Stephani, textore, Perpiniani, et me, Georgio Ciurana, notario infrascripto, qui predicta, requisitus, recepi.

LXVIII. — **Acte du 15 avril 1455.**

Reconnaissance faite par Agnès Xantmar, épouse *délaissée* de Jean Xantmar, peaussier de Perpignan. pour une terre d'une contenance d'une ayminate, située au lieu dit *Sainte Tècle*, moyennant un cens de *douze deniers* et le foriscap.

Confrontant Bernard Alanya, négociant; Jean Tallet, Guillaume Jaubert, pareur; Jacques Maysos, teinturier.

Témoins : Perpignan Espérance (peigneur de chanvre) et G. Sapte.

Sit omnibus notum quod ego Agnes, uxor relicta Johannis Xamtmar, pelliparii Perpiniani, gratis et ex certa scientia

---

1. A. *Sobre l'Estany de Castell Rossello.*

confiteor et in veritate recognosco honorabili Guillermo, etc., quod ego habeo, teneo et possideo jure directi dominii pro dicto domino, quandam peciam terre sitam in dictis terminis, loco vocato[1] *Sancta Tecla*, circa unam ayminatam continentem, confrontatam cum tenentia Bernardi Alanya, mercatoris, et cum tenentia Johannis Tallet, et cum tenentia Guillermi Jaubert, paratoris, et cum tenentia Jacobi Maysos, tincturerii. In et super qua dictus dominus recipit et recipere debet et consuevit anno quolibet, in festo nativitatis Domini, duodecim denarios de censu ; et directum dominium, laudimium et foriscapium, tociens quociens dicta pecia terre vendatur vel inpignoretur in toto vel in parte. Pro quo quidem censu dicto domino fore salvo et securo dandoque et solvendo anno quolibet dicto festo, et directo dominio, laudimio et foriscapio reservando, obligo dicto domino et suis in posse vestri, dicti notarii, ut supra stipulantis, dictam peciam terre cum omni melioramento quod ego et mei fecerimus in eadem. Quod fuit actum Perpiniani, die quinta decima aprilis, anno a nativitate Domini M°CCCCL, quinto, presentibus pro testibus Perpiniano Speransa, pentinatore, Guillermo Sapte, ortolano, Perpiniani, et me, Georgio Ciurana, etc.

LXIX. — **Acte du 15 avril 1455.**

Reconnaissance faite par Bernard Minyot, pareur, au Seigneur de Castel-Roussillon, pour un champ sis à *Castel-Roussillon*, d'une contenance de 2 ayminates, au lieu dit *La creu de Castell Rossello*, et assujetti à un cens de *huit deniers* et au foriscap.

Tenanciers et fonds limitrophes : Guilhem Macip, Jacques Possimanya, et le *chemin public qui va à Canet* (chemin royal) et Blager, jardinier.

Témoins : Pierre Balle, pareur ; G. Sapte, et G. Ciurana, notaire.

Sit omnibus notum quod ego Bernardus Minyot, parator ville Perpiniani, gratis et ex certa scientia confiteor et

1. A. *prope sancta Tecla.*

in veritate recognosco honorabili Guillermo, etc., quod ego habeo, teneo et possideo jure directi dominii pro eodem, quendam campum situm in dictis terminis loco vocato *La Creu de Castell Rossello*, circa duas ayminatas continentem, confrontatum cum tenentia Guillermi Macip et cum tenentia Jacobi Possimanya, ortolani, et cum via publica[1] qua itur ad locum de Caneto, et cum tenentia d'En Blager, ortolani. In et super quo dictus dominus recipit et recipere debet et consuevit anno quolibet, in festo nativitatis Domini, octo denarios de censu; et directum dominium, laudimium et foriscapium, tociens quociens dictus campus vendatur vel inpignoretur in toto vel in parte. Pro quo quidem censu dicto domino et suis fore salvo et securo dandoque et solvendo anno quolibet dicto festo, et directo dominio, laudimio et foriscapio reservando, obligo dicto domino et suis, in posse vestri, dicti notarii, prout supra stipulantis, dictum campum cum omni melioramento quod ego et mei fecerimus in eodem. Quod fuit actum Perpiniani, die quintadecima aprilis, anno a nativitate Domini M°CCCC° quinquagesimo quinto, presentibus pro testibus Petro Balle, paratore, Guillermo Sapte, ortolano, Perpiniani, et me, Georgio Ciurana, notario infrascripto, qui predicta, requisitus, recepi.

---

1. A. cum itinere regali quo itur in loco de Caneto.

LXX. — Acte du 15 avril 1455.

Reconnaissance faite par Jean Alegret, aubergiste de la ville de Perpignan, au Seigneur de Castel-Roussillon, pour une vigne de 6 ayminates environ, au lieu dit *Al Planas*, et assujettie à un cens de *six sous* et au foriscap.

Tenanciers et fonds limitrophes : l'*étang* de Bernard André, bourgeois de Perpignan, et Antoine Adoet, aubergiste, et la garrigue du dit Seigneur de Peraperluse.

Témoins : G. Sapte, Arnaud *de Granyau*, bâtier de Perpignan, et G. Ciurane; notaire.

Sit omnibus notum quod ego Johannes Alegret, hostalerius ville Perpiniani, gratis et ex certa scientia confiteor et in veritate recognosco honorabili Guillermo, etc., quod ego habeo, teneo et possideo, jure directi dominii, pro dicto domino quandam peciam terre vinea plantatam, in dictis terminis sitam, loco vocato *Al Planas*, circa sex ayminatas continentem, confrontatam cum STAGNO honorabilis Bernardi Andree, burgensis dicte ville, et cum tenentia Anthonii Adoet, hostalerii, et cum garriga dicti domini. In et super qua dictus dominus recipit et recipere debet et consuevit anno quolibet, in festo nativitatis Domini, sex solidos de censu; et directum dominium, laudimium et foriscapium, tociens quociens dicta pecia terre vendatur vel inpignoretur in toto vel in parte. Pro quo quidem censu dicto domino et suis fore salvo et securo dandoque et solvendo anno quolibet dicto festo, et directo dominio, laudimio et foriscapio reservando, obligo dicto domino et suis, in posse vestri, dicti notarii, ut supra stipulantis, dictam peciam terre cum omni melioramento quod ego et mei fecerimus in eadem. Quod fuit actum Perpiniani, die quinta decima aprilis, anno a nativitate domini M°CCCCL quinto, presentibus pro testibus Guillermo Sapte, ortholano, Arnaldo de Granyau, basterio Perpiniani, et me, Georgio Ciurana, notario infrascripto qui predicta, requisitus, recepi.

LXXI. — Acte du 15 avril 1455.

Reconnaissance faite par Pierre Ortapha, jardinier de Perpignan, au Seigneur de Castel-Roussillon, pour une vigne d'une ayminate, sise à *Castel-Roussillon,* au lieu dit *Na Brandina*, moyennant un cens de *douze deniers* et le foriscap.

Tenanciers et fonds limitrophes : la femme de Pallais Duran ; Bernard Baster, Jacques Possimanya, Jean Boquer, jardiniers.

Témoins : Jean Boquer, Jean Camo et G. Ciurane.

Sit omnibus notum[1] quod ego Petrus Ortapha, ortolanus ville Perpiniani, gratis et ex certa scientia confiteor et in veritate recognosco honorabili Guillermo, etc., quod ego habeo, teneo et possideo jure directi dominii pro dicto domino, quandam peciam terre vinea plantatam, in dictis terminis sitam, loco vocato[2] *Na Brandina,* circa unam ayminatam continentem, confrontatam cum tenentia uxoris Palladii Duran, et cum tenentia Bernardi Baster, et cum tenentia Jacobi Possimanya, et cum tenentia Johannis Boquer, ortolanorum, senderio[3] medio. In et super qua dictus dominus recipit et recipere debet et consuevit anno quolibet, in festo nativitatis Domini, duodecim denarios de censu ; et directum dominium, laudimium et foriscapium, tociens quociens dicta pecia terre vendatur vel inpignoretur in toto vel in parte. Pro quo quidem censu dicto domino fore salvo et securo dandoque et solvendo anno quolibet dicto festo, et directo dominio, laudimio et foriscapio reservando, obligo dicto domino et suis in posse vestri, dicti notarii, prout supra stipulantis, dictam peciam terre cum omni melioramento quod ego et mei fecerimus in eadem. Quod fuit actum Perpiniani die quinta decima aprilis, anno a nativitate

1. A. *ara es d'En Guillem Font, missatge.*
2. A. *à la casa Na Brandina.*
3. A. *scender.*

Domini M°CCCC° quinquagesimo quinto, presentibus pro testibus Johanne Boquer, Johanne Camo, ortolanis Perpiniani, et me, Georgio Ciurana, notario infrascripto qui predicta, requisitus, recepi.

LXXII. — **Acte du 15 avril 1455.**

Reconnaissance faite par Bernard Camp, jardinier de Perpignan, au Seigneur de Castel-Roussillon, pour un coteau situé au territoire de *Castel-Roussillon,* de deux ayminates environ, au lieu dit *Coma Lobera*, et assujetti à un cens de *huit deniers* et au foriscap.

Tenanciers et fonds limitrophes : Pierre Baget, jardinier; Jean Reyal, épicier, et Pierre Bonet, ravin entre les tenures.

Témoins : Jean Riu, G. Sapte, jardiniers, et J. Ciurane, notaire.

Sit omnibus notum quod ego Bernardus Camp, ortolanus ville Perpiniani, gratis et ex certa scientia confiteor et in veritate recognosco honorabili Guillermo, etc., quod ego habeo, teneo et possideo jure directi dominii pro dicto domino quandam peciam terre cotivam, sitam in dictis terminis, loco vocato *Coma Lobera,* circa duas ayminatas continentem, confrontatam cum tenentia Petri Baget, ortolani, et cum tenentia Johannis Reyal, spaserii, et cum tenentia Petri Bonet, corrogo[1] in medio. In et super qua dictus dominus recipit et recipere debet et consuevit anno quolibet, in festo nativitatis Domini, octo denarios de censu; et directum dominium, laudimium et foriscapium, tociens quociens dicta pecia terre vendatur vel inpignoretur in toto vel in parte. Pro quo quidem censu dicto domino et suis fore salvo et securo dandoque et solvendo anno quolibet dicto festo, et directo dominio, laudimio et foriscapio reservando, obligo dicto domino et suis in posse vestri, dicti notarii, ut supra stipulantis dictam peciam terre cum omni melioramento quod ego et mei fecerimus in eadem. Quod

1. A. *correch.*

fuit actum Perpiniani, die quinta decima aprilis, anno a nativitate Domini M°CCCCL quinto, presentibus pro testibus Johanne Riu, Guillermo Sapte, ortolanis Perpiniani, et me, Georgio Ciurana, notario infrascripto qui predicta, requisitus, recepi.

LXXIII. — **Actes du 15 avril 1455.**

1° Reconnaissance faite par Jeanne Sabater, veuve de Jacques Sabater, pour un champ sis à *Castel-Roussillon*, de trois cartonates environ, au lieu dit *Al cap de Carderoles*, moyennant *quatre deniers* de cens et le foriscap.

Confrontant la veuve de Pierre Carbonell, chirurgien; En Conques, tisseur, le tenancier, et Jean Aloy, jardinier.

Sit omnibus notum quod ego Johana, uxor Jacobi Sabater quondam, gratis et ex certa scientia confiteor et in veritate recognosco honorabili Guillermo, etc., quod ego habeo, teneo et possideo jure directi dominii pro dicto domino quendam campum in dictis terminis situm, loco vocato *Al Cap de Carderoles*, circa tres quartonatas in se continentem, confrontatum cum tenentia uxoris Petri Carbonell, cirurgici, quondam, et cum tenentia d'En Conques, textoris, et cum alia tenentia mea, et cum tenentia Johannis Aloy, ortolani. In et super quo dictus dominus recipit et recipere debet et consuevit anno quolibet, in festo nativitatis Domini, quatuor denarios de censu; et directum dominium, laudimium et foriscapium, tociens quociens dictus campus vendatur vel inpignoretur in toto vel in parte.

2° Reconnaissance par Jeanne Sabater d'un champ d'une ayminate environ, assujettie uniquement au foriscap.

Tenanciers et fonds limitrophes : l'épouse de G. Parès, tisseur; Jean Cases, cordonnier; Pierre Matines, huissier (assistant *le bayle*).

Témoins : Jean Cabestany, G. Sapte et G. Ciurane.

Item, alium campum in dictis terminis et loco situm, circa unam ayminatam continentem, confrontatum cum alia tenentia uxoris Guillermi Pares, textoris, et cum tenentia Johannis Cases, sutoris, et cum tenentia Petri Matines[1], satgionis, senderio[2] medio. In et super quo dictus dominus recipit et recipere debet et consuevit, tantummodo recipit directum dominium laudimium et foriscapium, tociens quociens vendatur vel inpignoretur in toto vel in parte, sine prestatione alicujus census[3]. Pro quo quidem directo dominio, laudimio et foriscapio reservando, obligo dicto domino et suis, in posse vestri, dicti notarii, prout supra stipulantis, dictos campos cum omni melioramento quod ego et mei fecerimus in eisdem. Quod fuit actum Perpiniani die quinta decima aprilis, anno a nativitate Domini M°CCCCL quinto, presentibus pro testibus Johanne Cabestany, Guillermo Sapte, ortolanis Perpiniani, et me, Georgio Ciurana, notario infrascripto qui predicta, requisitus, recepi.

LXXIV. — **Acte du 15 avril 1455.**

Reconnaissance d'Honoré Darder, jardinier, pour deux terrains attenant (coteaux) d'environ deux ayminates, au lieu dit *Al Planas*, moyennant *huit deniers* de cens et le foriscap.

Confrontant : les autres coteaux et garrigues du dit seigneur; le chemin qui va de *Castel-Roussillon* à *Cabestany*, et l'autre voie publique de Perpignan ; En Terre, tisseur, et En Montbaulo.

Témoins : Bernard Baster, G. Sapte.

Sit omnibus notum quod ego Honoratus Darder, ortolanus ville Perpiniani, gratis et ex certa scientia confiteor et in veritate recognosco honorabili Guillermo, etc., quod ego habeo, teneo et possideo jure directi dominii pro eodem, duas pecias terre cotivas, contiguas, in dictis terminis sitas, loco vocato *Al Planas*, circa duas ayminatas continentes, confrontatas cum aliis cotivis sive garrigis dicti domini, et

---

1. A. *nuncii* (huissier affichant les décisions des autorités). Brutails.
2. A. *sender*.
3. (3e terre non assujettie à un cens.)

cum via qua itur de dicto Castro ad locum de Capitestagno, et[1] cum alia via publica de Perpiniano et cum tenentia d'En Terre, textoris, et cum tenentia d'En Montbaulo. In et super quibus dictus dominus recipit et recipere debet et consuevit anno quolibet, in festo nativitatis Domini, octo denarios de censu ; et directum dominium, laudimium et foriscapium, tociens quociens dicte pecie terre vendantur vel inpignorentur in toto vel in parte. Pro quo quidem censu dicto domino fore salvo et securo dandoque et solvendo anno quolibet dicto festo et directo dominio, laudimio et foriscapio reservando, obligo dicto domino in posse vestri, dicti notarii, prout supra stipulantis, dictas pecias terre cum omni melioramento quod ego et mei fecerimus in eisdem. Quod fuit actum Perpiniani, die quinta decima aprilis, anno a nativitate Domini M°CCCCL quinto, presentibus pro testibus Bernardo Baster, Guillermo Sapte, ortolanis Perpiniani, et me, Georgio Ciurana, notario infrascripto qui predicta, requisitus, recepi.

LXXV. — **Acte du 15 avril 1455.**

Reconnaissance faite par GEORGE RAYNART, tisseur de Perpignan, pour une vigne de six cartonates environ, au lieu dit *Les Loberes*, assujettie à un cens annuel de *neuf deniers* et au foriscap.

Confrontant : Jean Sparts, pareur; Jean Pesa, jardinier; le ravin et les garrigues du dit seigneur.

Témoins : G. Sapte, George Borrat, pareur à Perpignan.

Sit omnibus notum quod ego Georgius Raynart, textor ville Perpiniani, gratis et ex certa scientia confiteor et in veritate recognosco honorabili Guillermo, etc., quod ego habeo, teneo et possideo jure directi dominii pro eodem, quandam peciam terre vinea plantatam, in dictis terminis sitam, loco vocato *Les Loberes*, circa sex quartonatas conti-

1. A. cum quodam itinere quo itur Perpiniani.

nentem, confrontatam cum tenentia Johannis Sparts, paratoris, et cum tenentia Johannis Pesa, ortolani, et cum corrogo[1] et cum garrigis[2] dicti domini. In super qua dictus dominus recipit et recipere debet et consuevit anno quolibet in festo nativitatis Domini, novem denarios de censu; et directum dominium, laudimium et foriscapium, tociens quociens dicta pecia terre vendatur vel inpignoretur in toto vel in parte. Pro quo quidem censu dicto domino fore salvo et securo dandoque et solvendo anno quolibet dicto festo, obligo dicto domino et suis in posse vestri dicti notarii prout supra stipulantis, dictam peciam terre cum omni melioramento quod ego et mei fecerimus in eadem. Quod fuit actum Perpiniani, die quinta decima aprilis, anno a nativitate Domini M° CCCCL quinto, presentibus pro testibus Guillermo Sapte, ortolano, Georgio Borrat, paratore Perpiniani, et me, Georgio Ciurana, notario infrascripto qui predicta, requisitus, recepi.

LXXVI. — **Acte du 15 avril 1455.**

Reconnaissance faite par Jean Sparts, pareur de Perpignan, pour une vigne de six cartonates environ, au lieu dit *Lobères*, assujettie à un cens de *neuf deniers* et au foriscap.

Confrontant : Georges Raynard, tisseur ; Antoine Bo, jardinier ; le ravin et la garrigue du dit seigneur.

Témoins : George Borrat, G. Sapte.

Sit omnibus notum quod ego Johannes Sparts, parator ville Perpiniani, gratis et ex certa scientia confiteor et in veritate recognosco honorabili Guillermo, etc., quod ego habeo, teneo et possideo jure directi dominii pro eodem, quandam peciam terre vinea plantatam, in dictis terminis sitam, loco vocato *Loberes*, circa sex quartonatas continen-

1. A. cum *lo correch*.
2. A. cum quadam garriga.

tem, confrontatam cum tenentia Georgii Raynard, textoris, et cum tenentia Anthonii Bo,.ortolani, et cum corrogo[1], et cum garrigis[2] dicti domini. In et super qua dictus dominus recipit et recipere debet et consuevit anno quolibet in festo nativitatis, novem denarios de censu ; et directum dominium, laudimium et foriscapium, tociens quociens dicta pecia terre vendatur vel inpignoretur in toto vel in parte. Pro quo quidem censu dicto domino fore salvo et securo dandoque et solvendo anno quolibet dicto festo, et directo dominio, laudimio et foriscapio reservando, obligo dicto domino et suis, in posse vestri, dicti notarii, prout supra stipulantis, dictam peciam terre cum omni melioramento quod ego et mei fecerimus in eadem. Quod fuit actum Perpiniani, die quinta decima aprilis, anno a nativitate Domini M° CCCCL quinto, presentibus pro testibus Georgio Borrat, paratore, Guillermo Sapte, ortolano, Perpiniani, et me, Georgio Ciurano, notario infrascripto qui predicta, requisitus, recepi.

LXXVII. — **Acte du 17 avril 1455.**

Reconnaissance faite par Guillaume Ortaffa, jardinier, pour une vigne, de cinq ayminates, au lieu dit *Taulet*, moyennant un cens de *deux sous et sept deniers* et le foriscap.

Confrontant : *lo exauch del stany de Castell Rossello*, Bernard Ballero, Armand Pastor, René Cabestany et le chemin *de Carles*.

Témoins : Arnaud-Guillaume Daubert, berger ; G. Sapte, et G. Ciurane, notaire.

Sit omnibus notum quod ego Guillermus Ortaffa, ortolanus ville Perpiniani, gratis et ex certa scientia confiteor et in veritate recognosco honorabili Guillermo, etc., quod ego habeo, teneo et possideo jure directi dominii pro eodem quandam peciam terre vinea plantatam in dictis terminis

1. A. cum *lo correch*.
2. A. cum garriga.

sitam loco vocato *Taulet*[1], circa quinque ayminatas continentem, confrontatam cum *lo*[2] *exauch del stany de Castell Rossello*, et cum tenentia Bernardi Ballero, et cum tenentia Arnaldi Pastor, ortolanorum, et cum tenentia Petri Cabestany, de Capitestagno, et cum via vocata *de Carles*. In et super qua dictus dominus recipit et recipere debet et consuevit anno quolibet, in festo nativitatis Domini, duos solidos et septem denarios de censu; et directum dominium, laudimium et foriscapium, tociens quociens dicta pecia terre vendatur vel inpignoretur in toto vel in parte. Pro quo quidem censu dicto domino fore salvo et securo dandoque et solvendo anno quolibet dicto festo, et directo dominio, laudimio et foriscapio reservando, obligo dicto domino et suis in posse vestri, dicti notarii, ut supra stipulantis, dictam peciam terre cum omni melioramento quod ego et mei fecerimus in eadem. Quod fuit actum Perpiniani, die decima septima aprilis, anno a nativitate Domini M° CCCC L quinto, presentibus pro testibus Arnaldo Guillermo Daubert, pastore, Guillermo Sapte, ortolano, Perpiniani, et me, Georgio Ciurana, notario infrascripto, qui predicta, requisitus, recepi.

LXXVIII. — **Acte du 17 avril 1455.**

§ 1. Reconnaissance par Nicolas Molères, jardinier, pour un maillol planté, sis au territoire de *Castel Roussillon*, au lieu dit *Bell Roure*, assujetti à un cens de *quatre deniers* et au foriscap.

Confrontant : le chemin appelé *de Carles*; les héritiers de Pierre Candell, notaire; et Pons Aganet, chemin entre deux.

Sit omnibus notum quod ego Nicholaus Moleres, ortolanus ville Perpiniani, gratis et ex certa scientia confiteor et in veritate recognosco honorabili Guillermo, etc., quod ego

1. A. *Al Taulet.*
2. A. *l'exauch.*

habeo, teneo et possideo jure directi dominii pro dicto domino, quandam peciam terre malleolo plantatam, in dictis terminis sitam, loco vocato *Bell Roure*[1], circa unam ayminatam continentem, confrontatam cum itinere vocato *de Carles*, et cum tenentia heredum Petri Candell, notarii, quondam, et cum tenentia Poncii Aganet, senderio in medio, et cum tenentia Johannis Oliver, textoris. In et super qua dictus dominus recipit et recipere debet et consuevit anno quolibet, in festo nativitatis Domini, quatuor denarios de censu; et directum dominium, laudimium et foriscapium, tociens quociens dicta pecia terre vendatur vel inpignoretur in toto vel in parte.

§ 2. Reconnaissance (par le même), d'une vigne, d'environ cinq cartonates, assujettie à un cens de *six deniers* et au foriscap.

Confrontant : les héritiers de Pierre Candell, ancien notaire, et André Martin, juge; et un sentier.

Témoins : Bérenger Valls, parcur, Paul Rodon, jardinier; et G. Ciurane.

Item, aliam peciam terre vinea plantatam in dictis terminis sitam, circa quinque quartonatas continentem, confrontatam cum dictis heredibus dicti Petri Candell quondam, notarii, et cum tenentia honorabilis Andree Marti, jurisperiti, et cum tenentia Johannis Uguet, ortolani, et cum quodam senderio. In et super qua dictus dominus recipit et recipere debet et consuevit anno quolibet dicto festo, sex denarios de censu; et directum dominium, laudimium et foriscapium, tociens quociens dicta pecia terre vendatur vel inpignoretur in toto vel in parte.

Pro quibus quidem censibus dicto domino et suis fore salvis et securis dandisque et solvendis anno quolibet dicto festo, et directis dominiis, laudimiis et foriscapiis reservandis, obligo dicto domino et suis, in posse vestri, dicti

1. A. *à Bell Roure*.

notarii, prout supra stipulantis, dictas pecias terre cum omni melioramento quod ego et mei fecerimus in eisdem. Quod fuit actum Perpiniani, die decima septima aprilis, anno a nativitate Domini M°CCCCL quinto, presentibus pro testibus Berengario Valls, paratore, Paulo Rodon, ortolano Perpiniani, et me, Georgio Ciurana, notario infrascripto qui predicta, requisitus, recepi.

LXXIX. — **Acte du 17 avril 1455.**

Reconnaissance faite par Jean Vallespir, jardinier, pour un « coteau », au lieu dit *Volos*, d'une contenance de deux ayminates environ, et moyennant un cens de *douze deniers* et le foriscap.

Confrontant : le chemin qui va *à Canet* et le chemin dit *de Carles*, Jean Massa, Bernard Alanya, négociant.

Témoins : Guillaume March, G. Sapte.

Sit omnibus notum[1] quod ego Johannes Vallespir, ortolanus ville Perpiniani, gratis et ex certa scientia, confiteor et in veritate recognosco honorabili Guillermo, etc., quod ego habeo, teneo et possideo jure directi dominii pro dicto domino et suis, quoddam cotivum[2] in dictis terminis situm loco vocato *Volos*, circa duas ayminatas continentem, confrontatum cum via qua itur ad locum de Caneto, et cum via vocata *de Carles*, et cum tenentia Johannis Massa, et cum tenentia Bernardi Alanya, mercatoris. In et super quo dictus dominus recipit et recipere debet et consuevit anno quolibet, in festo nativitatis Domini, duodecim denarios de censu; et directum dominium, laudimium et foriscapium, tociens quociens dictus cotivus vendatur vel inpignoretur in toto vel in parte. Pro quo quidem censu dicto domino et suis fore salvo et securo dandoque et solvendo anno quolibet dicto festo, et directo dominio, laudimio et foriscapio

1. A. En marge : ara es d'En Honorat Buadella.
2. A. *cotiu*, loco vocato *al Volos*.

reservando, obligo dicto domino et suis, in posse vestri, dicti notarii, ut supra stipulantis, dictum cotivum cum omni melioramento quod ego et mei fecerimus in eodem. Quod fuit actum Perpiniani, die decima septima aprilis, anno a nativitate Domini M° CCCC L quinto, presentibus Guillermo March, Guillermo Sapte, ortolanis Perpiniani, et me, Georgio Ciurana, notario infrascripto, qui predicta, requisitus, recepi.

LXXX. — **Acte du 17 avril 1455.**

Reconnaissance faite par Jean Opoul, jardinier de Perpignan, pour une terre, d'une ayminate environ, au lieu dit *Al Cap del Stany*, assujettie à un cens de *quatre deniers* et au foriscap.

Confrontant : le chemin dit *de Carles*, Jacques Rodon, Arnaud Aganet, jardiniers.

Témoins : Barthélemy Garrigue, G. Sapte.

Sit omnibus notum[1] quod ego Johannes Opol, ortolanus ville Perpiniani, gratis et ex certa scientia confiteor et in veritate recognosco honorabili Guillermo, etc., quod ego habeo, teneo et possideo pro eodem, quandam peciam terre in dictis terminis sitam, loco vocato *Al Cap del Stany*, circa unam ayminatam continentem, confrontatam cum via vocata *de Carles*, et cum tenentia Jacobi Rodon, et cum tenentia Arnaldi Aganet, ortolanorum. In et super qua dictus dominus recipit et recipere debet et consuevit anno quolibet, in festo nativitatis Domini, quatuor denarios de censu; et directum dominium, laudimium et foriscapium, tociens quociens dicta pecia terre vendatur vel inpignoretur in toto vel in parte. Pro quo quidem censu dicto domino fore salvo et securo dandoque et solvendo anno quolibet dicto festo, et directo dominio, laudimio et foriscapio reservando, obligo dicto domino et suis, in posse vestri, dicti notarii, ut supra stipulantis, dictam peciam terre, cum omni melioramento

1. A. En marge : vidi instrumentum.

quod ego et mei fecerimus in eadem. Quod fuit actum Perniniani, die decima septima aprilis, anno a nativitate M°CCCCL quinto, presentibus pro testibus Bartholomeo Garriga, Guillermo Sapte, ortolanis Perpiniani, et me, Georgio Ciurana, notario infrascripto, qui predicta, requisitus, recepi.

LXXXI. — **Acte du 17 avril 1455.**

Reconnaissance par ÉTIENNE PUG (ou PUIG), négociant de Perpignan, pour un *maillol*, de trois cartonates environ, au lieu dit « *dejus santa Tecla* », assujetti à un cens de *quatre deniers* et au foriscap.

Confrontant Bernard Alanya, négociant; Jean Sola et Jean Vila, jardiniers.

Témoins : G. Sapte, Bernard Sabrer, de Ponteilla, et G. Ciurane, notaire.

Sit omnibus notum[1] quod ego Stephanus Pug[2] mercator ville Perpiniani, gratis et ex certa scientia confiteor et in veritate recognosco honorabili Guillermo Raymundo, etc., quod ego habeo, teneo et possideo jure directi dominii pro eodem, quandam peciam terre malleolo plantatam, in dictis terminis sitam, loco vocato *dejus Santa Tecla*, circa tres quartonatas continentem, confrontatam cum tenentia Bernardi Alanya, mercatoris, et cum tenentia Johannis Sola, et cum tenentia Johannis Vila, ortolanorum, senderio in medio. In et super qua dictus dominus recipit et recipere debet et consuevit, anno quolibet, in festo nativitatis Domini, quatuor denarios de censu; et directum dominium, laudimium et foriscapium, tociens quociens dicta pecia terre vendatur vel inpignoretur in toto vel in parte. Pro quo quidem censu dicto domino fore salvo et securo dandoque et solvendo anno quolibet dicto festo, et directo dominio, laudimio et foriscapio reservando, obligo dicto domino et

---

1. A. En marge : ara es de mestre Guillem Vila.
2. A. Puig.

suis, in posse vestri, dicti notarii, ut supra stipulantis, dictam peciam terre cum omni melioramento quod ego et mei fecerimus in eadem. Quod fuit actum Perpiniani, die decima septima aprilis, anno a nativitate Domini M°CCCCL quinto, presentibus pro testibus Guillermo Sapte, ortolano Perpiniani, Bernardo Sebrer[1], loci de Pontiliano, et me, Georgio Ciurana, notario infrascripto qui predicta, requisitus, recepi.

LXXXII. — **Acte du 17 avril 1455.**

Reconnaissance par Jean Tallet, jardinier, pour une vigne, sise à Castel-Roussillon, d'une contenance de 7 cartonates, au lieu dit *Als Volos*, assujettie à un cens de *six deniers* et au foriscap.

Confrontant un sentier, Bernard Aganet, l'héritier Jean Xatmar ou Xantmar, peaussier, et Jacques Maysos, teinturier.

Témoins : Jacques Vives, Guillaume Sapte, jardiniers.

Sit omnibus notum quod ego Johannes Tallet, ortolanus ville Perpiniani, gratis et ex certa scientia confiteor et in veritate recognosco honorabili Guillermo, etc., quod ego habeo, teneo et possideo jure directi dominii pro eodem, quandam peciam terre vinea plantatam in dictis terminis sitam, loco vocato *Als Volos*, circa septem quartonatas continentem, confrontatam cum quodam senderio et cum tenentia Bernardi Aganet, ortolani, et cum tenentia heredis Johannis Xatmar[2], pelliparii, quondam, et cum tenentia Jacobi Maysos, tincturerii. In et super qua dictus dominus recipit et recipere debet et consuevit anno quolibet, in festo nativitatis Domini, sex denarios de censu; et directum dominium, laudimium et foriscapium, tociens quociens dicta pecia terre vendatur vel inpignoretur in toto vel in parte. Pro quo quidem censu dicto domino fore salvo et securo

---

1. A. Sabrer.

2. A. Xamtmar. Mis au-dessus de la ligne pour remplacer Xammar, barré.

dandoque et solvendo anno quolibet dicto festo, et directo dominio, laudimio et foriscapio reservando, obligo dicto domino et suis, in posse vestri, dicti notarii, ut supra stipulantis, dictam peciam terre cum omni melioramento quod ego et mei fecerimus in eadem. Quod fuit actum Perpiniani die decima septima aprilis, anno a nativitate Domini M°CCCCL quinto, presentibus pro testibus Jacobo Vives, Guillermo Sapte, ortolanis Perpiniani, et me, Georgio Ciurana, notario infrascripto qui predicta, requisitus, recepi.

LXXXIII. — **Acte du 17 avril 1455.**

Reconnaissance par Pierre Losa ou Llosa d'un champ, sis à Castel-Roussillon, de trois ayminates environ, au lieu dit *Bell Roure*, assujetti à un cens de *douze deniers* et au foriscap.

Confrontant la voie dite *de Carles*, Bernard André, bourgeois de Perpignan; le chemin *de les Loberes* et Pons Aganet, jardinier.

Témoins : Antoine Fite et G. Sapte, jardiniers.

Sit omnibus notum quod ego Petrus Losa[1], ortolanus ville Perpiniani, gratis et ex certa scientia confiteor et in veritate recognosco honorabili Guillermo, etc., quod ego habeo, teneo et possideo jure directi dominii pro dicto domino et suis, quendam campum, situm in dictis terminis, loco vocato *Bell Roure*, circa tres ayminatas continentem, confrontatum cum via vocata *de Carles*, et cum tenentia honorabilis Bernardi Andree, burgensis dicte ville, et cum via *de Les Loberes*[2], et cum tenentia Poncii Aganet, ortolani. In et super qua dictus dominus recipit et recipere debet et consuevit anno quolibet, in festo nativitatis Domini, duodecim denarios de censu; et directum dominium, laudimium et foriscapium, tociens quociens dicta pecia terre vendatur vel inpignoretur in toto vel in parte. Pro quo

1. A. Llosa.
2. A. cum itinere quo itur *à Les Loberes*.

quidem censu dicto domino et suis fore salvo et securo, dandoque et solvendo anno quolibet dicto festo, et directo dominio, laudimio et foriscapio reservando, obligo dicto domino et suis in posse vestri, dicti notarii, ut supra stipulantis, dictam peciam terre cum omni melioramento quod ego et mei fecerimus in eadem. Quod fuit actum Perpiniani, die decima septima aprilis, anno a nativitate Domini M°CCCCL quinto, presentibus pro testibus Anthonio Fita, Guillermo Sapte, ortolanis Perpiniani, et me, Georgio Ciurana, notario infrascripto qui predicta, requisitus, recepi.

LXXXIV. — **Acte du 21 avril 1455.**

Reconnaissance par PERPIGNAN LOSE, jardinier de la dite ville, pour une vigne d'une ayminate environ, au lieu dit *Al cap del Stany*, assujettie à un cens de *six deniers* et au foriscap.

Confrontant le chemin dit *de Carles*, l'héritier de François Calmet, tisseur ; Bernard Baster, jardinier.

Témoins : G. Sapte, Jean Jaubert, négociant ; G. Ciurane, notaire.

Sit omnibus notum quod ego Perpinianus Losa, ortolanus ville Perpiniani, gratis et ex certa scientia confiteor et in veritate recognosco honorabili Guillermo, etc., quod ego habeo, teneo et possideo jure directi dominii pro dicto domino et suis, quandam peciam terre vinea plantatam, in dictis terminis sitam, loco vocato *Al cap del Stany*, circa unam ayminatam continentem, confrontatam cum via vocata *de Carles*, et cum tenentia heredis[1] Francisci Calmet, textoris, de duabus partibus, et cum tenentia Bernardi Baster, ortolani. In et super qua dictus dominus recipit et recipere debet et consuevit anno quolibet, in festo nativitatis Domini, sex denarios de censu ; et directum dominium, laudimium et foriscapium, tociens quociens dicta

1. A. pupilli.

pecia terre vendatur vel inpignoretur in toto vel in parte. Pro quo quidem censu dicto domino fore salvo et securo dandoque et solvendo anno quolibet dicto festo, et directo dominio, laudimio et foriscapio reservando, obligo eidem domino et suis, in posse vestri, dicti notarii, ut supra stipulantis, dictam peciam terre cum omni melioramento quod ego et mei fecerimus in eadem. Quod fuit actum Perpiniani, die vicesima prima aprilis, anno a nativitate Domini millesimo CCCC L quinto, presentibus pro testibus Guillermo Sapte, ortolano, Johanne Jaubert, mercatore Perpiniani, et me, Georgio Ciurana, notario infrascripto qui predicta, requisitus, recepi.

LXXXV. — **Acte du 21 avril 1455.**

Reconnaissance faite par Bernard Aîné, jardinier à Perpignan, pour une vigne, sise à *Castel-Roussillon*, d'une contenance de six cartonates, au lieu dit *Carderoles*, assujettie à un cens de *trois deniers* et au foriscap.

Confrontant Jacques Maysos, teinturier, sentier au milieu, Bernard Batalle, tisseur, Pons Aganet, Bernard Baster, et *le chemin qui va aux Llobères*.

Témoins : G. Sapte, G. Guirau.

Sit omnibus notum quod ego Bernardus Major, ortolanus ville Perpiniani, gratis et ex certa scientia confiteor et in veritate recognosco honorabili Guillermo, etc., quod ego habeo, teneo et possideo, jure directi dominii, pro eodem, quandam peciam terre vinea plantatam, in dictis terminis sitam, loco vocato *Carderoles*, circa sex quartonatas continentem, confrontatam cum quadam via qua itur *à Les Loberes*, et cum tenentia Jacobi Maysos, tincturerii, senderio in medio, et cum tenentia Bernardi Batalla, textoris, et cum tenentia Poncii Aganet, et cum tenentia Bernardi Baster. In et super qua dictus dominus recipit et recipere debet et consuevit anno quolibet, in festo nativitatis Domini, tres denarios de censu; et directum dominium, laudimium et foriscapium, tociens quociens dicta pecia terre vendatur vel inpignoretur in toto vel in parte. Pro quo quidem censu dicto domino fore salvo et securo dandoque et solvendo anno quolibet dicto festo, et directo dominio, laudimio et foriscapio reservando, obligo dicto domino et suis in posse vestri, dicti notarii, ut supra stipulantis, dictam peciam terre cum omni melioramento quod ego et mei fecerimus in eadem. Quod fuit actum Perpiniani, die vicesima prima aprilis, anno a nativitate Domini M° CCCC L quinto, presentibus pro testibus Guillermo Sapte, Jacobo Guirau, ortolanis Perpiniani, et me, Georgio Ciurana, notario infrascripto qui predicta, requisitus, recepi.

LXXXVI. — **Acte du 23 avril 1455.**

Reconnaissance faite par Bérenger Boffill, briquetier de Perpignan, pour une vigne d'une ayminate environ, au lieu dit *Al Camp d'En Terrena*, assujettie à un cens de *dix-huit deniers* et au foriscap.

Confrontant les coteaux du dit tenancier, François Rocha, pareur, Guillaume Donat, jardinier.

Sit omnibus notum quod ego Berengarius Boffill, teulerius ville Perpiniani, gratis et ex certa scientia confiteor et in veritate recognosco honorabili Guillermo, etc., quod ego habeo, teneo et possideo jure directi dominii pro eodem, quandam peciam terre vinea plantatam, sitam in dictis terminis, loco vocato *Al Camp d'En Terrena*, circa unam ayminatam continentem, confrontatam cum cotivis meis ex duabus partibus, et cum tenentia Francisci Rocha, paratoris, et cum tenentia Guillermi Donat, ortolani. In et super qua dictus dominus recipit et recipere debet et consuevit anno quolibet in festo nativitatis Domini, decem octo denarios de censu; et directum dominium, laudimium et foriscapium, tociens quociens dicta pecia terre vendatur vel inpignoretur in toto vel in parte.

LXXXVII. — **Acte du 23 avril 1455.**

1° Reconnaissance (Capbreu A) par Bérenger Boffill, d'un terrain(gravier), sis au territoire de *Castel-Roussillon*, d'une ayminate environ, assujetti à un cens de *trois sous* et au foriscap.

Confrontant Michel Lobet, prêtre; Bernard Vila, *bayle de Castel-Roussillon*; le chemin qui va à *Villelongue*, et les terres du dit seigneur du château. (Acheté un an plus tard par Honoré Buadelle).

Item[1], quandam gravam sitam in dictis terminis Castri Rossilionis, loco vocato..., continentem unam ayminatam vel inde circa; affrontat ab una parte cum tenentia domini Michaelis Lobet, presbiteri, et ab alia parte cum tenentia Bernardi Vila, bajuli Castri Rossilionis, et ab alia parte cum itinere quo itur ad Villam Longam, et ab alia parte cum gravis domini Castri supradicti. In et super qua recipit anno quolibet tres solidos in festo natalis Domini; et directum dominium, etc. Pro quibus obligavit, etc.

2° Reconnaissance pour un coteau situé à *Castel-Roussillon*, moyennant le foriscap; ce terrain est exempt de cens.

Confrontant la dite vigne, le chemin qui va de *Castel-Roussillon à Cabestany*, et Bernard Blanquet.

Témoins de ces deux actes : Jacques Fabre, tisseur; Jean Laurere, briquetier; G. Ciurane, notaire.

Item, aliam peciam terre cotivam, in dictis terminis et loco sitam, confrontatam cum dicta vinea, et cum itinere quo itur de Castro Rossilione ad locum de Capitestagno, et cum tenentia Bernardi Blanquet. In et super qua dictus dominus recipit directum dominium, laudimium et foris-

---

1. Cette reconnaissance ne figure que dans A; sans doute par erreur. La note marginale suivante semble indiquer que cette tenure ne relève pas du seigneur de Castel-Roussillon :

« Honorat Buadella l'a comprada en l'any 1456; hen pagá lo forischapi à mossen Riambau ; rebé la carta en Guirau menor. »

capium tantummodo[1], tociens quociens dicta pecia terre vendatur vel inpignoretur in toto vel in parte.

Pro quo quidem censu dicto domino fore salvo et securo dandoque et solvendo anno quolibet dicto festo, et directo dominio, laudimio et foriscapio reservando, obligo dicto domino et suis, in posse vestri, dicti notarii infrascripti, ut supra stipulantis, dictas pecias terre cum omni melioramento quod ego et mei fecerimus in eisdem. Quod fuit actum Perpiniani die vicesima tercia aprilis, anno a nativitate Domini M° CCCC L quinto, presentibus pro testibus Jacobo Fabro, textore; Johanne Laurera, taulerio, et me, Georgio Ciurana, notario infrascripto, qui predicta, requisitus, recepi.

LXXXVIII. — **Acte du 23 avril 1455.**

Reconnaissance par Marguerite Volo, épouse de Guillaume Volo, négociant de Perpignan, pour un *maillol*, d'une ayminate environ, au lieu dit *Las Loberes*, assujetti à un cens de *six deniers* et au foriscap.

Confrontant Jean Olivier, tisseur ; En Grasset, pareur ; Guillaume Dieu-le-Sel, jardinier.

Témoins : Etienne Cardo, de Baixas, Jean Blanquet, chanoine de l'église de la Réal, et G. Ciurane, notaire.

Sit omnibus notum[2] quod ego Margarita, uxor Guillermi Volona, mercatoris ville Perpiniani, gratis et ex certa sciencia confiteor et in veritate recognosco honorabili Guillermo, etc., quod ego habeo, teneo et possideo jure directi dominii pro eodem, quoddam malleolum in dictis terminis situm loco vocato *Les Loberes*, circa unam ayminatam continentem, confrontatum cum tenentia Johannis Olivarii, textoris, et cum tenentia d'En Grasset, paratoris, senderio in medio, et cum tenentia Guillermi Deu lo sal, ortolani. In et super quo dictus dominus recipit et recipere debet et

1. C'est-à-dire sans cens (troisième terrain exempt de cens).
2. A. En marge : *es d'en P. Cathala, mercader.*

consuevit anno quolibet, in festo nativitatis Domini, sex denarios de censu ; et directum dominium, laudimium et foriscapium, tociens quociens dictum malleolum vendatur vel inpignoretur in toto vel in parte. Pro quo quidem censu dicto domino fore salvo et securo dandoque et solvendo anno quolibet dicto festo, et directo dominio, laudimio et foriscapio reservando, obligo dicto domino et suis, in posse vestri, dicti notarii, prout supra stipulantis, dictum malleolum cum omni melioramento quod ego et mei fecerimus in eodem. Quod fuit actum Perpiniani, die vicesima tercia aprilis, anno a nativitate Domini M° CCCCL quinto, presentibus pro testibus Stephano Cardo, loci de Baxanis, religioso Johanne Blanquet, canonico ecclesie Beate Marie de Regali, Perpiniani, et me, Georgio Ciurana, notario, etc.

LXXXIX. — **Acte du 25 avril 1455.**

Reconnaissance faite par Marguerite Cantagrill, épouse de feu François Cantagrill, négociant, pour une vigne sise à *Castel-Roussillon*, au lieu dit *Al Cap del Stany*, assujettie à un cens de *six deniers* et au foriscap.

Confrontant Pierre Camille, jardinier ; Arnaud Pastor et Pierre Cabestany, de Cabestany.

Témoins : Jean Coste, sacristain de l'église Saint-Jean ; G. Sapte, et G. Ciurane.

Sit omnibus notum quod ego Margarita, uxor Francisci Cantagrills quondam, mercatoris ville Perpiniani, gratis et ex certa scientia confiteor et in veritate recognosco honorabili Guillermo, etc., quod ego habeo, teneo et possideo jure directi dominii pro eodem quandam peciam terre vinea plantatam, in dictis terminis sitam, loco vocato *Al Cap del Stany*, circa duas ayminatas continentem, confrontatam cum tenentia Petri Calmilla[1], ortolani, et cum tenentia

1. A. *Camilla*.

Arnaldi Pastoris, ortolani, et cum tenentia Petri Cabestany, loci de Capitestagno, senderio medio. In et super qua dictus dominus recipit et recipere debet et consuevit anno quolibet, in festo nativitatis Domini, sex denarios de censu; et directum dominium, laudimium et foriscapium, tociens quociens dicta pecia terre vendatur vel inpignoretur in toto vel in parte. Pro quo quidem censu dicto domino fore salvo et securo dandoque et solvendo anno quolibet dicto festo, et directo dominio, laudimio et foriscapio reservando, obligo dicto domino et suis, in posse vestri, dicti notarii, ut supra stipulantis, dictam peciam terre cum omni melioramento quod ego et mei fecerimus in eadem. Quod fuit actum Perpiniani, die vicesima quinta aprilis, anno a nativitate Domini M°CCCCL quinto, presentibus pro testibus venerabili Johanne Costa, sacrista majore ecclesie Sancti Johannis dicte ville, Guillermo Sapte, ortolano Perpiniani, et me, Georgio Ciurana, notario infrascripto qui predicta, requisitus, recepi.

XC. — **Acte du 28 avril 1455.**

Reconnaissance par Jeanne Rossello, veuve d'Amédée Rossello, pour un champ de cinq cartonates, sis à *Castel-Roussillon*, au lieu dit *Los Volos*, assujetti à un cens d'*un denier* et au foriscap.

Confrontant : le chemin public qui va à *Canet*, Bernard Pincard, peaussier ; Bernard Oliba, jardinier.

Témoins : Jean Aganet, G. Sapte.

Sit omnibus notum quod ego Johana, uxor Amedey Rossello quondam, ortolani ville Perpiniani, gratis et ex certa scientia confiteor et in veritate recognosco honorabili Guillermo, etc., quod ego habeo, teneo et possideo jure directi dominii pro eodem, quendam campum, in dictis terminis situm loco vocato *Los Volos*[1] circa quinque quartonatas

---

1. A. *al Volos*.

continentem, confrontatum cum via publica qua itur ad locum de Caneto[1], et cum tenentia Bernardi Pincard, pellerii, et cum tenentia Bernardi Oliba, ortolani, et cum alia tenentia Johannis Massa, ortolani. In et super quo dictus dominus recipit et recipere debet et consuevit anno quolibet, in festo Sancti Micaelis septembris, unum denarium de censu; et directum dominium, laudimium et foriscapium, tociens quociens dictus campus vendatur vel inpignoretur in toto vel in parte. Pro quo quidem censu dicto domino et suis fore salvo et securo dandoque et solvendo anno quolibet dicto festo, et directo dominio, laudimio et foriscapio reservando, obligo dicto domino et suis, in posse vestri, dicti notarii, ut supra stipulantis, dictum campum cum omni melioramento quod ego et mei fecerimus in eodem. Quod fuit actum Perpiniani, die vicesima octava aprilis, anno a nativitate Domini millesimo quadringentesimo quinquagesimo quinto, presentibus pro testibus Johanne Aganet, Guillermo Sapte, ortolanis, et me Georgio Ciurana, notario infrascripto qui predicta, requisitus, recepi.

XCI. — **Acte du 28 avril 1455.**

Reconnaissance par HONORÉ VOLO, jardinier, pour une vigne d'une ayminate, au lieu dit *Bell Roure*, moyennant *six deniers* de cens et le foriscap.

Confrontant : Antoine THUIR, cordonnier; le chemin dit *de Carles*, la vigne du tenancier, Bernard Delmau, jardinier.

Témoins : Jacques Avril, tailleur; Jacques Soler, jardinier, et G. Ciurane.

Sit omnibus notum quod ego Honoratus Volo, ortolanus ville Perpiniani, gratis et ex certa scientia confiteor et in veritate recognosco honorabili Guillermo, etc., quod ego habeo, teneo et possideo jure directi dominii pro eodem

---

1. *A. cum itinere quo itur in locum de Caneto.*

quandam peciam terre vinea plantatam, in dictis terminis sitam, loco vocato *A Bell Roure*, circa unam ayminatam continentem, confrontatam cum tenentia Anthonii Toir, sutoris, et cum via vocata *de Carles*, et cum alia vinea mea, et cum tenentia Bernardi Dalmau, ortolani. In et super qua dictus dominus recipit et recipere debet et consuevit anno quolibet, in festo nativitatis Domini, sex denarios de censu ; et directum dominium, laudimium et foriscapium, tociens quociens dicta pecia terre vendatur vel inpignoretur in toto vel in parte. Pro quo quidem censu dicto domino et suis fore salvo et securo dandoque et solvendo anno quolibet dicto festo, et directo dominio, laudimio et foriscapio reservando, obligo dicto domino et suis, in posse vestri, dicti notarii, ut supra stipulantis, dictam peciam terre cum omni melioramento quod ego et mei fecerimus in eadem. Quod fuit actum Perpiniani, die vicesima octava aprilis, anno a nativitate Domini M° CCCCL quinto, presentibus pro testibus Jacobo Aprillis, sartore, Jacobo Soler, ortolano, et me Georgio Ciurana, notario infrascripto qui predicta, requisitus, recepi.

XCII. — **Acte du 28 avril 1455.**

Reconnaissance par Bérenger Tortose, jardinier à Perpignan, pour une vigne dite *Als Volos* de six cartonates, assujettie à un cens de *six deniers* et au foriscap.

Confrontant : le chemin dit *de Carles*, Guillaume Just, jardinier ; Bernard Oliba, épicier, et Antoine Buadelle, jardinier.

Témoins : Honoré Volo, Guillaume Sapte et Georges Ciurane, notaire.

Sit omnibus notum quod ego Berengarius Tortosa, ortolanus ville Perpiniani, gratis et ex certa scientia confiteor et in veritate recognosco honorabili Guillermo, etc., quod ego habeo teneo et possideo jure directi dominii pro eodem, quandam peciam terre vinea plantatam in dictis terminis sitam loco vocato *Als Volos*[1] circa sex quartonatas continentem, confrontatam cum via vocata *de Carles*, et cum tenentia Guillermi Just, ortolani, et cum tenentia Bernardi Ortola, specierii, et Anthonii Buadella, ortolani. In et super qua dictus dominus recipit et recipere debet et consuevit anno quolibet, in festo nativitatis Domini, sex denarios de censu ; et directum dominium, laudimium et foriscapium, tociens quociens dicta pecia terre vendatur vel inpignoretur in toto vel in parte. Pro quo quidem censu dicto domino fore salvo et securo daudoque et solvendo anno quolibet dicto festo, et directo dominio, laudimio et foriscapio reservando, obligo dicto domino et suis, in posse vestri, dicti notarii, ut supra stipulantis, dictam peciam terre cum omni melioramento quod ego et mei fecerimus in eadem. Quod fuit actum Perpiniani, die vicesima octava aprilis, anno a nativitate domini M°CCCC quinquagesimo quinto, presentibus pro testibus Honorato Volo, Guillermo Sapte, ortolanis Perpiniani, et me, Georgio Ciurana, notario infrascripto qui predicta, requisitus, recepi.

XCIII. — **Acte du 15 avril 1455.**

Reconnaissance faite par Georgette Volo, femme d'Honoré Volo, jardinier de Perpignan, pour une vigne, sise à *Castell-Roussillon*, au lieu dit *Los Volos*, d'une contenance de cinq cartonates, assujettie à un cens de *six deniers* et au foriscap.

Confrontant : la route dite *de Carles*, Antoine Buadelle, Jacques Rotonde, Guillaume Domingo, jardiniers.

Témoins : Bérenger Ortaffa, G. Sapte.

Sit omnibus notum quod ego Georgia uxor Honorati Volo, ortolani ville Perpiniani, gratis et ex certa scientia confiteor et in veritate recognosco honorabili Guillermo, etc., quod ego habeo, teneo et possideo jure directi dominii pro

1. A. *Al Volos*.

eodem, quandam peciam terre vinea plantatam, in dictis terminis sitam, loco vocato *Los Volos*[1], circa quinque cartonatas continentem, confrontatam cum via vocata *de Carles*, et cum tenentia Anthonii Buadella, et cum tenentia Jacobi Rotundi, senderio in medio et cum tenentia Guillermi Domingo, ortolanorum. In et super qua dictus dominus recipit et recipere debet et consuevit anno quolibet, in festo nativitatis Domini, sex denarios de censu; et directum dominium, laudimium et foriscapium, tociens quociens dicta pecia terre vendatur vel inpignoretur in toto vel in parte. Pro quo quidem censu dicto domino et suis fore salvo et securo dandoque et solvendo dicto festo, et directo dominio, laudimio et foriscapio reservando, obligo dicto domino et suis, in posse vestri, dicti notarii, prout supra stipulantis, dictam peciam terre cum omni melioramento quod ego et mei fecerimus in eadem. Quod fuit actum Perpiniani, die vicesima octava aprilis, anno a nativitate Domini M°CCCCL quinto, presentibus pro testibus Berengario Ortafa, Guillermo Sapte, ortolanis Perpiniani, et me Georgio Ciurana, notario infrascripto qui predicta, requisitus, recepi.

XCIV. — **Acte du 28 avril 1455.**

Reconnaissance faite par Guillaume Dieu le Sel, pareur de Perpignan, pour une vigne sise à *Castel-Roussillon*, au lieu dit *A bell Roure*, de trois cartonates environ, assujettie à un cens de *douze deniers* et au foriscap,

Confrontant : Pierre Maura, menuisier; André Martin, juge; la femme Volo et Uguet.

Témoins : Bernard Spinet, tisseur, et G. Sapte.

Sit omnibus notum quod ego Guillermus Deus lo sal[2] parator Perpiniani, gratis et ex certa scientia confiteor et

---

1. A. *Al Volos*.
2. *A. Deu lo sal.*

in veritate recognosco honorabili Guillermo, etc., quod ego habeo, teneo et possideo jure directi dominii pro eodem, quandam peciam terre vinea plantatam, sitam in dictis terminis, loco vocato *A Bell Roure*, circa tres quartonatas continentem, confrontatam cum tenentia Petri Maura, fusterii, et cum tenentia Andree Marti, jurisperiti, et cum alia tenentia domine Volona, et cum tenentia Johannis Uguet, ortolani. In et super qua dictus dominus recipit et recipere debet et consuevit anno quolibet, in festo nativitatis Domini, duodecim denarios de censu; et directum dominium, laudimium et foriscapium, tociens quociens dicta pecia terre vendatur vel inpignoretur in toto vel in parte. Pro quo quidem censu dicto domino fore salvo et securo dandoque et solvendo anno quolibet dicto festo, et directo dominio, laudimio et foriscapio reservando, obligo dicto domino et suis in posse vestri, dicti notarii, ut supra stipulantis, dictam peciam terre cum omni melioramento quod ego et mei fecerimus in eadem. Quod fuit actum Perpiniani, die vicesima octava aprilis, anno a nativitate Domini M°CCCCL quinto, presentibus pro testibus Bernardo Spinet, textore, Guillermo Sapte, ortolano, Perpiniani, et me Georgio Ciurana, notario infrascripto qui predicta, requisitus, recepi.

XCV. — **Acte du 28 avril 1455.**

Reconnaissance par Jean Roquète, épicier de Perpignan, pour une vigne, sise au territoire de *Castel-Roussillon*, d'une contenance de six cartonates, au lieu dit *Al cap del Stany de Castell Rossello*, assujettie à un cens de *quatre deniers* et au foriscap.

Confrontant : Jean Riu, la femme d'Hippolyte Bonet, Antoine Struch, tisseur, et Léonard Masade.

Témoins : G. Sapte, Pierre Maura, menuisier; G. Ciurane, notaire.

Sit omnibus notum quod ego Johannes Roqueta, speciesrius ville Perpiniani, gratis et ex certa scientia confiteor et in veritate recognosco honorabili Guillermo, etc., quod ego habeo, teneo et possideo jure directi dominii pro eodem, quandam peciam terre vinea plantatam, in dictis terminis sitam, loco vocato *Al cap del Stany*[1] circa sex quartonatas continentem, confrontatam cum tenentia Johannis Riu, et cum tenentia uxoris Ypolyti Bonet, ortolanorum, et cum tenentia Georgii Struch, textoris, et cum tenentia Leonardi Masada, senderio medio. In et super qua dictus dominus recipit et recipere debet et consuevit anno quolibet, in festo nativitatis Domini, quatuor denarios; et directum dominium, laudimium et foriscapium, tociens quociens dicta pecia terre vendatur vel inpignoretur in toto vel in parte. Pro quo quidem censu dicto domino fore salvo et securo dandoque et solvendo anno quolibet dicto festo, et directo dominio, laudimio et foriscapio reservando, obligo eidem domino et suis, in posse vestri, dicti notarii, ut supra stipulantis, dictam peciam terre cum omni melioramento quod ego et mei fecerimus in eadem. Quod fuit actum Perpiniani, die vicesima octava aprilis, anno a nativitate Domini millesimo CCCC° quinquagesimo quinto, presentibus pro testibus Guillermo Sapte, ortolano, Petro Maura, fusterio, Perpiniani, et me, Georgio Ciurana, notario infrascripto qui predicta, requisitus, recepi.

XCVI. — **Acte du 7 mai 1455.**

Reconnaissance par Jacques Guayrau, négociant à Perpignan, pour un champ, sis à *Castel-Roussillon*, d'une contenance de cinq cartonates, au lieu dit *Los Volos*, assujetti à un cens de *six deniers* et au foriscap.

Confrontant : Jean Colom, Jean Vindro et Seguer, jardiniers.

Témoins : Michel Corb, boulanger; Mestre de la *Manyera*, tailleur, et G. Ciurane.

Sit omnibus notum quod ego Jacobus Guayrau, mercator ville Perpiniani, gratis et ex certa scientia confiteor et in

---

1. *A. al cap del Stany de Castell Rossello,*

veritate recognosco honorabili Guillermo, etc., quod ego habeo, teneo et possideo jure directi dominii pro eodem, quendam campum in dictis terminis situm loco vocato *Los Volos*[1], circa quinque quartonatas continentem, confrontatum cum tenentia Johannis Colomi, et cum tenentia Johannis Vindro, et cum tenentia... Seguer, ortolanorum, et cum quodam senderio. In et super quo dictus dominus recipit et recipere debet et consuevit anno quolibet, in festo nativitatis Domini, sex denarios de censu ; et directum dominium laudimium et foriscapium, tociens quociens dicta pecia terre vendatur vel inpignoretur in toto vel in parte. Pro quo quidem censu dicto domino fore salvo et securo dandoque et solvendo anno quolibet dicto festo, obligo dicto domino et suis in posse vestri, dicti notarii, prout supra stipulantis, dictum campum cum omni melioramento quod ego et mei fecerimus in eodem. Quod fuit actum Perpiniani, die septima mensis madii, anno a nativitate Domini M°CCCCL quinto, presentibus pro testibus Michaele Corbi, et Mestre de la Menyera[2], sartore, Perpiniani, et me, Georgio Ciurana, notario infrascripto qui predicta, requisitus, recepi.

XCVII. — **Acte du 7 mai 1455.**

Reconnaissance faite par Guillaume Tuxa, briquetier de Perpignan, pour une terre sise à *Castel-Roussillon*, d'une contenance de trois ayminates, au lieu dit *A les Loberes*, assujettie à un cens de *douze deniers* et au foriscap.

Confrontant : Bernard Balaguer, Pierre Caselles, les garrigues du dit seigneur et Honoré Buadelle, jardinier.

Témoins : Bernard Vinyes, Jean de la Guardia, brasseur, et G. Ciurane.

Sit omnibus notum quod ego Guillermu Tuxa, teulerius ville Perpiniani, gratis et ex certa scientia confiteor et in

1. A. *al Volos*.
2. A. Manyera.

veritate recognosco honorabili Guillermo, etc., quod ego habeo, teneo et possideo pro dicto domino jure directi dominii, quandam peciam terre sitam in dictis terminis loco vocato *A les Loberes*, circa tres ayminatas continentem, confrontatam cum tenentia Bernardi Balaguer, et cum tenentia Petri Caselles, et cum garrigis dicti domini de duabus partibus, et cum tenentia Honorati Buadella, ortolanorum. In et super qua dictus dominus recipit et recipere debet et consuevit anno quolibet, in festo nativitatis Domini, duodecim denarios de censu; et directum dominium, laudimium et foriscapium, tociens quociens dicta pecia terre vendatur vel inpignoretur in toto vel in parte. Pro quo quidem censu dicto domino fore salvo et securo dandoque et solvendo anno quolibet dicto festo, et directo dominio, laudimio et foriscapio reservando, obligo dicto domino et suis in posse vestri, dicti notarii, prout supra stipulantis, dictam peciam terre cum omni melioramento quod ego et mei fecerimus in eadem. Quod fuit actum Perpiniani, die septima madii, anno a nativitate Domini millesimo quadringentesimo quinquagesimo quinto, presentibus pro testibus Bernardo Vinyes, Johanne de La Guardia, brasseriis Perpiniani, et me, Georgio Ciurana, notario infrascripto qui predicta, requisitus, recepi.

XCVIII. — **Acte du 27 mai 1455.**

Reconnaissance faite par Jacques Opol, jardinier, pour un champ sis à *Castel-Roussillon,* au lieu dit *Al Stany*, d'une contenance d'une ayminate, et assujetti à un cens de *quatre deniers* et au foriscap.

Confrontant : Jacques Montaner, notaire; Bernard André, bourgeois de Perpignan; Guillaume Montalba, briquetier, et Jean Opol, jardinier.

Témoins : Guillaume Daubia, parcur; Francois Olive, cordonnier à Perpignan, et F. Ciurane, notaire.

Sit omnibus notum quod ego Jacobus Opol, ortolanus ville Perpiniani, gratis et ex certa scientia confiteor et in veritate recognosco honorabili Guillermo, etc., quod ego habeo, teneo et possideo jure directi dominii pro eodem, quendam campum in dictis terminis situm, loco vocato *Stany*[1], circa unam ayminatam continentem, confrontatum cum tenentia Jacobi Montanerii, notarii, et cum tenentia honorabilis Bernardi Andree, burgensis Perpiniani, de duabus partibus, et cum tenentia Guillermi Montalba, teulerii, et cum tenentia Johannis Opol, ortolani. In et super quo dictus dominus recipit et recipere debet et consuevit anno quolibet, in festo Sancti Michaelis septembris, quatuor denarios de censu; et directum dominium, laudimium et foriscapium, tociens quociens dictus campus vendatur vel inpignoretur in toto vel in parte. Pro quo quidem censu dicto domino et suis fore salvo et securo dandoque et solvendo anno quolibet dicto festo, et directo dominio, laudimio et foriscapio reservando, obligo dicto domino et suis in posse vestri, dicti notarii, ut supra stipulantis, dictum campum cum omni melioramento quod ego et mei fecerimus in eodem. Quod fuit actum Perpiniani, die vicesima septima madii, anno a nativitate Domini M°CCCCL quinto, presentibus pro testibus Guillermo Daubia, paratore, Francisco Oliva, sutore Perpiniani, et me, Georgio Ciurana, notario infrascripto qui predicta, requisitus, recepi.

---

1. A. *al Stany*.

XCIX. — **Acte du 9 mai 1455.**

Reconnaissance faite par Raymond Coma, avocat à Perpignan et procureur royal du fisc, pour une vigne (la contenance n'est pas indiquée[1]) sise à *Castel-Roussillon*, au lieu dit *Les Loberes*, assujettie à un cens de *trois deniers* et au foriscap.

Confrontant : En Bonet, un ravin, François Calmet et les héritiers de Bernard Ysern, une garrigue du dit seigneur et Pierre Bernard, jardinier.

Témoins : Arnaud Bigorde, de Saint-Cyprien ; Jean de Valence, de la ville d'Elne, et George Ciurane.

Sit omnibus notum quod ego Raymundus Coma, causidicus Perpiniani, et procurator fischalis curie Patrimonii regii, gratis et ex certa scientia confiteor et in veritate recognosco honorabili Guillermo, etc., quod ego habeo, teneo et possideo jure directi dominii pro eodem, quandam peciam terre vinea plantatam, in dictis terminis sitam, loco vocato *Les Loberes*, confrontatam cum tenentia d'En Bonet, et cum quodam correго, et cum tenentia Francisci Calmet, et cum tenentia pupillorum heredum Bernardi Ysern, ortolani, quondam, et cum quadam garriga dicti domini, et cum tenentia Petri Bernardi, ortolani. In et super qua dictus dominus recipit et recipere debet et consuevit anno quolibet, in festo nativitatis Domini, tres denarios ; et directum dominium, laudimium et foriscapium, tociens quociens dicta pecia terre vendatur vel inpignoretur in toto vel in parte. Pro quo quidem censu dicto domino et suis fore salvo et securo dandoque et solvendo anno quolibet dicto festo, et directo dominio, laudimio et foriscapio reservando, obligo eidem in posse vestri, dicti notarii, prout supra stipulantis, dictam peciam terre cum omni melioramento quod ego et mei fecerimus in eadem. Quod fuit actum Perpiniani, die nona madii, anno a nativitate Domini

1. A. *continentem... vel inde circa.*

M°CCCCL quinto, presentibus pro testibus Arnaldo Bigorda, loci de Sancto Cipriano, Johanne de Valentia, civitatis Elne, et me, Georgio Ciurana, notario infrascripto qui predicta, requisitus, recepi.

C. — **Acte du 16 mai 1455.**

Reconnaissance faite par Laurent Sabater, jardinier de Perpignan, pour une vigne sise à *Castel-Roussillon*, d'une contenance d'une ayminate, au lieu dit *Stany gros*, assujettie à un cens d'une *mesure* (*punyeria*) d'orge et au foriscap.

Confrontant : Bernard Ortafa, En Terre, Barthélemy Montalba, juge, et En Simon.

Témoins : Bernard Felix, Guillaume Vila et G. Ciurane, notaire.

Sit omnibus notum quod ego Laurentius Sabater, ortolanus ville Perpiniani, gratis et ex certa scientia confiteor et in veritate recognosco honorabili Guillermo, etc., quod ego habeo, teneo et possideo jure directi dominii pro eodem, quandam peciam terre vinea plantatam, in dictis terminis sitam, loco vocato *Stany gros*[1], circa unam ayminatam continentem, confrontatam cum tenentia Bernardi Ortafa, et cum tenentia d'En Terre, senderio in medio[2], et ab alia parte cum tenentia honorabilis Bartholomei Montalba, jurisperiti, et cum tenentia d'En Simon. In et super qua dictus dominus recipit et recipere debet et consuevit anno quolibet, in festo Sanctorum Petri et Felicis, *unam punyeriam* ordei de censu; et directum dominium, laudimium et foriscapium, tociens quociens dicta pecia terre vendatur vel inpignoretur in toto vel in parte. Pro quo quidem censu dicto domino fore salvo et securo dandoque et solvendo anno quolibet dicto festo, et directo dominio, laudimio et foriscapio reservando, obligo dicto domino et suis in posse vestri, dicti notarii, ut supra stipulantis, dictam peciam terre cum omni melio-

---

1. A. *Al slany gros.*
2. A. Et ab alia parte cum tenentia Raymundi Balansa quondam.

ramento quod ego et mei fecerimus in eadem. Quod fuit actum Perpiniani, die sexta decima madii, anno a nativitate Domini millesimo quadringentesimo quinquagesimo quinto, presentibus pro testibus Bernardo Felice, Guillermo Vila, ortolanis Perpiniani, et me, Georgio Ciurana, notario infrascripto, qui predicta, requisitus, recepi.

CI. — **Acte du 16 mai 1455.**

Reconnaissance faite par Pierre Matines, délégué du bayle de la ville de Perpignan, pour une vigne de trois cartonates environ, au lieu dit *Bell Roure*, assujettie à un cens de *quatre deniers* et au foriscap.

Confrontant Guillaume Jaubert, la femme Aloy, Jacques Sabater, et Jean Cases, cordonnier.

Témoins : Hippolyte Burgues, menuisier, et Jean Fustor, scribe.

Sit omnibus notum quod ego Petrus Matines, sagio[1] curie honorabilis bajuli[2] ville Perpiniani, gratis et ex certa scientia confiteor et in veritate recognosco honorabili Guil-

---

1. A. nuntius curie bajulie Perpiniani.

2. Le bayle (*bajulus*) pouvait nommer un ou plusieurs *saigs* à son choix (le *saig* ou *sagio*) était, dit Tardif, d'origine gothique : « Ce fonctionnaire n'existait que chez les Ostrogoths et les Visigoths. Le bayle, dit Brutails, déléguait partie de ses pouvoirs à divers agents, au crieur public, au *saig*, qui était une sorte d'huissier chargé de l'exécution des sentences. » Le *saig* (*sagio*) est nommé dans différents documents du pays qui remontent aux premiers siècles du Moyen âge : (22 mars 865. Diplôme relatif à Prades [Jugement en faveur de l'abbaye de la Grasse] sur la propriété de la *villa de Prada*). « *Et nos indices unacum* SAIONE, *circumdabimus ipsa terminis...* » 1027. (Cartulaire roussillonnais). Il fallut prendre au XIIIe siècle des mesures pour défendre les populations contre les extorsions des *saigs*..... « A *sayonia* per vicarios perpetuo expellantur. » Série H, fonds de Corneilla.

Il est possible que certains de ces *saigs* se soient rendus indépendants et qu'ils aient de leur ressort formé une seigneurie. Le *saig* paraît avoir été choisi non par le seigneur, mais par le bayle; les bayles actuels d'Andorre, qui ont pris la place des anciens *saigs*, sont à la nomination des viguiers; ils sont les *mandataires* des viguiers, qui ont été euxmêmes substitués aux bayles. J. Brutails : *Étude sur la condition des populations rurales du Roussillon*, chap. XIV.

lermo, etc., quod ego habeo, teneo et possideo jure directi dominii pro dicto domino, quandam peciam terre vinea plantatam, in dictis terminis sitam, loco vocato[1] *Bell Roure*, continentem tres quartonatas vel circa, confrontatam cum tenentia Guillermi Jaubert, et cum tenentia domine Aloya, et cùm tenentia Jacobi Sabater, ortolani, senderio medio, et cum tenentia Johannis Cases, sutoris. In et super qua dictus dominus recipit et recipere debet et consuevit anno quolibet, in festo nativitatis Domini, quatuor denarios de censu, et directum dominium, laudimium et foriscapium tociens quociens dicta pecia terre vendatur vel inpignoretur in toto vel in parte. Pro quo quidem censu dicto domino et suis fore salvo et securo dandoque et solvendo anno quolibet dicto festo, et directo dominio, laudimio et foriscapio reservando, obligo dicto domino et suis, in posse vestri, dicti notarii, ut supra stipulantis, dictam peciam terre cum omni melioramento quod ego et mei fecerimus in eadem. Quod fuit actum Perpiniani, die sexta decima madii, anno a nativitate Domini M° CCCCL quinto, presentibus pro testibus Ypolito Burgues, fusterio, Johanne Fuster, scriptore, et me, Georgio Ciurana, notario infrascripto, qui predicta, requisitus, recepi.

CII. — Acte du 19 mai 1455.

Reconnaissance faite par Jean Colom, jardinier de Perpignan, pour un coteau situé dans le territoire de *Castel-Roussillon*, d'une contenance de deux ayminates, au lieu dit *Los Volos*, assujetti à un cens de *deux sous* et au foriscap.

Confrontant le champ du tenancier ; Jean Vindro, jardinier ; Jacques Guayrau, négociant, et un sentier dit *Los Volos ;* Bernard Balaguer.

Témoins : Jean Blanquet, François Blanquet, jardiniers, et G. Ciurane, notaire.

Sit omnibus notum quod ego Johannes Colomi, ortolanus ville Perpiniani, gratis et ex certa scientia confiteor et in

1. A. *à Bel Roure.*

veritate recognosco honorabili Guillermo etc., quod ego habeo, teneo et possideo jure directi dominii pro eodem, quandam peciam terre cotivam, sitam in dictis terminis, loco vocato *Los Volos*[1], circa duas ayminatas continentem, confrontatam cum quodam campo meo, et cum tenentia Johannis Vindro, ortolani, et cum tenentia Jacobi Guayrau, mercatoris, et cum senderio vocato *Los Volos*[2], et cum tenentia Bernardi Balaguer, ortolani. In et super qua dictus dominus recipit et recipere debet et consuevit anno quolibet, in festo nativitatis Domini, duos solidos de censu; et directum dominium, laudimium et foriscapium, tociens quociens dicta pecia terre vendatur vel inpignoretur in toto vel in parte. Pro quo quidem censu fore salvo et securo dandoque et solvendo anno quolibet dicto festo, et directo dominio, laudimio et foriscapio reservando, obligo dicto domino et suis, in posse vestri, dicti notarii, ut supra stipulantis, dictam peciam terre cum omni melioramento quod ego et mei fecerimus in eadem. Quod fuit actum Perpiniani, die decima nona madii, anno a nativitate Domini M°CCCCL quinto, presentibus pro testibus Johanne Blanquet, Francisco Blanquet, ortolanis Perpiniani, et me, Georgio Ciurana, notario infrascripto, qui predicta, requisitus, recepi.

CIII. — **Acte du 19 mai 1455.**

Reconnaissance par Jacques Gelsen ou Guelsen, maçon de Perpignan, pour une vigne de six cartonates, au lieu dit *Loberes*, assujettie à un cens de *huit deniers* et au foriscap.

Confrontant Pierre Llose et Bernard Balaguer, jardiniers; le chemin dit *de Carles*, et Honoré Buadelle.

Témoins : Pierre de Ruat, pareur ; Antoine Sabater, maçon.

Sit omnibus notum quod ego Jacobus Gelsen[3], peyrerius ville Perpiniani, gratis et ex certa scientia confiteor et in

---

1. A. *al Volos*.
2. A. et cum via seu carrerono vocato *Los Volos*.
3. A. Guelsen.

veritate recognosco honorabili Guillermo, etc., quod ego habeo, teneo et possideo jure directi dominii pro eodem, quandam peciam terre vinea plantatam, sitam in dictis terminis loco vocato *Loberes*[1], circa sex quartonatas continen~~tem, confrontatam~~ cum tenentia Petri Losa[2], et cum tenentia Bernardi Balaguer, ortolanorum et cum via vocata *de Carles*, et cum tenentia Honorati Buadella, ortolani. In et super qua dictus dominus recipit et recipere debet et consuevit anno quolibet, in festo nativitatis Domini, octo denarios de censu; et directum dominium, laudimium et foriscapium, tociens quociens dicta pecia terre vendatur vel inpignoretur in toto vel in parte. Pro quo quidem censu dicto domino fore salvo et securo dandoque et solvendo anno quolibet dicto festo, et directo dominio, laudimio et foriscapio reservando, obligo eidem domino et suis, in posse vestri, dicti notarii, ut supra stipulantis, dictam peciam terre cum omni melioramento quod ego et mei fecerimus in eadem. Quod fuit actum Perpiniani, die decima nona madii, anno a nativitate Domini M°CCCCL quinto, presentibus pro testibus Petro de Ruat, paratore, Anthonio Sabater, peyrerio Perpiniani, et me, Georgio Ciurana, notario infrascripto qui predicta, requisitus, recepi.

CIV. — **Acte du 19 mai 1455.**

Reconnaissance faite par Pierre Bo, jardinier, pour un champ sis à *Castel-Roussillon*, d'une contenance de deux ayminates, au lieu dit *Al Stany*, assujetti à un cens d'*un demi quarton d'orge criblé*, et au foriscap.

Confrontant le tenancier, le chemin dit *de Carles* et l'*Agouille*, le ruisseau de l'étang.

Témoins : George Tallant, pareur ; Barthélemy Domenech, tisseur, et G. Ciurane, notaire.

Sit omnibus notum quod ego Petrus Bo, ortolanus ville Perpiniani, gratis et ex certa sciêntia confiteor et in veritate

1. A. *à les Loberes.*
2. A. Llosa.

recognosco honorabili Guillermo, etc., quod ego habeo, teneo et possideo jure directi dominii, pro eodem, quendam campum situm in dictis terminis, loco vocato *Al Stany*[1], circa duas ayminatas continentem, confrontatum cum alia tenentia mea, et cum via vocata *de Carles*, et cum aculea stagni. In et super quo dictus dominus recipit et recipere debet et consuevit anno quolibet, in festo Sanctorum Petri et Felicis, medium quartonum ordei purgatum, de censu; et directum dominium, laudimium et foriscapium, tociens quociens dicta pecia terre vendatur vel inpignoretur in toto vel in parte. Pro quo quidem censu dicto domino et suis fore salvo et securo dandoque et solvendo anno quolibet dicto festo, et directo dominio, laudimio et foriscapio reservando, obligo dicto domino et suis, in posse vestri, dicti notarii, ut supra stipulantis, dictum campum cum omni melioramento quod ego et mei fecerimus in eadem. Quod fuit actum Perpiniani die decima nona madii, anno a nativitate Domini M° CCCCL quinto, presentibus pro testibus Georgio Tallant, paratore, Bartholomeo Domenech, textore Perpiniani, et me, Georgio Ciurana, notario infrascripto, qui predicta, requisitus, recepi.

CV. — **Acte du 20 mai 1455.**

Reconnaissance faite par Mathieu Blager, jardinier, pour une vigne, sise au territoire de *Castel-Roussillon*, d'une contenance de trois ayminates, au lieu dit *Sainte Tècle*, assujettie à un cens de *douze deniers*, à la directe et au foriscap.

Confrontant la femme Masade, Bernard Rossilio, jardinier; Guillaume Macip, négociant; Bernard Minyot, pareur.

Témoins : Jean Roquerol, brasseur; Jean Cenros, forgeron; G. Ciurane, notaire.

Sit omnibus notum quod ego Matheus Blager, ortolanus ville Perpiniani, gratis et ex certa scientia confiteor et in veritate recognosco honorabili Guillermo, etc., quod ego

1. A. *et cum quadam aculea stangni.*

habeo, teneo et possideo jure directi dominii pro eodem, quandam peciam terre vinea plantatam, in dictis terminis sitam, loco vocato *Sancta Tecla*[1], circa tres ayminatas continentem, confrontatam cum tenentia uxoris d'En Masada, filia (*sic*) d'En Ceret, et cum tenentia Bernardi Rossilionis, ortolani, et cum tenentia Guillermi Macip, mercatoris, et cum tenentia Bernardi Minyot, paratoris. In et super qua dictus dominus recipit et recipere debet et consuevit anno quolibet, in festo Sancti Bartholomei, duodecim denarios de censu; et directum dominium, laudimium et foriscapium, tociens quociens dicta pecia terre vendatur vel inpignoretur in toto vel in parte. Pro quo quidem censu dicto domino et suis fore salvo et securo dandoque et solvendo anno quolibet dicto festo, et directo dominio, laudimio et foriscapio reservando, obligo eidem et suis, in posse vestri, notarii infrascripti, ut supra stipulantis, dictam peciam terre cum omni melioramento quod ego et mei fecerimus in eadem. Quod fuit actum Perpiniani, die vicesima madii, anno a nativitate Domini M° CCCC L quinto, presentibus pro testibus Johanne Roquarol, brasserio, Johanne Cenros, fabro[2], Perpiniani, et me, Georgio Ciurana, notario infrascripto, qui predicta, requisitus, recepi.

CVI. — **Acte du 20 mai 1455.**

1° Reconnaissance faite par Laurent Calmet, prêtre, tuteur et curateur de Francois, héritier de Calmet, tisseur, son frère, pour une vigne que possède le dit pupille, au territoire de *Castel-Roussillon*, au lieu dit *Los Volons*, d'une ayminate environ, et assujettie à un cens de *six deniers*, et au foriscap.

Confrontant : George Prim, et *Perpignan* Lose, jardiniers, un coteau du dit pupille, et le chemin dit *de Carles*.

Sit omnibus notum quod ego Laurentius Calmet, presbiter, tutor et curator datus per curiam honorabilis bajuli

---

1. A. prope Sanctam Teclam.
2. A. ferrerius.

Perpiniani Francisco, pupillo, filio et heredi... Calmet, textoris, quondam, fratris mei, gratis et ex certa scientia confiteor et in veritate recognosco honorabili Guillermo, etc., quod ego habeo, teneo et possideo et seu dictus pupillus habet, tenet et possidet jure directi dominii pro eodem, quandam peciam terre [vinea plantatam], sitam in dictis terminis, loco vocato *Los Volons*[1], circa unam ayminatam continentem, confrontatam cum tenentia Georgii Prim, et cum tenentia Perpiniani Losa, ortolanorum, et cum quodam cotivo dicti pupilli, et cum via vocata *de Carles*. In et super qua dictus dominus recipit et recipere debet et consuevit anno quolibet, in festo nativitatis Domini, sex denarios de censu; et directum dominium, laudimium et foriscapium, tociens quociens dicta pecia terre vendatur vel inpignoretur in toto vel in parte.

2° Reconnaissance pour une garrigue attenant à cette vigne, *exempte de tout cens*, assujettie aux droits de foriscap.

Confronte : George Prim, la garrigue du dit Guillaume Christia, négociant, et Pierre Guillaume.

Témoins : Jean Batalle, Jean Saville, tisseurs.

Item, quandam aliam peciam terre garrigam, dicte vinee contiguam, confrontatam cum tenentia dicti Georgii Prim, et cum garriga dicti domini, et cum tenentia Guillermi Christia, mercatoris, et cum alia tenentia Petri Guillermi. In et super qua dictus dominus recipit et recipere debet et consuevit directum dominium, laudimium et foriscapium tantummodo[2], tociens quociens dicta pecia terre vendatur vel inpignoretur in toto vel in parte.

Pro quo quidem censu dicto domino fore salvo et securo dandoque et solvendo anno quolibet dicto festo, et directo

1. A. *Al Volos.*

2. Par conséquent, cette garrigue n'est soumise à aucun cens (4e terre exempte de tout cens).

dominio, laudimio et foriscapio reservando, obligo eidem et suis, in posse vestri, dicti notarii, dictam peciam terre cum omni melioramento quod ego et dictus pupillus et sui fecerint in eadem.

Quod fuit actum Perpiniani, die vicesima madii, anno a nativitate Domini M°CCCCL quinto, presentibus pro téstibus Johanne Batalla, Johanne Savila, textoribus, et me, Georgio Ciurana, notario infrascripto, qui predicta, requisitus, recepi.

CVII. — **Acte du 20 mai 1455.**

Reconnaissance faite par François Roure, courtier de Perpignan, pour une vigne sise à *Castel-Roussillon*, de quatre ayminates environ, au lieu dit *Les Lobères*, assujettie à un cens de *seize deniers*, et au foriscap.

Confrontant : la voie publique, Pierre Jaubert, jardinier ; les garrigues du dit seigneur.

Témoins : Jean Godall, Bernard Samaler, notaire à Perpignan, et G. Ciurane, notaire.

Sit omnibus notum quod ego Franciscus Roure, carraterius ville Perpiniani, gratis et ex certa scientia confiteor et in veritate recognosco honorabili Guillermo, etc., quod ego habeo, teneo et possideo jure directi dominii pro eodem, quandam peciam terre vinea plantatam, in dictis terminis sitam, loco vocato *Les Loberes*, circa quatuor ayminatas continentem, confrontatam cum via publica, et cum tenentia Petri Jauberti, ortolani, et cum garrigis[1] dicti domini. In et super qua dictus dominus recipit et recipere debet et consuevit anno quolibet in festo nativitatis Domini, sex decim denarios de censu ; et directum dominium, laudimium et foriscapium, tociens quociens dicta vinea vendatur vel inpignoretur in toto vel in parte. Pro quo quidem censu dicto domino fore salvo et securo dandoque et sol-

1. A. Garriga.

vendo anno quolibet dicto festo, et directo dominio, laudimio et foriscapio reservando, obligo dicto domino et suis in posse vestri, dicti notarii, prout supra stipulantis, predictam peciam terre cum omni melioramento quod ego et mei fecerimus in eadem. Quod fuit actum Perpiniani, die vicesima madii, anno a nativitate Domini M° CCCCL quinto, presentibus pro testibus discretis Johanne Godall, Bernardo Samaler[1], notariis Perpiniani, et me, Georgio Ciurana, notario infrascripto qui predicta, requisitus, recepi.

CVIII. — **Acte du 20 mai 1455.**

Reconnaissance faite par BERNARD BASTER, jardinier, nommé tuteur des pupilles Bernard et Jorda, fils, héritiers de Bernard Ysern, pour un *maillol*, de trois ayminates environ, au lieu dit *Coma Lobera*, et assujetti à un cens de *neuf deniers* et au foriscap.

Confrontant : Raymond Coma (procureur) ; les garrigues du dit François Pagés, ravin entre deux.

Témoins : Bernard Monbaulo, Bernard Polit, jardinier, et G. Ciurane, notaire.

Sit omnibus notum quod ego Bernardus Baster, ortolanus ville Perpiniani, tutor datus per curiam honorabilis bajuli Perpiniani Bernardo et Jordano, pupillis, filiis et heredibus Bernardi Ysern quondam, ortolani Perpiniani, gratis et ex certa scientia confiteor et in veritate recognosco honorabili Guillermo, etc., quod dicti pupilli habent, tenent et possident jure directi dominii pro dicto domino, quandam peciam terre in malleolo plantatam, sitam in dictis terminis, loco vocato *Coma Lobera*[2], circa tres ayminatas continentem, confrontatam cum tenentia Raymundi Coma, causidici[3], et cum garrigis[4] dicti domini et cum tenentia Fran-

1. A. *Semaller*.
2. A. *à Coma Lobera*.
3. A. procuratoris.
4. A. Garriga.

cisci Pagesii, corrogo in medio. In et super qua dictus dominus recipit et recipere debet et consuevit anno quolibet, in festo nativitatis, novem denarios de censu; et directum dominium, laudimium et foriscapium, tociens quociens dicta pecia terre vendatur vel inpignoretur in toto vel in parte. Pro quo quidem censu dicto domino et suis fore salvo et securo dandoque et solvendo anno quolibet dicto festo, et directo dominio, laudimio et foriscapio reservando, obligo eidem domino et suis, in posse vestri, dicti notarii, prout supra stipulantis dictam peciam terre, cum omni melioramento quod ego et dicti pupilli fecerimus in eadem. Quod fuit actum Perpiniani, die vicesima madii, anno a nativitate Domini M°CCCCL quinto, presentibus pro testibus Bernardo Monbaulo, Bernardo Polit, ortolanis Perpiniani, et me, Georgio Ciurana, notario infrascripto qui predicta, requisitus, recepi.

CIX. — **Acte du 27 mai 1455.**

Reconnaissance par Pierre Olive, poissonnier... pour une vigne de trois ayminates et demie, au lieu dit *Coma Lobera*, assujettie à *dix-huit deniers* de cens et au foriscap.

Confronts : Seigneur de Villalongue, Jean Serre, négociant; En Urgell, de Villalongue, et Gilabert (ou) Jalabert d'Elne.

Témoins : Jean-Pierre Raymond, Raymond de Gratia, tous deux poissonniers, et G. Ciurane, notaire.

Sit omnibus notum quod ego Petrus Oliva, peixonerius[1] ville Perpiniani, gratis et ex certa scientia confiteor et in veritate recognosco honorabili Guillermo, etc., quod ego habeo, teneo et possideo jure directi dominii pro eodem, quandam peciam terre vinea plantatam, sitam in dictis terminis, loco vocato *Coma Lobera*[2], circa tres ayminatas cum dimidia continentem, confrontatam cum tenentia domini

1. A. peysonerius.
2. A. *à Coma Lobera*.

de Villalonga, et cum tenentia Johannis Serra, mercatoris, et cum tenentia d'En Urgell, loci de Villalonga, et cum tenentia Gilaberti[1] d'Elna. In et super qua dictus dominus recipit et recipere debet et consuevit anno quolibet, in festo nativitatis Domini, decem octo denarios de censu; et directum dominium, laudimium et foriscapium, tociens quociens dicta pecia terre vendatur vel inpignoretur in toto vel in parte. Pro quo quidem censu dicto domino et suis fore salvo et securo dandoque anno quolibet dicto festo, et directo dominio, laudimio et foriscapio reservando, obligo dicto domino et suis, in posse vestri, dicti notarii, ut supra stipulantis, dictam peciam terre cum omni melioramento quod ego et mei fecerimus in eadem. Quod fuit actum Perpiniani, die vicesima septima madii anno a nativitate Mº CCCCL quinto, presentibus pro testibus Johanne Petro Raymundi, Raymundo de Gratia, pexoneriis, et me, Georgio Ciurana, notario infrascripto qui predicta, requisitus, recepi.

CX. — **Acte du 27 mai 1455.**

Reconnaissance par Hippolyte Torner, poissonnier de Perpignan, pour une vigne sise à *Castel-Roussillon*, au lieu dit *Los Volos*, d'une ayminate environ, assujettie à un cens de *six deniers* et au foriscap,

Confrontant le chemin public qui va de *Perpignan* à *Canet;* Guillaume Jaubert, pareur; Barthélemy Montalba, jurisconsulte.

Témoins : Jean-Pierre Raymond et Raymond de Gratia, poissonniers à Perpignan, et G. Ciurane, notaire.

Sit omnibus notum quod ego Ypolytus[2] Torner, pexonerius Perpiniani, gratis et ex certa scientia confiteor et in veritate recognosco honorabili Guillermo, etc., quod ego habeo, teneo et possideo jure directi dominii pro eodem, quandam peciam terre vinea plantatam, sitam in dictis ter-

1. Jalaberti.
2. A. Polit.

minis, loco vocato *Los Volos*[1], circa unam ayminatam continentem, confrontatam cum via publica qua itur de Perpiniano ad locum de Caneto, et cum alia tenentia mea, et cum tenentia Guillermi Jaubert, paratoris, et cum tenentia Bernardi Fabri, textoris, et cum tenentia honorabilis Bartholomei Montalba, jurisperiti. In et super qua dictus dominus recipit et recipere debet et consuevit anno quolibet, in festo nativitatis Domini, sex denarios de censu ; et directum dominium, laudimium et foriscapium, tociens quociens dicta pecia terre vendatur vel inpignoretur in toto vel in parte. Pro quo quidem censu dicto domino fore salvo et securo dandoque et solvendo anno quolibet dicto festo, et directo dominio, laudimio et foriscapio reservando, obligo dicto domino et suis, in posse vestri, dicti notarii, ut supra stipulantis, dictam peciam terre cum omni melioramento quod ego et mei fecerimus in eadem. Quod fuit actum Perpiniani die vicesima septima madii, anno a nativitate Domini millesimo quadringentesimo quinquagesimo quinto, presentibus pro testibus Johanne Petro Raymundi, Raymundo de Gratia, pexoneriis Perpiniani, et me, Georgio Ciurana, notario infrascripto qui predicta, requisitus, recepi.

CXI. — **Acte du 27 mai 1455.**

Reconnaissance par Jean Guirau, jardinier, pour une garrigue de deux ayminates, au lieu dit *Cardaroles,* moyennant un cens de *quinze deniers* et le foriscap.

Confrontant un sentier qui va de *Castel-Roussillon* à *Cabestany;* Guillaume Baget, jardinier, et Dalmas Dieu, tisseur, et En Teuler, tisseur.

Témoins : Étienne Dauder, Pierre Venrell et Barthélemy Dauder, jardiniers; G. Ciurane, notaire.

Sit omnibus notum quod ego Johannes Guirau, ortolanus ville Perpiniani[2], gratis et ex certa scientia confiteor et in

---

1. A. *Al Volos.*
2. A. *comorans prope fontem de bequins?*

veritate recognosco honorabili Guillermo, etc., quod ego habeo, teneo et possideo jure directi dominii pro dicto domino et suis, quandam peciam terre garrigam, sitam in dictis terminis, loco vocato *Cardaroles*, circa duas ayminatas in se continentem, confrontatam cum quodam senderio quo itur de Castro Rossilione ad locum de Capitestagno et cum tenentia Guillermi Baget, ortolani, et cum tenentia Dalmacii Deu, textoris, et cum tenentia d'En Teuler[1], textoris. In et super qua dictus dominus recipit et recipere debet et consuevit anno quolibet, in festo nativitatis Domini, quindecim denarios de censu; et directum dominium, laudimium et foriscapium, tociens quociens dicta pecia terre vendatur vel inpignoretur in toto vel in parte. Pro quo quidem censu dicto domino fore salvo et securo dandoque et solvendo anno quolibet dicto festo, et directo dominio, laudimio et foriscapio reservando, obligo dicto domino et suis, in posse vestri, notarii infrascripti, ut supra stipulantis, dictam peciam terre cum omni melioramento quod ego et mei fecerimus in eadem. Quod fuit actum Perpiniani, die vicesima septima madii, anno a nativitate Domini M° CCCCL quinto, presentibus pro testibus Stephano Dauder, Petro Venrell, Bartholomeo Dauder, ortolanis Perpiniani, et me, Georgio Ciurano, notario infrascripto qui predicta, requisitus, recepi.

---

1. A. Tauler.

CXII. — **Acte du 27 mai 1455.**

Reconnaissance par Jean Masse, jardinier, pour une vigne d'une ayminate, sise à *Castel-Roussillon*, au lieu dit *Als Volons*, assujettie à un cens de *trois sous* et au foriscap.

Confrontant : Pierre Casals, cardeur ; Jean Montella et Jacques Rodon, jardiniers ; la femme d'Antoine Amfos, pareur.

Témoins : Antoine Calaf, négociant ; Pierre Surje, coiffeur, et G. Ciurane, notaire.

Sit omnibus notum quod ego Johannes Massa, ortolanus ville Perpiniani, gratis et ex certa scientia confiteor et in veritate recognosco honorabili Guillermo, etc., quod ego habeo, teneo et possideo jure directi dominii pro eodem domino quandam vineam sitam in dictis terminis, loco vocato *Als Volons*[1], circa unam ayminatam continentem, confrontatam cum tenentia Petri Casals, *cardayre*, et cum tenentia Johannis Montella, et cum tenentia Jacobi Rodon, ortolanorum, et cum tenentia uxoris Anthonii Amfos[2], paratoris, In et super qua dictus dominus recipit et recipere debet et consuevit anno quolibet, in festo nativitatis Domini, tres solidos de censu ; et directum dominium, laudimium et foriscapium, tociens quociens dicta pecia terre vendatur vel inpignoretur in toto vel in parte. Pro quo quidem censu dicto domino fore salvo et securo dandoque et solvendo anno quolibet dicto festo, et directo dominio, laudimio et foriscapio reservando, obligo dicto domino et suis, in posse vestri, notarii infrascripti, prout supra stipulantis, dictam peciam terre cum omni melioramento quod ego et mei fecerimus in eadem. Quod fuit actum Perpiniani, die vicesima septima madii, anno a nativitate Domini M°CCCCL quinto, presentibus pro testibus Anthonio Calaf, mercatore, Petro Surja, barbitonsore, Perpiniani, et me, Georgio Ciurana, notario infrascripto qui predicta, requisitus, recepi.

---

1. A. *Al Volos.*
2. A. *Alfos.*

CXIII. — **Acte du 2 juin 1455.**

Reconnaissance faite par Guillaume Raymond, négociant de Perpignan, pour un bois sis à *Castel-Roussillon,* d'environ six cartonates, au lieu dit *La Rota,* et assujetti à un cens de *dix deniers* et au foriscap.

Cette forêt confronte : François Peyronet, Jacques et Barthélemy Raymond, Bernard André, bourgeois ; Guillaume Sapte, jardinier.

Témoins : Jean Cicre, brasseur ; Jean Lambert, de Rouffiac, du diocèse de Carcassonne, et G. Ciurane, notaire.

Sit omnibus notum quod ego Guillermus Raymundi, mercator ville Perpiniani, gratis et ex certa scientia confiteor et in veritate recognosco honorabili Guillermo, etc., quod ego habeo, teneo et possideo, jure directi dominii pro dicto domino, quoddam nemus in dictis terminis situm, loco vocato[1] *La Rota,* circa sex quartonatas continens confrontatum cum tenentia Francisci Peyronet, et cum tenentia Jacobi et Bartholomei Raymundi, et ab alia parte cum tenentia Bernardi Andree, burgensis, et cum tenentia Guillermi Sapte, ortolani. In et super quo dictus dominus recipit et recipere debet et consuevit anno quolibet, in festo nativitatis Domini, decem denarios de censu ; et directum dominium, laudimium et foriscapium, tociens quociens dictum nemus vendatur vel inpignoretur in toto vel in parte. Pro quo quidem censu dicto domino fore salvo et securo dandoque et solvendo anno quolibet dicto festo, et directo dominio, laudimio et foriscapio reservando, obligo dicto dominio et suis in posse vestri, dicti notarii, prout supra stipulantis, dictum nemus cum omni melioramento quod ego et mei fecerimus in eodem. Quod fuit actum Perpiniani, die secunda junii, anno a nativitate Domini M°CCCCL quinto, presentibus pro testibus Johanne Cicre, brasserio, Johanne

1. A. *à la Rota.*

Lamberdi[1], loci de Rofiaco Carcassonensis diocesis, et me, Georgio Ciurana, notario infrascripto qui predicta, requisitus, recepi.

CXIV. — **Acte du 25 juin 1455.**

Reconnaissance par Arnaud Aganet, pour une vigne, sise à *Castel-Roussillon*, de deux ayminates, au lieu dit *Bell Roure*, soumise à un cens de *deux deniers* et au foriscap.

Confrontant : Bérenger Guitard, Barthélemy Griffe, Pons Aganet, jardiniers, et Jacques Maysos, teinturier.

Témoins : A. Masade, Jean Rossello, jardiniers.

Sit omnibus notum quod ego Arnaldus Aganet, ortolanus ville Perpiniani, gratis et ex certa scientia confiteor et in veritate recognosco vobis discreto Petro Fareti[2], scriptori Perpiniani, procuratori honorabilis Guillermi Albert, alias de Perapertusa et seu de Ortafano, militis, domini termini seu terminorum Castri Rossilionis, presenti, quod ego habeo, teneo et possideo jure directi dominii pro dicto domino et principali vestro, quandam peciam terre vinea plantatam, in dictis terminis sitam, loco vocato *Bell Roure*[3], circa duas ayminatas continentem, confrontatam cum tenentia Berengarii Guitard, et cum tenentia Bartholomei Griffa, et cum tenentia Poncii Aganet, ortolonarum et cum tenentia Jacobi Maysos, tincturerii. Quam quidem vineam adquisivi a Guillermo Donati, ortolani. In et super qua dictus dominus recipit et recipere debet et consuevit anno quolibet, in festo nativitatis Domini, duos denarios de censu, et directum dominium, laudimium et foriscapium tociens quociens dicta pecia terre vendatur vel inpignoretur in toto vel in parte. Pro quo quidem censu dicto domino fore salvo et securo

1. A. Lambardi.

2. Cette reconnaissance et les suivantes, jusqu'à l'acte CXXVI inclus, ont été faites au *discret* Pierre Faret, scribe de Perpignan, procureur de l'honorable Guilhem-Albert de Perapertuse.

3. A. *à Bel Roure*.

dandoque et solvendo anno quolibet dicto festo, et directo dominio, laudimio et foriscapio reservando, obligo dicto domino et vobis, dicto ejus procuratori, dictam peciam terre cum omni melioramento quod ego et mei fecerimus in eadem. Quod fuit actum Perpiniani die vicesima quinta junii, anno a nativitate Domini M°CCCCL quinto, presentibus pro testibus Anthonio Masada, Johanne Rossello, ortolanis Perpiniani, et me, Georgio Ciurana, notario infrascripto qui predicta, requisitus, recepi.

CXV. — **Acte du 25 juin.**

Reconnaissance (capbreu folio 24 verso) par François Rocha, pareur de Perpignan, au Seigneur de Castel-Roussillon, pour une vigne sise à *Castel-Roussillon*, d'une ayminate environ, assujettie à un cens de *trois sous* et au forlscap (le lieu dit *Al Pug de la Rosa*).

Confrontant : Germain Castello, tisseur; veuve Na Borolla, Bérenger Boffill et Jean Sabiut aîné, tissseur.

Témoins : Raphaël Bosch, pareur, et Pierre Huguet, pareur, de Perpignan.

Die xxv mensis junii, anno predicto[1].

Ego Franciscus Rocha, parator Perpiniani, gratis, etc., confiteor me tenere jure directi dominii pro preffato domino Castri Rossilionis, quandam vineam, sitam in terminis Castri Rossilionis, loco vocato *Al Pug de la Rosa*, continentem unam ayminatam vel inde circa. Affrontat ab una parte cum tenentia Germani Castello, textoris, et ab alia parte cum tenentia de Na Borolla, uxoris Johannis Borolla quondam, et ab alia parte cum tenentia Berengarii Boffill, teulerii, et ab alia parte cum tenentia Johannis Sabiut, majoris dierum, textoris. In et super qua recipit anno quolibet tres solidos, in festo nativitatis Domini, et directum dominium, etc., pro quibus obligo, etc.

Testes Raphael Bosch, parator, et Petrus Hugueti, etiam parator, ambo de Perpiniano.

---

1. Cette reconnaissance, qui ne figure pas dans la deuxième expédition du capbreu, est tirée de la première, folio 24 verso.

CXVI. — **Acte du 12 juillet 1455.**

Reconnaissance faite par Bérenger Boffill, briquetier de Perpignan, pour une vigne d'une demi-ayminate, au lieu dit *prope lo stany d'En Dousa,* soumise à un cens de *dix-huit deniers* et au foriscap.

Confrontant : Guillaume Anell, prêtre; Martin Fabre, jardinier, François Rocha, pareur.

Témoins : Bérenger Armengau, brasseur; Pierre Castell, empailleur de Perpignan, et G. Ciurane, notaire.

Sit omnibus notum quod ego Berengarius Boffill, teulerius ville Perpiniani, gratis et ex certa scientia confiteor et in veritate recognosco vobis discreto Petro Fareti, scriptori Perpiniani, procuratori honorabilis Guillermi Raymundi Albert, alias de Perapertusa et seu de Ortafano, militis, domini termini seu terminorum de Castro Rossilione, presenti, quod ego habeo, teneo et possideo jure directi pro dicto domino, quandam peciam terre vinea plantatam, in dictis terminis sitam, loco vocato *prope lo stany d'En Dousa*[1], circa mediam ayminatam continentem, confrontatam cum tenentia Francisci Rocha, paratoris, et cum tenentia domini Guillermi Anella, presbiteri, et cum tenentia Martini Fabri, ortolani. In et super qua dictus dominus recipit et recipere debet et consuevit anno quolibet, in festo nativitatis Domini, decem octo denarios de censu; et directum dominium, laudimium et foriscapium, tociens quociens dicta pecia terre vendatur vel inpignoretur in toto vel in parte. Pro quo quidem censu dicto domino et suis fore salvo et securo dandoque et solvendo anno quolibet dicto festo, et directo dominio, laudimio et foriscapio reservandis, obligo dicto domino et suis et vobis, dicto ejus procuratori, dictam peciam terre cum omni melioramento quod ego et mei fecerimus in eadem. Quod fuit actum Perpiniani, die duode-

1. A. prope stagnum d'En Dousa.

cima julii, anno a nativitate Domini M°CCCC quinquagesimo quinto, presentibus pro testibus Berengario Armengau, brasserio, Petro Castell, empallatore Perpiniani, et me, Georgio Ciurana, notario infrascripto qui predicta, requisitus, recepi.

CXVII. — **Acte du 21 juillet 1455.**

Reconnaissance faite par Claire Ferriol Boscarios, fille d'Étienne Cassanyes, épicier, avec le consentement de son mari, pour un champ d'environ quatre ayminates, soumis à un cens d'*une poule domestique* et au foriscap.

Confrontant : Bernard Jorda et le chemin public qui va de *Castel-Roussillon* à *Villalongue* et la route qui va de *Villalongue* à la *ville de Perpignan.*

Témoins : Guillaume Jaubert, négociant; Pierre Baciner, pareur, et G. Ciurane.

Sit omnibus notum quod ego Clara, uxor Ferrioli Boscarios, filia Stephani Cassanyes, specierii, quondam, de voluntate et consensu dicti viri mei his presentis, gratis et ex certa scientia, confiteor et in veritate recognosco vobis, discreto Petro Fareti, scriptori Perpiniani, procuratori honorabilis Guillermi Raymundi Albert, alias de Perapertusa et seu de Ortafano, militis, domini termini seu terminorum de Castro Rossilione, presenti, quod ego habeo, teneo et possideo jure directi dominii pro dicto domino et suis, quendam campum situm in dictis terminis, circa quatuor ayminatas continentem, confrontatum cum tenentia Bernardi Jorda, ortolani, et cum via publica qua itur de dicto Castro ad locum de Villalonga, et cum alia via qua itur de Villalonga ad villam Perpiniani. In et super quo dictus dominus recipit et recipere debet et consuevit anno quolibet, in festo nativitatis Domini, unam gallinam domesticam bene receptibilem, et directum dominium, laudimium et foriscapium, tociens quociens dictus campus vendatur vel inpignoretur in toto vel in parte. Pro quo quidem debito dicto domino fore salvo et securo dandoque et solvendo anno quolibet dicto festo, et directo dominio, laudimio et foriscapio reservando, obligo dicto domino et vobis dicto ejus procuratori, dictum campum cum omni melioramento quod ego et mei fecerimus in eodem. Quod fuit actum Perpiniani die vicesima prima julii, anno a nativitate Domini millesimo quadringentesimo quinquagesimo quinto, presentibus pro testibus Guillermo Jaubert, mercatore, Petro Baciner, paratore Perpiniani, et me, Georgio Ciurana, notario infrascripto qui predicta, requisitus, recepi.

CXVIII. — **Acte du 22 juillet 1455.**

Reconnaissance faite par Guillaume Montella, jardinier, au Seigneur de Castel-Roussillon, pour une terre sise à *Castel-Roussillon*, d'une contenance de quatre ayminates environ, au lieu dit *al stany de Castell Rossello* (capbreu A) et soumise à un cens de *trois sous* et *trois deniers* et au foriscap.

Confrontant : Pierre Vaquer, Bernard André, bourgeois ; le chemin et l'*Agouille* (aculea) du dit étang.

Témoins : Jean Jou, bourgeois ; Pierre Savine, menuisier de Perpignan, et G. Ciurane, notaire.

Sit omnibus notum quod ego Guillermus Montella, ortolanus ville Perpiniani, gratis et ex certa scientia confiteor et in veritate recognosco vobis, discreto Petro Fereti, scriptori, procuratori honorabilis Guillermi Raymundi Albert alias de Perapertusa et seu de Ortafano, militis, domini terminorum de Castro Rossilione, presenti, quod ego habeo, teneo et possideo jure directi dominii pro dicto domino et suis quandam peciam terre, in dictis terminis sitam, loco vocato *lo stany*[1], continentem circa quatuor ayminatas, confrontatam [cum tenentia] Petri Vaquer, et cum tenentia honorabilis Bernardi Andree, burgensis, et cum via et aculea dicti stagni. In et super qua dictus dominus recipit et reci-

1. A. *Al stany de Castell Rossello.*

pere debet et consuevit anno quolibet, in festo nativitatis Domini, tres solidos et tres denarios de censu ; et directum dominium, laudimium et foriscapium, tociens quociens dicta pecia terre vendatur vel inpignoretur in toto vel in parte. Pro quo quidem censu dicto domino fore salvo et securo dandoque et solvendo anno quolibet dicto festo, et directo dominio, laudimio et foriscapio reservando, obligo dicto domino et suis et vobis dicto ejus procuratori, dictam peciam terre cum omni melioramento quod ego et mei fecerimus in eadem. Quod fuit actum Perpiniani, die vicesima secunda julii, anno a nativitate Domini millesimo quadringentesimo quinquagesimo quinto, presentibus pro testibus honorabili Johanne Jou, burgense, Petro Savina, fusterio, Perpiniani, et me, Georgio Ciurana, notario infrascripto qui predicta, requisitus, recepi.

CXIX. — **Acte du 1er août 1455.**

Reconnaissance faite par Gaspard Ysern, d'*Ortaffa*, au Seigneur de Castel-Roussillon, pour un champ complanté d'oliviers, de deux ayminates environ, sis à *Castel-Roussillon*, au lieu dit *Santa Tecla* et *prope crucem*, assujetti à un cens d'*un denier* et au foriscap.

Confronts : la route publique qui va de *Perpignan* au dit *Castel-Roussillon*, Bérenger Macip, négociant; Bernard Vila, bayle de Castel-Roussillon.

Témoins : Gabriel Codalell (ou Codolell), pareur; Bernard Pedrer, négociant, et G. Ciurane, notaire.

Sit omnibus notum quod ego Gaspar Ysern, in loco de Ortaffano comorans, gratis et ex certa scientia confiteor et in veritate recognosco vobis, discreto Petro Fareti, scriptori, procuratori honorabilis Guillermi Raymundi Albert, alias de Perapertusa et seu de Ortaffano, militis, domini termini seu terminorum de Castro Rossilione, presenti, quod ego habeo, teneo et possideo, jure directi dominii, pro eodem domino, quendam campum cum olivariis in eodem radicatis, in dictis terminis situm, loco vocato *Santa Tecla*[1], prope crucem, circa duas ayminatas continentem, confrontatum cum via publica[2] qua itur de Perpiniano ad dictum Castrum, et cum tenentia Berengarii Macip, mercatoris, et ex duabus partibus cum tenentia Bernardi Vila, bajuli dicti termini. In et super quo dictus dominus recipit et recipere debet et consuevit anno quolibet, in festo nativitatis Domini, unum denarium de censu; et directum dominium, laudimium et foriscapium tociens, quociens dictus campus vendatur vel inpignoretur in toto vel in parte. Pro quo quidem debito dicto domino fore salvo et securo dandoque et solvendo anno quolibet dicto festo, et directo dominio, laudimio et foriscapio reservando, obligo eidem domino et vobis, dicto ejus procuratori, dictam peciam terre cum omni melioramento quod ego et mei fecerimus in eadem. Quod fuit actum Perpiniani, die prima augusti, anno a nativitate Domini millesimo quadringentesimo quinquagesimo quinto, presentibus pro testibus Gabriele Codalell[3], paratore, Bernardo Pedrer, mercatore, Perpiniani, et me, Georgio Ciurana, notario infrascripto, qui predicta, requisitus, recepi.

CXX. — **Acte du 15 octobre 1455.**

Reconnaissance faite par Pierre Vila ou Valls (capbreu A), jardinier de Perpignan, au Seigneur de Castel-Roussillon, pour un champ sis à *Castel-Roussillon* (acheté à la femme Capelle) au lieu dit : *Porta Major,* d'une contenance de deux ayminates environ et assujetti à un cens de *sept deniers* et au foriscap.

Confronts : Bernard Olive et Bernard Ortaffa, jardiniers ; le chemin qui *va à Castel-Roussillon*, les coteaux et la rivière de la Tet.

Témoins : Paul Rodon, jardinier ; Jean Cathala, maçon à Perpignan, et G. Ciurane, notaire.

Sit omnibus notum quod ego Petrus Vila[4], ortolanus ville Perpiniani, gratis et ex certa scientia confiteor et in

1. A. prope *Santa Tecla* et prope crucem.
2. A, cum itinere regali quo itur ad dictum Castrum Rossilionis.
3. A. Codolell.
4. A. Valls.

veritate recognosco vobis discreto Petro Fareti, scriptori, procuratori honorabilis Guillermi Raymundi Albert, alias de Perapertusa et seu de Ortafano, militis, domini termini seu terminorum de Castro Rossilione, presenti, quod ego habeo, teneo et possideo jure directi dominii pro dicto domino et suis, quendam campum[1] situm in dictis terminis, loco vocato *Porta Major*, circa duas ayminatas continentem, confrontatum cum tenentia Bernardi Oliba, et cum tenentia Bernardi Ortaffa, òrtolanorum, et cum itinere quo itur ad Castrum Rossilionem[2], et cum costis, et cum flumine Tetis. In et super qua dictus dominus recepit et recipere debet et consuevit anno quolibet, in festo nativitatis Domini, septem denarios de censu; et directum dominium, laudimium et foriscapium, tociens quociens dictus campus vendatur vel inpignoretur in toto vel in parte. Pro quo quidem censu dicto domino et suis fore salvo et securo dandoque et solvendo anno quolibet dicto festo, et directo dominio, laudimio et foriscapio reservando, obligo dicto domino et vobis dicto ejus procuratori, dictam peciam terre cum omni melioramento quod ego et mei fecerimus in eadem. Quod fuit actum Perpiniani, die quintadecima octobris, anno a nativitate Domini millesimo quadringentesimo quinquagesimo quinto, presentibus pro testibus Paulo Rodon, ortolano, Johanne Cathala, peyrerio Perpiniani, et me, Georgio Ciurana, notario infrascripto qui predicta, requisitus, recepi.

---

1. A. quoddam campum meum quod adquisivi titulo emptionis a domina Capella.
2. A. Rossilionis.

CXXI. — **Acte du 20 octobre 1455.**

Reconnaissance faite par Jean Metge, tisseur de la ville de Perpignan, au Seigneur de Castel-Roussillon, pour une vigne de trois cartonates environ, au lieu dit *Al Stany*, et assujettie à un cens de *six deniers* et au foriscap.

Confronts : Jacques Balanse, Pierre Masade, jardiniers; En Tolsa, courtier; En Olive, pareur.

Témoins : Antoine Resplant, notaire; Jean Sebiud, tisseur, et Ciurane.

Sit omnibus notum[1] quod ego Johannes Metge, textor ville Perpiniani, gratis et ex certa scientia confiteor et in veritate recognosco vobis, discreto Petro Fareti, scriptori Perpiniani, procuratori honorabilis Guillermi Raymundi Albert, alias de Perapertusa et seu de Ortafano, militis, domini termini seu terminorum de Castro Rossilione, presenti, quod ego habeo, teneo et possideo jure directi dominii pro eodem, quandam peciam terre vinea plantatam, in dictis terminis sitam, loco vocato *Al Stany*, circa tres quartonatas continentem, confrontatam cum tenentia Jacobi Balansa, et cum tenentia Petri Masada, ortolanorum, et cum tenentia d'En Tolsa, curritoris, senderio medio, et cum tenentia d'En Oliba, paratoris, quę fuit mea. In et super qua dictus dominus recepit et recipere debet et consuevit anno quolibet, in festo nativitatis Domini, sex denarios de censu; et directum dominium, laudimium et foriscapium, tociens quociens dicta pecia terre vendatur vel inpignoretur in toto vel in parte. Pro quo quidem censu dicto domino et suis fore salvo et securo dandoque et solvendo anno quolibet dicto festo, et directo dominio, laudimio et foriscapio reservando, obligo dicto domino et vobis, dicto suo procuratori, dictam peciam terre cum omni melioramento quod ego et mei fecerimus in eadem. Quod fuit

1. A. ara es d'En Rocha, tixedor.

actum Perpiniani, die vicesima octobris, anno a nativitate Domini millesimo quadringentesimo quinquagesimo quinto, presentibus pro testibus discreto Anthonio Resplant, notario, Johanne Sebiud[1], textore Perpiniani, et me, Georgio Ciurana, notario infrascripto qui predicta, requisitus, recepi.

CXXII. — **Acte du 26 novembre 1455.**

Reconnaissance faite par Barthélemy Borrell, pareur de Perpignan, au Seigneur de Castel-Roussillon, pour un *maillol* de trois cartonates, sis à *Castel-Roussillon*, au lieu dit *Pug de la Rosa*, et assujetti à un cens de *douze deniers* et au foriscap.

Confronts : Pierre Geli, tisseur; Guillaume Geli, Jean Samaler, tisseur; Jean Alarigues, pareur.

Témoins : Gabriel Codalet et Laurent Guiter, pareurs de Perpignan, et G. Ciurane, notaire.

Sit omnibus notum[2] quod ego Bartholomeus Borrell, parator ville Perpiniani, gratis et ex certa scientia confiteor et in veritate recognosco vobis, discreto Petro Fareti, scriptori Perpiniani, procuratori honorabilis Guillermi Raymundi Albert, alias de Perapertusa et seu de Ortaffano, militis, domini termini seu terminorum de Castro Rossilione, presenti, quod ego habeo, teneo et possideo, jure directi dominii, pro eodem domino, quandam peciam terre, malleolo plantatam, in dictis terminis sitam, loco vocato *Pug de la Rosa*[3], circa tres quartonatas continentem, confrontatam cum tenentia Petri Geli, textoris, et cum tenentia Guillermi Geli, et cum tenentia Johannis Semaler, textoris, et cum tenentia Johannis Alarigues, paratoris. In et super qua dictus dominus recipit et recipere debet et consuevit anno quolibet, in festo nativitatis Domini, duodecim denarios de censu; et directum dominium, laudimium et foriscapium, tociens

1. A. Sabiud.
2. A. En marge : novum acapitum.
3. A. *Al Pug de la Rosa.*

quociens dicta pecia terre vendatur vel inpignoretur in toto vel in parte. Pro quo quidem censu dicto domino fore salvo et securo dandoque et solvendo anno quolibet dicto festo, et directo dominio, laudimio et foriscapio reservando, obligo dicto domino et suis et vobis, dicto ejus procuratori, dictam peciam terre cum omni melioramento quod ego et mei fecerimus in eadem. Quod fuit actum Perpiniani, die vicesima sexta mensis novembris, anno a nativitate Domini millesimo quadringentesimo quinquagesimo quinto, presentibus pro testibus Gabriele Codalet, Laurentio Guiter, paratoribus Perpiniani, et me, Georgio Ciurana, notario infrascripto qui predicta, requisitus, recepi.

CXXIII. — **Acte du 26 novembre 1455.**

Reconnaissance faite par Jacques Montaner, notaire de Perpignan, au Seigneur de Castel-Roussillon, pour une vigne sise à *Castel-Roussillon*, d'une ayminate environ, au lieu dit *Al Cap del Stany*, et assujettie à un cens de *quatre deniers* et au foriscap.

Confronts : Jean Opol, jardinier ; Bernard André, bourgeois, et le chemin dit *de Carles*.

Témoins : Michel Pastor, juge (bachelier en droit) ; Jacques Catorre, scribe de Perpignan, et G. Ciurane.

Sit omnibus notum quod ego Jacobus Montaner, notarius ville Perpiniani, gratis et ex certa scientia confiteor et in veritate recognosco vobis, discreto Petro Fareti, scriptori Perpiniani, procuratori honorabilis Guillermi Raymundi Albert, alias de Perapertusa et seu de Ortaffano, militis, domini termini seu terminorum de Castro Rossilione, presenti, quod ego habeo, teneo et possideo jure directi dominii pro eodem domino, quandam peciam terre vinea plantatam, sitam in dictis terminis, loco vocato *Al Cap del Stany*, circa unam ayminatam continentem, confrontatam cum tenentia Johannis Opol, ortolani, et cum tenentia honorabilis Bernardi Andree, burgensis, et cum via vocata *de Carles*. In et super qua dictus dominus recipit et recipere debet et consuevit anno quolibet, in festo nativitatis Domini, quatuor denarios de censu; et directum dominium, laudimium et foriscapium, tociens quociens dicta pecia terre vendatur vel inpignoretur in toto vel in parte. Pro quo quidem censu dicto domino et suis fore salvo et securo dandoque et solvendo anno quolibet dicto festo, directo dominio, laudimio et foriscapio reservando, obligo dicto domino et suis et vobis, dicto procuratori suo, dictam peciam terre cum omni melioramento quod ego et mei fecerimus in eadem. Quod fuit actum Perpiniani, die vicesima sexta novembris, anno a nativitate Domini millesimo quadringentesimo quinquagesimo quinto, presentibus pro testibus honorabili Michaele Pastor, jurisperito[1], Jacobo Çatorre, scriptore Perpiniani, et me, Georgio Ciurana, notario infrascripto qui predicta, requisitus, recepi.

CXXIV. — **Acte du 27 novembre 1455.**

Reconnaissance faite par Guillaume Tuxa, briquetier à Perpignan, au Seigneur de Castel-Roussillon, pour un terrain caillouteux, de trois ayminates environ, au lieu dit *Subtus turrim* du château, *sol la Torre de Castell Rossello* (capbreu A), et assujetti à un cens de *trois sous* et au foriscap.

Confrontant le tenancier, Guillaume Macip, négociant; Jean Vola, bourgeois.

Témoins : Pierre Aybri, négociant; Traginer, scribe de Collioure, et G. Ciurane, notaire.

Sit omnibus notum[2] quod ego Guillermus Tuxa, teulerius Perpiniani, gratis et ex certa scientia confiteor et in veritate recognosco vobis, discreto Petro Fareti, scriptori Perpiniani, procuratori honorabilis Guillermi Raymundi Albert, alias de Perapertusa et seu de Ortafano, militis, domini termini seu terminorum de Castro Rossilione, presenti, quod ego habeo, teneo et possideo jure directi dominii pro eodem domino quandam peciam terre sive gravam, in dictis ter-

1. A. baccallarius in legibus.
2. A. En marge : novum acapitum.

minis sitam, loco vocato *subtus turrim*, dicti Castri[1], circa tres ayminatas continentem, confrontatam cum alia tenentia mea quam teneo[2] pro comunitate presbiterorum Sancti Johannis, et cum tenentia Guillermi Macip, mercatoris, et cum tenentia honorabilis Johannis Vola, burgensis. In et super qua dictus dominus recipit et recipere debet et consuevit anno quolibet, in festo nativitatis Domini, tres solidos de censu, et directum dominium, laudimium et foriscapium, tociens quociens dicta pecia terre vendatur vel inpignoretur in toto vel in parte. Pro quo quidem censu dicto domino et suis fore salvo et securo dandoque et solvendo anno quolibet dicto festo, et directo dominio, laudimio et foriscapio reservando, obligo dicto domino et suis et vobis dicto procuratori suo dictam peciam terre cum omni melioramento quod ego et mei fecerimus in eadem. Quod fuit actum Perpiniani, die vicesima septima novembris, anno a nativitate Domini millesimo quadringentesimo quinquagesimo quinto, presentibus pro testibus Petro Aybri, mercatore Perpiniani, Johanne Traginerii, scriptore ville Cauquiliberi, et me, Georgio Ciurana, notario infrascripto qui predicta, requisitus, recepi.

CXXV. — **Acte du 1er décembre 1455.**

Reconnaissance faite par Françoise Just, veuve de Guillaume Just, ancien jardinier, au Seigneur de Castel-Roussillon, pour un *maillol*, sis à *Castel-Roussillon*, d'une contenance de six cartonates environ, et assujetti à un cens d'*un demi carton d'orge bien ras,* et au foriscap.

Confrontant Bérenger Tortose, Bernard Ortola, épicier, et En Loga.

Témoins : Jean Vives, jardinier ; Jean Texet, courtier, de Perpignan, et G. Ciurane, notaire.

Sit omnibus notum quod ego Francisca, uxor Guillermi Just quondam, ortolani ville Perpiniani, gratis et ex certa

---

1. A. *Sot la torre de Castell Rossello.*
2. A. cum alia mea tenentia quam possideo, que est in directo dominio dominorum presbiterorum (formule qui semble assez montrer le caractère de quasi indépendance de la tenure : quam possideo.)

scientia confiteor et in veritate recognosco vobis, discreto Petro Fareti, scriptori Perpiniani, procuratori honorabilis Guillermi Albert, alias de Perapertusa et seu de Ortafano, militis, domini termini seu terminorum Castri Rossilionis, presenti, quod ego habeo, teneo et possideo pro eodem domino jure directi dominii, quandam peciam terre malleolo plantatam, in dictis terminis sitam, circa sex quartonatas continentem, confrontatam cum via vocata *de Carles*, et cum tenentia Berengarii Tortosa, et cum tenentia Bernardi Ortola, specierii, et cum tenentia d'En Loga[1]. In et super qua dictus dominus recipit et recipere debet et consuevit anno quolibet, in festo Sanctorum Petri et Felicis, medium quartonum ordei raserium de censu; et directum dominium, laudimium et foriscapium, tociens quociens dicta pecia terre vendatur vel inpignoretur in toto vel in parte. Pro quo quidem censu dicto domino et suis fore salvo et securo dandoque et solvendo anno quolibet dicto festo, et directo dominio, laudimio et foriscapio reservando, obligo dicto domino et suis et vobis, dicto procuratori suo, dictam peciam terre cum omni melioramento quod ego et mei fecerimus in eadem. Quod fuit actum Perpiniani, die prima mensis decembris, anno a nativitate Domini millesimo quadringentesimo quinquagesimo quinto, presentibus pro testibus Johanne Vives, ortolano, Johanne Texet, carreterio, Perpiniani, et me, Georgio Ciurana, notario infrascripto qui predicta, requisitus, recepi.

---

1. A. Lloga.

CXXVI. — **Acte du 2 décembre 1455.**

Reconnaissance faite par Jean Colom, jardinier de Perpignan, au Seigneur de Castel-Roussillon, pour un champ, sis à *Castel-Roussillon* (qui lui fut cédé en acapte), et d'une contenance de cinq cartonates, au lieu dit *Los Volos*, et assujetti à un cens de *dix-huit deniers* et au foriscap.

Confronts : Jean Vindro, Guillaume Ortaffa, En Orts, peigneur de chanvre ; un sentier dit *dels Volos.*

Témoins : Jean Cabestany, et Antoine Feliu, jardiniers.

Sit omnibus notum[1] quod ego Johannes Colomi, ortolanus Perpiniani, gratis et ex certa scientia confiteor et in veritate recognosco vobis, discreto Petro Fareti, etc., quod ego habeo, teneo et possideo jure directi dominii pro dicto domino, quendam campum situm in dictis terminis, loco vocato *Los Volos*, circa quinque quartonatas continentem, qui michi fuit ad acapitum concessus non diu est[2], confrontatum cum tenentia Johannis Vindro, et cum tenentia Guillermi Ortaffa, ortolanorum, et cum tenentia d'En Orts, pentinatoris, et cum senderio[3] vocato *dels Volos.* In et super quo dictus dominus recipit et recipere debet et consuevit anno quolibet, in festo nativitatis Domini, decem octo denarios de censu, et directum dominium, laudimium et foriscapium tociens quociens dictus campus vendatur vel inpignoretur in tote vel in parte. Pro quo quidem censu dicto domino et suis fore salvo et securo dandoque et solvendo anno quolibet dicto festo, et directo dominio, laudimio et foriscapio reservando, obligo dicto domino et suis et vobis, dicto ejus procuratori, dictum campum cum omni melioramento quod ego et mei fecerimus in eodem. Quod fuit actum Perpiniani, die secunda decembris, anno a nati-

1. A. En marge : novum acapitum.
2. A. Quam michi istis diebus dedistis ad acapitum.
3. A. carrerono.

vitate Domini M°CCCCL quinto, presentibus pro testibus Johanne Cabestany, Anthonio Feliu, ortolanis Perpiniani, et me, Georgio Ciurana, notario.

CXXVII. — **Actes du 10 décembre 1455.**

Reconnaissance par Bernard André, bourgeois de Perpignan, au Seigneur de Castel-Roussillon, pour une terre de trois ayminates environ, au lieu dit *l'Estany*.

Confrontant le terrain de franc-alleu, qui contient 1.500 cannes de Montpellier (une ayminate); il est attenant d'autre part à Jean Montella, majeur, et d'autre part à la veuve Na Montalba, et l'*Agouille del exauch*.

Il est perçu sur les deux ayminates qui ne sont pas de franc-alleu, *trois sous* de cens au bénéfice de l'église Saint-Jean ; le seigneur de Castel-Roussillon, Raymond de Perapertusa, ne perçoit que les droits de directe et de foriscap.

Die X decembris, anno suprascripto[1].

Ego Bernardus Andree, burgensis ville Perpiniani, gratis confiteor tenere et possidere jure directi dominii, in terminis Castri Rossilionis, pro honorabili domino Raymundo Alberti, alias de Perapertusa, domino Castri Rossilionis et terminorum ejusdem, possessiones sequentes :

Et primo, unam peciam terre, sitam in dictis terminis, loco vocato *L'Estany*, continentem tres ayminatas terre vel inde circa. Affrontat ab una parte cum tenentia mea que est francha et alodialis, continente circa unam ayminatam terre; et ab alia parte, cum tenentia Johannis Montella, majoris dierum, que fuit Arnaldi Montella; et ab alia parte cum tenentia de Na Montalbana, vidua, que fuit Petri Marcialis; et ab alia parte, cum aculea *del exauch* que est via. Et dicta pecia terre que est francha alodialis continet mille quingentas cannas Montispesullani, que affrontat cum tenen-

1. Toutes les reconnaissances ci-après sont empruntées à la première expédition du Capbreu, les dernières pages de la seconde ayant été déchirées.

tia de Na Montalbana, vidua, et cum dicto Johanne Montella, et cum dicta via. In et super quibus duabus ayminatis non franchis benefficiatus benefficii instituti per dominam Canyotam in ecclesia Sancti Johannis recipit tres solidos in festo Sancti Michaelis, et dictus honorabilis Raymundus de Perapertusa recipit directum dominium, laudimium et foriscapium, etc. Pro quibus obligo, etc.

CXXVIII

Reconnaissance de BERNARD ANDRÉ pour :

1° Une terre sise à *Castel-Roussillon*, pour laquelle le seigneur Raymond-Albert perçoit *six deniers* et les droits de foriscap.

Confronts : Jacques Opol, En Monlaur, et le chemin public.

Item, aliam peciam terre sitam in dictis terminis et loco, confrontatam cum dicta tenentia mea, et cum tenentia Jacobi Opol que fuit d'En Gasany, et cum tenentia dicti Opol que fuit d'En Monlaur, et ab alia parte cum via publica. In et super qua dictus honorabilis Raymundus Alberti recipit sex denarios in festo Sancti Bartholomei, necnon et directum dominium, laudimium et foriscapium tociens quociens, etc.; pro quibus obligo, etc.

2° Une terre sise à *Castel-Roussillon*, assujettie à un cens de *six deniers* et au foriscap.

Confronts : Pierre Vilalongue, Jean Montella, majeur; Guillaume Jaubert, négociant (autrefois Gasany), et dame Guéraude.

Témoins de ces actes : Pierre, du diocèse de Saint-Jean-de-Maurienne, et Guillaume Sapte, jardinier de Perpignan.

Item, aliam peciam terre sitam in dictis terminis et loco, confrontatam ab una parte cum via publica, et ab alia parte cum tenentia Petri Vilalonga que fuit Bernardi Castello, et ab alia parte cum tenentia Johannis Montella, majoris dierum, quod fuit Arnaldi Montella, et ab alia parte cum tenentia Guillermi Jauberti, mercatoris, que fuit d'En Gasany, et ab alia parte cum tenentia domine Gueraude. In et super qua dictus dominus Raymundus de Perapertusa recipit dicto festo sex denarios, et directum dominium, laudimium et foriscapium, etc.; pro quibus, etc.

Testes Petrus, diocesis Sancti Johannis de Moriena, et Guillelmus Sapte, ortolanus ville Perpiniani.

CXXIX. — **Actes du 16 décembre 1455.**

Reconnaissances par Guillaume Macip, négociant à Perpignan, au seigneur R. Albert de Perapertusa, Seigneur de Castel-Roussillon, pour :

1° Une terre de sept ayminates, sise à *Castel-Roussillon,* assujettie à un cens annuel de *douze deniers* barcelonais, et au foriscap.

Confronts : les coteaux de *Pug Otrer*, la forêt du Seigneur ; Bernard André, Jean Montella, Notre-Dame des Carmes, la rivière de la Tet, Jean Vola, bourgeois, jadis appartenant au vénérable Jean d'Oms, *domicellus*, et Aganet.

Tous ces cens (18 lots environ), ont été vendus et aliénés par l'honorable Pierre de Perapertusa (domicellus), seigneur de Castel-Roussillon, à feu Bérenger Macip, par le ministère de feu Jean Ballero.

Die XVIa decembris.

Ego Guillermus Macip, mercator Perpiniani, confiteor me tenere et possidere jure directi dominii pro dicto domino Raymundo Albert de Perapertusa, alias de Ortaffano possessiones inferius designatas :

Et primo, quandam peciam terre in dictis terminis de Castro Rossilione sitam, circa septem ayminatas terre in se continentem, partim gravam et partim campum, confrontatam ex una parte cum costis de Pug Otrer, et nemore dicti domini, et cum Bernardo Andreu, et Johanne Montella, et cum mea in duabus partibus, et cum tenentia Beate Marie de Carmelo, et cum flumine Tetis, et cum Johanne Vola, burgense, que fuit venerabilis Johannis de Ulmis, domicello, et cum... Aganet. In et super qua recipit duodecim denarios barchinonenses censuales in festo nativitatis Domini, et directum, etc.

2° Une terre de neuf ayminates, ayant appartenu à Jean Nomdedeu, assujettie à un cens de *vingt-huit sous* et au foriscap.

Confronts : le tenancier, la rivière de la Tet, les propriétés de Notre-Dame des Carmes, Guillaume Tuxa.

Item, aliam peciam terre in dictis terminis sitam, circa novem ayminatas continentem, que fuit Johannis Nominis Dei, mercatoris, confrontatam cum tenentiis meis, et cum flumine Tetis, et cum tenentia dicte Beate Marie Carmeli, et cum tenentia Guillelmi Tuxa. In et super qua dictus dominus recipit viginti octo solidos, videlicet decem in festo Sancti Bartholomei, et decem octo solidos in festo nativitatis Domini; et directum dominium, etc. Pro quibus censibus, et directo, etc., obligo, etc.

3° Deux terrains sis à *Castel-Roussillon*, autrefois à Guillaume Giraud, au lieu dit *Villa noveta*, soumis à un cens de *douze deniers* et au foriscap.

Confronts : Guillaume Illes, prêtre (aujourd'hui à Michel Montella) ; le ruisseau des Moulins, le chemin public, Barthélémy Pincard, ruisseau entre deux.

Item, alias duas pecias terre sitas in dictis terminis, in loco vocato *Villa noveta*, que fuit Guillermi Giraudi quondam. Et affrontabant dicte possessiones cum tenentia Guillermi Illes, presbiteri, nunc vero Michaelis Montella, et cum reco molendinorum quadam via in medio, et cum via publica, et cum tenentia Bartholomei Pincard, reco medio, que fuit Berengarii Biatriu quondam, paratoris. In et super quibus dictus dominus recipit duodecim denarios anno quolibet in festo Sancti Bartholomei, et directum dominium, etc.

4° Une terre sise à *Castel-Roussillon*, jadis à Marguerite Puig, de Bajoles, assujettie à un cens d'un *demi carton d'orge* et au foriscap.

Item, aliam peciam terre que fuit Margarite, filie Podii quondam, de Bajolis; sitam in dictis terminis de Castro Rossilione, confrontatam cum recho et cum aliis tenentiis meis. In et super qua recipit dictus dominus *medium cartonum ordei de censu* anno quolibet in dicto festo, et directum dominium, etc.

5° Un champ, sis à *Castel-Roussillon*, jadis à Barthélémy de Genoha, bijoutier, à Perpignan, assujetti à *un denier* et au foriscap.

Confronts : deux ravins et le dit tenancier.

Item, unum campum situm in dictis terminis, qui fuit Bartholomei de Genoha, argenterii de Perpiniano, confrontatum cum duobus correchs et aliis tenentiis meis. In et super quo recipit dictus dominus unum denarium censualem in dicto festo, et directum dominium, etc.

6° Une terre, sise à *Castel-Roussillon*, assujettie à un cens de *trois deniers* barcelonais, et à la directe seigneurie.

Confronts : le chemin public qui *va de Castel-Roussillon au Moulin*, la rivière de la Tet et divers.

Item, unam peciam terre sitam in dictis terminis, confrontatam cum tenentia mea, et cum via publica qua itur de Castro Rossilione ad molendinum, et cum flumine Tetis, et aliis tenentiis meis. In et super qua recipit tres denarios barchinonenses censuales in dicto festo, et directum dominium.

7° Un champ *dit Vila Noveta*, anciennement à *Arcens*, assujetti à un cens de *quinze deniers* et au foriscap.

Confronts : B. Pincard et le ruisseau, et divers.

Item, alium campum qui fuit Arcendis loco vocato *Vila Noveta*, confrontatum cum dicto Bartholomeo Pincard, qui fuit Berengarii Biatriu, et recho, et cum aliis tenentiis meis. In et super quo recipit xv denarios in festo nativitatis Domini, et directum, etc.

8° Une terre, au lieu dit *Porta Major*, de cinq ayminates, assujettie à un cens de *cinq sous* et au foriscap.

Confronts : les tenanciers, le *chemin public qui va de Perpignan au château de Castel-Roussillon*, et Bernard Olive.

Item, aliam peciam terre in dictis terminis sitam, loco vocato *Porta Major*, continentem quinque ayminatas, confrontatam ex tribus partibus cum tenentiis meis, et cum via publica qua itur de Perpiniano ad dictum locum[1] de Castro Rossilione, et cum duobus quadrons terre Bernardi Oliba, ortolani. In et super qua quinque solidos in dicto festo nativitatis Domini, et directum, etc.

9° Une terre, jadis à Arnaud Piquer, assujettie à un cens de *douze deniers* et au foriscap.

Confronts : des deux côtés avec les chemins publics.

Item, aliam peciam terre, in terminis dicti loci, que fuit Arnaldi Piquerii quondam, confrontatam de duabus partibus cum duabus viis publicis. In et super qua duodecim denarios in dicto festo nativitatis Domini, et directum dominium, etc.

10° Une terre, anciennement la vigne de G. Causit, sise à *Castel-Roussillon*, assujettie à un cens de *douze deniers* et aux droits du seigneur.

Confronts : *le chemin royal qui va de Perpignan à Canet*, et un autre chemin qui va au moulin.

Item, aliam peciam terre que fuit vinea G. Causit, in dictis terminis, confrontatam cum via publica sive itinere regali quo itur de Perpiniano ad locum de Canet, et cum alia via qua itur ad dictum molendinum, et cum aliis tenentiis meis. In et super, etc., XII denarios in festo Sancti Michaelis septembris, et directum, etc.

---

1. Le texte porte *castrum*.

11° Une terre d'une cartonate et demie, moyennant *neuf deniers* de cens et le foriscap.

Confronts : les deux *voies publiques;* Jean Montella et le dit tenancier.

Item, aliam peciam terre, continentem unam cartonatam et mediam, confrontatam cum duabus viis publicis, et cum Johanne Montella et cum tenentiis meis. In et super, etc., VIIII denarios anno quolibet in dicto festo Sancti Bartholomei, et directum, etc.

12° Une propriété (ou jardin), sise à *Castel-Roussillon*, payant *deux sous* et *quatre deniers*, et le foriscap.

Item, aliam possessionem alias (?) *ou* olim (?) ortum (?) cum predictis contiguam, in dictis terminis sitam, confrontatam cum aliis tenentiis meis. In et super qua, etc. II solidos IIII [denarios?] in dicto festo Sancti Bartholomei, et directum dominium, etc.

13° Un autre jardin, assujetti à un cens de *trois sous* et au foriscap.

Confrontant : le ruisseau des Moulins, et les autres terres du dit tenancier.

Item, alium ortum, continentem mediam ayminatam, in dictis terminis situm, confrontatum cum dicto recho molendinorum, et cum aliis meis, etc., in et super, etc., III solidos in dicto festo, et directum, etc.

14° Un autre terrain, jadis à Pierre CARCANER, assujetti à *un denier* et *une obole* et au foriscap.

Confrontant : le dit ruisseau et un *sentier* qui va au dit *Castel-Roussillon.*

Item, aliam peciam terre, que fuit antiquitus Petri Carcanerii, confrontatam cum dicto reco, et cum quodam cenderio quo itur ad dictum locum de Castro Rossilione. In et super, etc., unum denarium et obolum, et directum, etc.

15° Une terre d'une contenance de sept cartonates, assujettie à un cens d'*un sou* et au foriscap.

Confrontant : le ruisseau, la voie publique, et les tenures du dit.

Item, aliam peciam terre, continentem septem cartonatas que fuit antiquitus avie mee, confrontatam cum dicto reco, et cum via publica, et cum aliis meis tenentiis. In et super, etc., I solidum, in dicto festo sanctorum Petri et Felicis, et directum, etc.

16° Divers *patus*, autrefois à Jean Fabre, grand'père du dit, assujetti à un cens de *six deniers* et au foriscap.

Confrontant : les tenanciers du dit; la voie publique.

Item, aliquos patuos que fuerunt antiquitus Johannis Fabri quondam, avi mei, confrontatos cum tenentiis meis, et cum via publica, in et super quibus, etc., VI denarios in dicto festo Sancti Bartholomei, et directum, etc.

17° Un petit espace de terrain (demi cartonate), assujetti à *un sou* et au foriscap.

Confrontant : la voie publique, et la Tet.

Item, unam peciolam terre, mediam cartonatam [continentem], que fuit dicte avie mee, in dictis terminis sitam, confrontatam cum via publica, et cum Teti, et cum aliis meis [tenentiis], in et super qua, etc. I solidum in dicto festo, et directum dominium, etc.

18° Une terre, assujettie à un cens de *trois sous et deux deniers*, à la fête de la Saint-Barthélemy, et à l'envoi d'*une poule pour la Noël*, et au foriscap.

Témoins de ces actes : Jean Girau, notaire; G. Sapte, jardinier.

Item, aliam peciam terre que fuit dicte avie mee, confrontatam cum via publica, et cum flumine Tetis, et cum aliis meis [tenentiis], in et super qua recipit III solidos et duos denarios in dicto festo, et unam gallinam in festo nativitatis Domini, et directum dominium, etc.

Qui quidem census qui sunt in sexdecim proxime[1] designatis peciis terre specificatis, fuerunt venditi et impignorati per honorabilem Petrum[2] de Perapertusa[3], domicellum, dominum dicti Castri Rossilionis Berengario Macip quondam, mercatori, patri meo, cum instrumento per discretum Johannem Ballero quondam, notarium Perpiniani, die sexta decima decembris, anno a nativitate Domini M° quadringentesimo[4], recepto, clauso et subsignato; tamen reservatur directum dominium dicto domino; pro quo reservando, etc., obligo, etc.

Testes discretus Johannes Girau, notarius, Guillelmus Saple, ortolanus, Perpiniani.

CXXX. — **Acte du 31 décembre 1455.**

Reconnaissance faite par Guillermona Pynyol, veuve de Jacques Pinyol, au seigneur Raymond Ortapha, Seigneur de Castel-Roussillon, pour un champ sis au territoire de *Notre-Dame de Castel-Roussillon*, d'une ayminate et demie environ, et au lieu dit *A. la Salancha, subtus dictum Castrum*, assujetti à un cens de *douze deniers* et au foriscap.

Confronts : Bernard et Pierre Benoît, frères, tisseurs ; la voie publique qui va à *Villa-Longue* ; les héritiers de Bérenger Amill, prêtre ; En Seguer, de *Villa-Longue*.

Témoins : Jean Major et Jean Colom, jardiniers.

Die xxxi et ultima mensis decembris, anno supradicto.

Ego Guillermona[5], uxor Jacobi Pinyol, ortolani, quondam, gratis, etc., confiteor tenere jure directi dominii pro domino Raymundo Ortapha, domino Castri Rossilionis, quoddam campum situm in terminis Beate Marie de Castro Rossilione, loco vocato *à la Salancha, subtus dictum Castrum*,

---

1. Je trouve exactement dix-huit lots.
2. *Alberti*, barré.
3. *Militem*, barré.
4. Le scribe a dû omettre la fin de la date qui concorde avec les actes précédents du Capbreu B : *quinquagesimo quinto*.
5. En marge : Est recognita per Arnaldum Aganet, generum dicte domine Guillermone, et sich non habet locum.

FAC-SIMILÉ DE L'ACTE CXXX (page 176)

Capbreu A.

On remarquera que, dans la reconnaissance faite par Guillaumette, *veuve* de Jacques Pinyol, le scribe a barré le mot *textores* et l'a remplacé par le mot *textorum*.

Ce document est *cancellé*. (Dans l'épreuve typographique, les traits ont été effacés.) Les documents cancellés sont assez communs dans les dépôts d'archives; encore faut-il observer que la *cancellation* n'a pas eu toujours la même valeur. « Les notaires, par exemple, dit M. Giry[1], cancellaient leurs minutes lorsqu'ils en avaient délivré l'expédition. »

1. A. Giry, *op. cit.*, livre IV, ch. II.

147

[illegible]

[illegible]

[illegible]

continentem unam ayminatam cum dimidia vel inde circa. Et affrontat cum tenentia Bernardi et Petri Benedicti, fratrum, textorum, ab una parte ; et ab alia parte cum via publica per quod (*sic*) itur ad Villam Longam, et ab alia parte cum tenentia heredis Berengarii Amill quondam, presbiteri, et ab alia parte cum tenentia d'En Seguer de Villa Longa. In et super quo dictus dominus Raymundus recipit anno quolibet in festo nativitatis Domini, duodecim denarios, et directum dominium, laudimium et foriscapium, tociens quociens dictus campus vendatur vel impignoretur in toto vel in parte. Pro quibus obligavit, etc.

Testes Johannes Mayor et Johannes Colomi, ortolani ambo.

CXXXI. — **Acte du 5 janvier 1456.**

Reconnaissance faite par Jacques Redon, jardinier, au seigneur Raymond-Albert d'Ortapha, Seigneur de Castel-Roussillon, pour une terre sise au territoire de *Notre-Dame de Castel-Roussillon*, d'une ayminate et demie environ, au lieu dit *Al Volos*, assujettie à un cens de *six deniers* et au foriscap.

Confronts : Georges Prim, jardinier ; le chemin *de Carles*, les héritiers de Jean Calmet, tisseur ; Raymond Pellicer, forgeron.

Témoins : Bernard Vila, bayle de Castell-Roussillon ; Peyrot de Peres, et Guillaume de Bonnemaison, bergers.

Die quinta januarii anno M°CCCC°L° sexto.

Ego Jacobus Redon, ortolanus ville Perpiniani, gratis, etc., confiteor tenere jure directi dominii pro dicto Raymundo Alberti, alias de Ortaphano, milite, domino Castri Rossilionis, quandam peciam terre sitam in terminis Beate Marie de Castro Rossilione, loco vocato *Al Volos* continentem unam ayminatam terre cum dimidia vel inde circa. Et affrontat ex una parte cum tenentia Georgii Prim, ortolani, et ab alia parte cum itinere *de Carles*, et ab alia parte cum quadam alia tenentia mea, et ab alia parte cum tenentia heredum Johannis Calmet quondam, textoris, et cum tenentia Raymundi Pellicer, fabri. In et super qua dictus honorabilis dominus Raymundus de Ortaphano recipit anno quolibet sex denarios, in festo natalis Domini, et directum dominium, laudimium et foriscapium. Pro quibus obligavit, etc.

Testes Bernardus Vila, bajulus Castri Rossilionis, et Peyrot de Peres, et Guillermus de Casa bona, pastores.

CXXXII. — **Acte du 1er janvier 1456**.

Reconnaissance par Guillaume Griffe, jardinier de Perpignan, au Seigneur de Castel-Roussillon, pour une vigne, sise à *Castel-Roussillon*, de deux ayminates, au lieu dit l'*Estany d'En Dossa*, assujettie à *neuf deniers* barcelonais de cens et au foriscap.

Confronts : Dalmas-Dieu, tisseur ; En Alegret, aubergiste ; Bernard Reg, jardinier ; l'Agouille au milieu, et *Na Francha*.

Témoins : A. Olive et André Masade.

Die vicesima prima januarii, anno M°CCCC°L° sexto[1].

Ego Guillermus Griffa, ortolanus ville Perpiniani, gratis, etc,, confiteor tenere jure directi dominii pro honorabili domino Raymundo Alberti, alias de Perapertusa, domino Castri Rossilionis et terminorum ejusdem, quandam vineam sitam in terminis Castri Rossilionis, loco vocato l'*Estany d'En Dossa*, que est de presenti cotiu, que fuit d'En Adoet, ostalerii, quam accepi a procuratore dicti domini ad novum acapitum. Et continet in se duas ayminatas, et affrontat ex una parte cum tenentia Dalmacii Deu, textoris, et ex alia parte cum tenentia d'En Alegret, ostalerii, ex alia vero parte cum tenentia Bernardi Reg, ortolani, aculea in medio; et ab alia parte cum tenentia de Na Francha. In et super qua dictus dominus recepit et recipere debet et consuevit anno quolibet, in festo Natalis Domini, novem denarios barchinonenses de terno, necnon et directum dominium, laudimium et foriscapium tociens quociens dicta vinea vendatur

1. En marge : novum acapitum.

vel inpignoretur in toto vel in parte. Pro quibus obligavit, etc.

Testes Anthonius Oliba, et Andreas Masada, ortolani, ambo de Perpiniano.

CXXXIII. — **Acte du 16 mars 1456.**

Reconnaissance par Guillaume Pagès, habitant de *Bonpas, diocèse d'Elne,* au Seigneur de Castel-Roussillon, pour une terre sise au territoire de *Saint-Sauveur-de-Canamals*, vulgairement dit *Crestenteres,* d'une contenance de six cartonates, assujettie à un cens de *trois oboles* et au foriscap.

Confronts : En Piquer, de Rivesaltes, du levant et du couchant, un champ de l'hôpital de *Vilalongue;* du nord, Michel Struc, *intendant* (sagio) du bayle de la ville de Perpignan.

Témoins : Bernard Pedrer et Guillaume Danjou, pareur.

Die xvi martii, anno proxime dicto[1].

Ego Guillermus Pagesii, habitator loci de Bono Passu, diocesis Elnensis, gratis, etc., confiteor tenere jure directi dominii pro honorabili domino Raymundo de Perapertusa, alias de Ortaphano, domino Castri Rossilionis, absente, quandam peciam terre sitam in terminis Sancti Salvatoris de Canamals, loco vulgariter nuncupato *Crestenteres*, continentem in se sex cartonatas terre vel inde circa. Et affrontat ab una parte cum tenentia d'En Piquer, de Ribesaltes ; ab parte orientali et a meridie cum quodam campo hospitalis loci de Vilalonga ; et ab occidente cum alia mea tenentia; et ab aquilone cum tenentia Michaelis Struch, sagionis curie honorabilis bajuli ville Perpiniani. In et super qua dictus dominus recipit anno quolibet tres obolos, solvendos anno qnolibet in festo natalis Domini, necnon et directum dominium, laudimium et foriscapium tociens quociens dictus campus vendatur et inpignoretur in toto vel in parte. Pro quibus obligavit, etc.

Testes Bernardus Pedrer, parator Perpiniani, et Guillelmus Danju, etiam parator Perpiniani.

---

1. En marge : Vidi instrumentnm.

CXXXIV. — **Acte du 17 mai 1456.**

Reconnaissance faite par Jean Bonet, de Vilalongue, au Seigneur de Castel-Roussillon, pour un champ de trois ayminates environ, sis à *Castel-Roussillon*, au lieu dit *La Salancha*, assujetti à un cens de *douze deniers* et au foriscap.

Confrontant : le chemin qui va de *Vilalonga* à la ville de *Perpignan*, le chemin qui va à *Castel-Roussillon*, Jacques Montbaulo, les héritiers André Fresche, de Vilalongue.

Témoins : Pierre Bocanove, peaussier, et André Amell, procureur et avocat.

Die xvii madii, anno MCCCCL sexto.

Ego Johannes Boneti, habitator de Vilalonga, gratis, etc., confiteor et recognoscho tenere jure directi dominii pro honorabili domino Raymundo de Ortaphano, milite, domino Castri Rossilionis, quoddam campum situm in loco vocato *La Salancha*, continentem tres ayminatas vel inde circa. Et affrontat ex una parte cum via per quod (sic) itur de Vilalonga ad villam Perpiniani, et ab alia parte cum via per quod itur ad Castrum Rossilionis, et ab alia parte cum tenentia Jacobi Monbaulo seu uxoris Johannis Massot, ortolani, et ab alia parte cum tenentia heredum Andree Frescha, loci de Vilalonga. In et super quo dictus honorabilis dominus Raymundus de Ortaphano recipit anno quolibet duodecim denarios in festo natalis Domini, et directum dominium, laudimium et foriscapium, etc. Pro quibus obligavit, etc.

Testes Petrus Bochanova, pelicerius, et Andreas Amell, procurator seu causidicus, ambo de Perpiniano.

CXXXV. — **Acte du 23 septembre 1456.**

Reconnaissance faite par Pierre Vaquer, jardinier, au Seigneur de Castel-Roussillon, pour une terre de deux ayminates et demie environ, faisant partie de deux pièces qui avaient autrefois cinq cartonates : l'une ayant appartenu à Ricsende, veuve de Barthélemy Colom, était assujettie à un cens de *quinze deniers* et au foriscap ; l'autre portion, qui avait été au vénérable Pierre André, était exempte de tout cens.

Confronts de l'ensemble du terrain : du levant, l'honorable Felip Albert ; du midi, Guillaume Jaubert ; du couchant, Jean Montella ; du nord, un sentier qui va de *Perpignan* à l'*étang*.

Témoins : Guillaume Vila et Pierre Cellera, jardinier.

Die xxiii septembris.

Ego Petrus Vaquer, ortolanus ville Perpiniani, gratis, etc., confiteor et recognosco tenere jure directi dominii pro honorabili domino Raymundo de Ortaphano, milite, domino Castri Rossilionis, quandam peciam terre in dictis terminis sitam, continentem duas ayminatas cum dimidia terre vel inde circa, que antiquitus fuerunt due pecie terre, quarum quelibet continet quinque quartonatas ; quarum una fuit domine Rixendis, uxoris Bartholomei Colomi quondam, super qua dictus dominus recipiebat quindecim denarios de censu in festo natalis Domini, et directum dominium ; alia fuit venerabilis Petri Andree quondam, super qua dictus dominus recipit directum dominium tantum[1], laudimium et forischapium. Que quidem tota pecia terre confrontat ab oriente cum honorabili Felip Albert ; et a meridie cum tenentia Guillermi Jaubert ; et ab occidente cum tenentia Johannis Montellani ; a circio cum quodam carrerono sive cenderio quo itur de Perpiniano ad stagnum. Pro quibus obligavit, etc.

Testes Guillelmus Vila et Petrus Cellera, ambo ortolani ville Perpiniani.

---

1. C'est-à-dire sans être assujetti à aucun cens (quatrième portion de terrain exempte de tout cens signalée dans le Capbreu).

CXXXVI. — **Acte du 11 novembre 1456.**

Reconnaissance faite par Guillaume Montella, jardinier de Perpignan au Seigneur de Castel-Roussillon, pour une terre de quatre ayminates environ, au lieu dit l'*Estany,* assujettie à un cens de *treize deniers* et au foriscap.

Confrontant : une vigne de Raymond Balensa, jardinier; une vigne d'En Pesa, pareur, un coteau autrefois à *En Montalba,* les terres de Bernard André, bourgeois, et la route.

Témoins : Laurent Ysern, cordonnier, et Antoine Guich, courtier de Perpignan.

Die XI novembris, anno MCCCCL sexto.

Ego Guillelmus Montella, ortolanus ville Perpiniani, gratis, etc., confiteor et recognosco tenere jure directi dominii pro honorabili Raymundo de Ortaphano, milite, domino Castri Rossilionis, quandam peciam terre sitam in terminis dicti Castri, loco vocato l'*Estany* continentem quatuor ayminatas vel inde circa. Et affrontat ab una parte cum quadam vinea Raymundi Balensa, ortolani; et ab alia parte cum quadam vinea d'En Pesa, paratoris ; et ab alia parte cum quodam cotiu qui fuit d'En Montalba ; et ab alia parte cum terris Bernardi Andree, burgensis; et cum via. In et super qua dictus honorabilis dominus Raymundus de Ortaphano recipit anno quolibet, in festo Natalis Domini tresdecim denarios, necnon directum dominium, laudimium et forischapium, etc. Pro quibus obligavit, etc.

Testes Laurentius Ysern, sutor, et Anthonius Guich, curritor, ambo de Perpiniano.

CXXXVII. — **Acte du 3 novembre 1460.**

Reconnaissance faite par Antoine Ventos, étudiant, fils de Bernard Ventos, coiffeur de Perpignan, au Seigneur de Castel-Roussillon, pour une terre d'environ sept cartonates, à *Los Volos*, assujettie à un cens de *quatre deniers* et au foriscap, perçus par dame Grimau, fille de Jean Grimau, bourgeois.

Confronts : Ortola, épicier ; Bérenger Tortosa, Jean Cabestany, Arnald Arles, tous jardiniers, et un sentier.

Témoins : Jean Dalmau, cordonnier, et Barthélemy de Castres, de Perpignan.

Die III novembris, M°CCCC LX.

Ego Anthonius Ventos, studens in artibus, filius Bernardi Ventos, barbitonsoris Perpiniani, habens donationem a Jacobo Parigues, olim habitatore Perpiniani, nunc vero comorante in loco de Turrillis, gratis confiteor me tenere jure directi dominii pro domina Grimalda, filia honorabilis Johannis Grimau, burgensis, neptis et heres honorabilis Raymundi Albert, alias de Ortafano, quandam peciam terre, sitam in dictis terminis, loco vocato *Los Volos*, circa septem quartonatas continentem, confrontatam cum... Ortola, specierio, et cum Berengario Tortosa, et cum Johanne Cabestany, et cum Arnaldo Arles, omnibus ortolanis, et cum quodam senderio. In et super qua dicta Grimalda recipit et recipere debet quatuor denarios de censu in festo Sancti Michaelis septembris, et directum dominium. Pro quo, etc., obligavit, etc.

Testes Johannes Dalmau, sutor, Bartholomeus de Castres, Perpiniani.

FIN DU CAPBREU DE CASTELL-ROUSSILLON

(Archives des Pyrénées-Orientales, B, non classé.)

FAC-SIMILÉ DE L'ACTE CXXXII (page 178)

Dans la reconnaissance faite par Guilhem Griffe au seigneur de Castel-Roussillon, on lit en marge : *Novum acapitum*.

On lit également le mot *hostalerii*, barré, qui s'appliquait au tenancier du fonds limitrophe « *Dalmatius Deus* », et remplacé par sa vraie profession de tisserand (*textoris*). De même *Adoet* est barré et remplacé par *Alegret*.

---

1. J'ai choisi, parmi tous les actes du *Capbreu*, ce document, parce que, de toutes les pièces, celle-ci est barrée (*cancellata*) par trois traits qui prennent la page tout entière.

(Pour la netteté de la reproduction photographique, les trois traits qui barrent la copie authentique ont été supprimés.)

100

[illegible]

et affrontat [illegible] parte [illegible]

[illegible] parte ad [illegible]

[illegible] parte ad [illegible] et [illegible]

[illegible] et [illegible]

[illegible] et [illegible]

[illegible] et [illegible]

APPENDICES

I. Les noms de personne du *Capbreu*.
II. Titres et qualités des personnes.
III. Les noms de lieu.
IV. Observations sur le *Registre* ou *Manuel* (le *Capbreu*) de *Castell-Rossello*.
V. Note sur l'écriture du *Capbreu*.
VI. Remarques sur la désignation topographique des lieux-dits mentionnés dans le *Capbreu* de *Castell-Rossello*.
VII. La date des actes du *Capbreu*. — Date de lieu *(Perpiniani)*; date de temps *(actum)*. — (Style de Noël), 25 décembre.

I

Les noms de personne du *Capbreu*[1].

Les noms propres forment un des éléments constitutifs de la teneur des actes en général. Dans le *Capbreu* de 1451 de Castell-Rossello, ils s'y présentent sous une forme latine. Comme les noms propres affectent souvent la forme d'un village du Roussillon ou de la Cerdagne, ils peuvent pour l'histoire du pays fournir de précieux éléments de critique.

On remarquera que les noms germaniques, qui formaient au ve siècle à peine un quart de la masse, n'ont cessé de se multiplier. Ils comptaient déjà au vi^e siècle pour la moitié environ, et dès le siècle suivant la proportion est renversée. Les noms latins d'origine deviennent l'exception. Au ixe siècle et au xie siècle, il ne reste guère, avec les noms du Nouveau Testament, de Romains ou de Grecs, que ceux qui ont été *portés par des saints*.

---

1. Pour que le lecteur lise rapidement le nom des personnes qui rappellent les noms des villages du Roussillon et de Cerdagne, ces noms sont imprimés en *petites capitales*.

Au cours du XIe siècle, les doubles noms devinrent d'un usage ordinaire; le redoublement du nom s'opéra de façon différente : au nom de la personne s'est ajouté le nom de son père ou celui de sa mère précédé du mot *filius*. Les noms ainsi composés apparaissent dans le Midi de la France dès la fin du Ve siècle. Parfois, le rapport de filiation est exprimé presque aussi souvent par le nom de la mère que par celui du père. De l'habitude d'indiquer dans les actes officiels, à la suite du nom de la personne, celui de son père, vint l'usage abrégé d'exprimer cette relation d'ascendance par le génitif du nom du père, en supprimant le mot *filius*. Cet exemple devint général au XIIe siècle :

Guillermus Poncii Raymundi; Johannes Giraldi : (Jean), fils de Giral.

La seconde dénomination s'est aussi fréquemment formée par l'addition au nom de la personne d'un nom de lieu. La relation est ordinairement exprimée par la préposition *de* avec le nom de lieu à l'ablatif; plus rarement le nom du lieu est exprimé par un adjectif ethnique. « C'est dans le Midi, au déclin du Xe siècle, qu'on rencontre les plus anciens exemples des noms ainsi formés; à partir de 1020, les dénominations de ce genre ne peuvent plus compter dans les chartes du Languedoc. On les rencontre bientôt dans les documents de tout le reste de la France[1]... »

Il est inutile de citer dans les documents du *Capbreu* le seigneur de Castell-Rossello, qui s'intitulait *seigneur de* Perapertuse ou *d'*Ortaffa.

Il ne faut pas cependant croire que les noms de lieu ajoutés de la sorte aux noms de personne aient toujours été des noms de terres, de domaines, de seigneuries, et par suite que les noms de personne, dans la composition desquels entre un nom de lieu précédé de la particule *de*, puissent constituer une présomption de noblesse en faveur de ceux qui les portent. Il serait facile de montrer que, depuis l'origine et dans toutes les régions de la France, les roturiers n'ont pas cessé de porter des noms ainsi composés.

On peut donc conclure que les noms de lieu qui ont servi à composer les noms de personne ont donc été des noms de pays d'origine aussi souvent que des noms de fief; en l'absence d'autres indices il est impossible d'en tirer aucune induction sur la condition sociale de ceux qui en sont revêtus.

---

1. A. Giry, *Doubles noms (Manuel de diplomatique).*

Il faut remarquer que dans le *Capbreu* de Castell-Rossello presque tous les noms ajoutés aux noms des différents tenanciers représentent généralement un nom de village roussillonnais encore existant[1].

Si l'on classe d'après leur classification les *sobriquets* qui se rencontrent dans le document de Castell-Rossello, on observera que certains ont pour origine les noms d'animaux : A. Porcell, Jean Colom.

D'autres sont des noms de profession : Guillelm Sartor (tailleur); Petrus Ortola (jardinier); B. Cistellarius (fabricant de paniers); Georgius Samaler (fabricant de comportes [*samals*], tonnelier), etc.

Ces appellations se trouvent en assez grand nombre dans le *Capbreu* de Castell-Rossello : elles sont intéressantes à relever parce qu'elles sont un curieux *témoignage de l'esprit populaire*, et parce qu'elles nous ont conservé un grand nombre de *tournures*, d'*expressions* et de *termes* de la langue vulgaire que l'on retrouve encore fréquemment en Roussillon.

II

Titres et qualités des personnes mentionnées dans le *Capbreu*.

On remarquera, dans les différents textes du *Capbreu* de Castell-Rossello, les titres et qualités ajoutés aux noms de personne : « *En Masso, En Blager, En Vila, bajulus* dicti Castri Rossilionis; *En Bonahost; En Minyol; En Gari; En Real; En Moner; En Cases; En Carbonell; En Aliot; En Torderes*, etc. ; Na Rossellona ; Na Cabanera ; Na Canyota (madona Canyota) ; Na Maysos ; Na Masona (vidua), etc.

Ces deux mots, *titres* et *qualités*, à peu près synonymes dans l'usage courant et souvent confondus, expriment en réalité deux choses différentes : le *titre*, c'est le terme ou l'expression qui désigne la fonction; les *qualités*, ce sont les expressions employées pour indiquer plus particulièrement le rang occupé par la personne dans la hiérarchie[2].

---

1. Acte du 31 mars 1455 : « En Terrius de Vila longua » (de Villelongue). Acte du 27 mars 1455 : « Prope mansum honorabilis Guillermi *de Podio*. »

2. A. Giry, *Manuel de diplomatique*, ch. 1.

De tous les titres le plus répandu à l'époque féodale fut celui de *dominus* : celui qui nous intéresse ici, principalement dans la transcription de ce document, est le SEIGNEUR DE CASTEL-ROUSSILLON, le CHEVALIER RAYMOND-ALBERT DE PERAPERTUSE OU D'ORTAFA. Antérieurement, ce mot exprimait une qualité d'un usage continuel et qu'on appliquait à tous les degrés de la hiérarchie, à Dieu et aux saints, au pape, aux évêques et aux simples prêtres dans l'ordre ecclésiastique, au monarque, aux grands feudataires et à tous les gentilshommes dans l'ordre laïque. On distingua en français, en le traduisant par *monseigneur* pour les personnages placés aux premiers rangs de la hiérarchie ; par *messire* pour ceux d'un rang inférieur. On trouve souvent le mot *dominus* comme qualificatif employé concurremment avec le même mot exprimant le titre. Par exemple : *Dominus Johannes*, que nous traduisons : *messire Jean*.

En catalan, une qualification analogue à celle de *dominus* était la particule EN (et par aphérèse N' pour le masculin : à 'N. Conquers); NA (et par apocope N' pour le féminin). Nous retrouvons dans les actes du papier terrier de Castell-Rossello fréquemment cette particule honorable qui précède généralement les noms des personnages d'un certain rang, ceux des roturiers aussi bien que ceux des nobles. « On avait, dit M. Giry[1], depuis longtemps expliqué la forme féminine NA par une aphérèse de Domina, mais l'explication de la forme du masculin n'avait pas laissé que d'embarrasser les philologues. Il est plausible que dans le document de Castell-Rossello la forme Na réponde plus spécialement au mot *madona;* car nous retrouvons dans différents actes le mot madona et Na : madona Cabanera, ou Na Cabanera, Na Rossellona.

Quant au mot *miles*, chevalier, qui est accolé au nom de l'important personnage et seigneur de Castell-Rossello, il a été un titre aux premiers temps de l'époque féodale, et fut alors à peu près l'équivalent de *dominus :* du reste, le SEIGNEUR DE CASTELL-ROSSELLO s'intitule, à la moitié du XVe siècle, à la fois SEIGNEUR et CHEVALIER DE PERAPERTUSA OU D'ORTAPHA. (« Recognosco honorabilio Guillermo-Raymundo Albert, alias de Perapertusa seu de Ortafano, MILITI, DOMINO Castri Rossilionis... »)

Mais ce terme cessa bientôt d'être un titre pour exprimer plutôt une prérogative.

Quant au titre que l'on rencontre dans le document de Castell-

---

1. A. GIRY, *Titres féodaux (Manuel de diplomatique)*, liv. III, ch. I.

Rossello, *domicellus* (*dez Pug*), et que l'on peut traduire par *damoiseau, donzell*, il était attribué aux jeunes gentilshommes avant qu'ils eussent reçu la chevalerie.

A côté des titres féodaux, nous rencontrerons dans le document du *Capbreu* d'autres titres : titres de fonctions ou d'officier, royaux ou seigneuriaux : bailli, *bajulus;* titre de magistrature municipale et titres universitaires : *jurisperitus, baccallarius...* Ils peuvent servir à la critique des documents et à l'histoire du Roussillon au Moyen âge, en indiquant les équivalents français de chaque titre latin.

Quant aux métiers, professions, indiqués dans le *Capbreu,* en dehors de toutes les professions exercées à cette époque, et qui forment des corporations, pareurs, tailleurs, épiciers, tanneurs, maçons, menuisiers, peaussiers, tisserands, forgerons, mégissiers de peau à l'alun, courtiers, bouchers, potiers, maçons, médecins et barbiers, etc., il convient d'ajouter quelques métiers dont la désignation est à peu près disparue : *juponerius*[1], fabricant de vêtements qui descendent sur les cuisses; *calseterius,* cordonnier, *calceorum artifex; amortizator calsis,* maçon, manœuvre, dont le métier consistait à éteindre la chaux (*admortizare, exstinguere*); *morteraderius,* qui prépare le mortier à bâtir (*mortarium*); *corratarius* ou *corraterius,* courtier; *curritor colli*[2], portefaix ou marchand ambulant; *curritor phelpe*, courtier qui vend des peaux (*correterius peilhae*) [qui *subigit* et vendit pelles[3]]. *Corrateria de peilha :* Uxor *corraterii* peilhae, quae vendit pelles.

Nous relèverons également, et principalement dans les listes de témoins, les noms des personnes accompagnés du titre qui exprime leur rang dans la hiérarchie ecclésiastique. Dans le *Capbreu* de Castell-Rossello, je mentionnerai *discretus Franciscus Paulet,* PRESBITER *in ecclesia Sancti Johannis; discretus Beringarius Pugsech, presbiter.* On remarquera que l'on appliquait souvent au chanoine (*canonicus*) ou au curé (*capellanus*) [de Castro Rossilione] l'adjectif *discretus* (sage et discrète personne). Cependant, ce titre est souvent employé pour d'autres personnages; mentionnons dans les actes du *Capbreu : discretus* Antonius Magistri, notarius; *discretus* Johannes Bellero, notarius; testis *discretus* Andrea Amell; *discretus* Johannes Pug, notarius Perpiniani.

---

1. Qui facit *jupones* (cujus ars *jupponerie* nuncupatur. (Du Cange.)
2. *Collum,* fascis, onus quod *ad collum* portatur. (Du Cange.)
3. In consuetudine *Tolosae,* part. 2, rubrica : de debitis.

Quant aux noms préférés (et qu'on peut noter comme particulièrement fréquents), peut-être parce qu'ils étaient portés de préférence par les seigneurs du pays, je citerai, du *Capbreu*, les noms de Raimond, Pons, Albert, Bérenger, Guillaume, Bernard, George, Jean, etc.

Une étude attentive des noms de la province du Roussillon permettrait de déterminer, souvent avec précision, à quelle époque et par suite de quelles circonstances certains noms devenus fréquents y ont été introduits et fournirait par là de précieux éléments à l'étude locale du Roussillon.

III

Les noms de lieu du *Capbreu* de Castell-Rossello.

Les noms de lieu du *Capbreu* de Castell-Rossello sont en catalan.

Index où figurent tous les noms de lieu sous les diverses formes anciennes (que je traduis sous leur forme actuelle) relevées dans les documents qui composent le recueil du *Capbreu*.

Quelle que soit l'origine des vocables qui représentent dans les documents les dénominations géographiques, « qu'ils soient celtiques ou germaniques, de création romaine ou d'importation barbare, ils se présentent généralement à nous sous une forme latine[1] ». Mais dès le déclin du VIe siècle, les formes de lieu commencèrent à devenir moins pures et subirent même des altérations; dès l'époque de l'avènement des Carolingiens, on trouve des termes qui ne sont plus latins. Les noms ainsi altérés abondent au XIe siècle, où ils acquièrent une forme romaine à peu près fixe. Mais si certaines dénominations latines d'un usage fréquent demeurent assez connues et se conservent sans altération, les scribes ignorent d'ordinaire les *formes latines des noms* de la plupart des localités qu'ils ont à consigner dans les actes; ils se bornent à les écrire sous leur forme vulgaire, ou bien les affublent d'une forme latine calquée sur la forme vulgaire.

On peut ainsi s'expliquer la traduction des noms de lieu du *Capbreu* en catalan par les transformations analogues à celles qu'ont subies les autres mots de la langue. Les noms de lieu que

1. A. Giry, *Noms de lieu*, ch. III (*Manuel de diplomatique*).

l'on trouve *en latin* dans les chartes du IVe au XIIe siècle ont aussi disparu pour faire place aux noms *purement catalans*, qui, du reste, ont survécu et existent encore pour la plupart. Presque tous les chemins, sentiers, routes et noms de lieu se retrouvent encore, et certains, comme les Llobères, *loco vocato* (Las Loberes), Sainte-Tecle (Sainte-Thècle), sont ainsi mentionnés sur la matrice cadastrale et se sont aussi conservés jusqu'à nos jours.

L'importance toujours croissante, en Roussillon, des études qui ont pour base les noms de lieu m'oblige à donner une attention particulière à toutes les données géographiques qui intéressent particulièrement le pays. C'est dans cette intention que je reproduis fidèlement, dans un résumé, la graphie des noms de lieu, en catalan, du *Capbreu*, sans faire jamais, sous aucun prétexte, de correction même à une faute évidente de scribe, et en indiquant, en note (*Capbreu* A), les variantes des deux copies : *los volons* : (*Capbreu* A) [als volons] ; *al* stany : (*Capbreu* A, *lo* stany), etc. En publiant ce précieux document, « j'identifie » parfois les noms de lieu, en déterminant à quelles localités actuelles correspondent les noms qui se trouvent dans le texte : *loco vocato* de *Capitestagno* (Cabestany), *Villa longua* (Villelongue), etc.

IV

Observations sur le *Registre* ou *Manuel* (le *Capbreu*) de *Castell-Rossello.*

Il n'est pas sans intérêt de rappeler que la très grande majorité des actes privés du Midi de la France furent rédigés par des notaires publics, seigneuriaux, communaux, royaux, etc. En dépit des règlements, on doit constater qu'un grand nombre de ces charges furent occupées par des clercs. « En général, les notaires étaient tenus d'instrumenter publiquement; aussi siégeaient-ils d'habitude sur la place publique, souvent à côté des changeurs, dans des boutiques qui devaient ressembler fort à des échoppes d'écrivains publics de nos jours. C'était là qu'en présence et à la requête des parties, devant les témoins, ils recevaient la plupart des actes et les écrivaient sur les registres[1]. »

---

1. A. GIRY, *Manuel de diplomatique : actes privés*, liv. VI, ch. I.

Il y avait plusieurs sortes de registres qui se sont, du reste, conservés en grand nombre depuis le XIIIe siècle. Il y en avait de plusieurs formes. Presque partout le notaire devait tenir deux registres.

Celui du *Capbreu*[1] de Castell-Rossello, qui constitue pour cette importante localité du Roussillon une mine précieuse de renseignements historiques de toute espèce (noms de personne, noms de lieu, etc.), compte deux parties.

Les trente premiers feuillets qui représentent la rédaction sommaire, en présence et en quelque sorte sous la dictée des parties, constituent plutôt une minute ou un brouillon de l'acte, en indiquant brièvement la date, les noms du tenancier ou contractant, la quantité de terrain cédé, le paiement du cens, en somme les dispositions essentielles et les noms des témoins : les formules sont abrégées ou même complètement supprimées.

Dans les trente-huit derniers feuillets de ce même *Manuale notarum*, le notaire a rédigé la minute sous sa forme définitive et développé l'instrument : c'était la *notule*. C'est ce que nous appellerons aujourd'hui l'acte original, la *grosse*, l'*instrumentum publicum* ou la *carta in forma publica*.

On remarquera que le *latin*, qui avait été généralement abandonné au XIIe siècle pour les actes privés, était redevenu, avec les notaires, la langue ordinaire des contrats. Tous les actes qui concernent le *Capbreu* sont rédigés, comme c'était l'habitude, au nom de l'auteur de l'acte, avec la formule invariable de notification : « *Sit omnibus notum quod ego...* » Il faut remarquer, et ceci est d'une importance capitale pour l'étude des comtés du Roussillon et de Cerdagne, que tous les noms de lieu sont en pur catalan[2]. Les actes se terminent par l'indication des noms des témoins. Les clercs ou rédacteurs d'actes seigneuriaux adoptaient généralement un formulaire rigoureusement fixé[3].

---

1. Le registre ou *Capbreu* de G. Ciurana, notaire, est composé de *trente* feuillets (dont un déchiré), et *treize* en blanc, que je désigne par *Capbreu* A ; et de 43 feuillets (dont 5 déchirés), désignés par *Capbreu* B. Le parchemin qui enveloppe ce document contient, au *verso*, un document signé de Pierre Ardit, notaire.

2. J'ai relevé dans le registre *Capbreu* A (des *notes brèves*) les noms orthographiés différemment sur le registre où les actes ont été recopiés et amplifiés, la *notule*. La plupart des noms de lieu mentionnés existent encore.

3. Dans le *Capbreu* A, la formule initiale de la notification est : « *Ego* (le nom du preneur) *gratis confiteor tenere jure directi dominii...* » Dans le *Capbreu* B : « *Sit omnibus notum quod, ego... confiteor et in veritate recognosco...* » La rédaction

L'exposé et le dispositif, correctement disposés[1], sont aussi concis que possible dans le *Capbreu* A, et un peu plus étendus, avec les formules usuelles, dans le *Capbreu* B. Dans les formules finales, les clauses comminatoires ont disparu, et il ne subsiste plus qu'une formule simple de corroboration. Les éléments qui composent la date du *Capbreu* se réduisent toujours à l'indication du lieu, de l'année, de l'incarnation et du quantième auxquels l'acte a été signé, et se terminent par l'énumération des témoins et la signature du notaire qui a rédigé l'acte à la requête de l'auteur du contrat.

Ces actes d'*aveu*, par lesquels les vassaux reconnaissaient tenir leur fief de leur seigneur, à charge des redevances annuelles, serviront à éclairer les sources de l'histoire du Roussillon à l'époque féodale[2].

V

Note sur l'écriture du *Capbreu*.

Dans le *Capbreu* B que je reproduis presque intégralement, l'écriture cursive ou courante n'est autre chose qu'une minuscule négligée dans laquelle les lettres d'un même mot sont écrites sans lier la plume; dans la pratique des *notaires*, des greffiers, elle aboutissait à une écriture précipitée et contenait des abréviations les plus arbitraires, souvent nombreuses, très irrégulières et qui sont parfois à grand'peine lisibles[3].

Dans le *Capbreu* A, dont j'ai transcrit certains actes en remplacement des feuillets déchirés du *Capbreu* B, l'écriture a un caractère personnel plus accusé. On peut dire que ce qui prédomine dans cette partie du document, c'est l'écriture individuelle, et,

---

du deuxième document est plus complète : elle renferme à la fois l'*aveu* et la *reconnaissance* faits par le censitaire au seigneur.

1. Dans ce document, la notification, d'un formulaire invariablement fixé, précède la suscription.

2. J'ai reproduit l'original avec l'exactitude la plus minutieuse, me bornant à faire imprimer en *italiques* tous les noms (en catalan) des lieux dits, et en mettant en marge les abréviations ou les citations les plus intéressantes de l'original (en double) non transcrit.

3. L'écriture du *Capbreu* A est raide et penchée à gauche; formée de caractères serrés, elle est cependant assez espacée, tout en réunissant des lettres par des ligatures.

comme dans toutes les écritures courantes des notariats, des greffes et des administrations, c'est une cursive dégénérée et souvent pleine d'abréviations, qui, suivant l'expression de M. A. Giry, « semble au premier aspect un griffonnage indéchiffrable[1] ».

Je ferai remarquer que dans le *Capbreu* A (qui n'était en somme que la minute, le brouillon de l'acte), la teneur du document, probablement aboli ou annulé, ou devenu inutile, est barré (*cancellé*) généralement par un grand trait, ou trois traits qui prennent la page entière. J'ai signalé également, dans le *Capbreu*, toutes les corrections, ratures, grattages, surcharges et renvois qui peuvent servir d'élément utile à la critique diplomatique.

VI

Remarques sur la désignation topographique des lieux-dits mentionnés dans le *Capbreu* de *Castell-Rossello*.

Le vocabulaire proprement topographique que nous transmet le *Capbreu* et qui est rédigé en catalan est fort intéressant ; il comprend les termes qui ont servi à désigner la nature du sol, et même les constructions ou les travaux d'art subsistants ou en ruines. Presque tous ces lieux existent encore et rendent cette étude doublement attractive : *Sot la Torre* (champ situé sous la Tour de Castel-Roussillon) ; *prope Santa Tecla* (vigne plantée près de Sainte-Thècle) ; *sobre l'Estany* (terre près de l'étang de Cabestany) ; *dejus les faldes de Santa Tecla* (au-dessus des coteaux, du mamelon de Sainte-Thècle) ; *Coma lobera ; la Salancha*, etc. — On peut dire que chaque région avait et conserve encore, principalement dans la circonscription de Castell-Rossello, sinon son vocabulaire spécial, du moins quelques termes qui lui sont propres et que nous retrouvons encore, après plus de cinq cents ans, dans les noms de lieu de la contrée. Presque tous les termes que je cite sont encore conservés[2], et si certains, comme *al pug de la rosa, na Brandina*, etc.,

---

1. A. Giry, *L'Ecriture des Chartes*, op. cit., liv. IV, ch. I ; telle est l'écriture du *Capbreu* B.

2. Presque tout le vignoble que j'ai planté et qui environnait Castell-Rossello est désigné par les mêmes termes : vigne de Sainte-Thècle, vigne des Llobères, vigne de la Salanque, vigne du chemin de *Cabestany*, etc.

sont tombés en désuétude, il est cependant important de les recueillir pour en déterminer l'origine et la signification.

Il sera donc facile, en présentant cette étude, de poursuivre la revue des mots qui désignent dans les textes les lieux désignés.

VII

La date des actes du *Capbreu*. — Date de lieu (*Perpiniani*); date de temps (*actum*)[1]. — (Style de Noël), 25 décembre.

Tous les actes du *Capbreu* ont comme point de départ de l'année le 25 décembre (style de la Nativité), *a Nativitate Domini*, ou *in festo Domini*.

Ce style semble avoir été très anciennement employé, et il a été très répandu au Moyen âge. Dans le document du *Capbreu* entièrement daté d'après ce style, par exemple : Acte I : 21 janvier 1451, la date ramenée au style moderne sera le 14 janvier 1451. En commençant l'année à la Noël, on la commençait donc *sept jours* plus tôt que nous. A en croire un formulaire de l'église de Cantorbéry à la fin du XIIIe siècle, la formule *anno Domini a Nativitate* devrait indiquer dans les dates l'emploi du style de Noël; mais il ne semble pas, en fait, que les rédacteurs des chartes aient pris le soin de spécifier ainsi par la formule le comput qu'ils employaient.

« Le style de Noël, écrit M. A. Giry[2], a été d'un usage général à Rome dans la chancellerie pontificale, en Italie et dans l'Empire depuis le IXe siècle jusqu'au XIIIe... En France, ce système de compter les années a été également très répandu jusqu'au milieu du XVIe siècle... On le trouve en Languedoc, et notamment à Narbonne, au XIIIe et au XIVe siècle..., en ROUSSILLON DEPUIS 1350... »

EN ROUSSILLON et en CERDAGNE, l'année commençait à l'Annonciation (à la Sainte Vierge), 25 mars[3], à la fin du XIIe siècle et au XIIIe siècle, d'après une prescription du concile de Tarragone de 1180. « Il faut remarquer, écrivait l'archiviste Henry[4], que d'après

---

1. *Actum* est le temps où s'était accompli le fait consigné dans la lettre : MABILLON, *De re diplomatica*, libri VI.

2. A. GIRY, *Manuel de diplomatique* : termes divers du commencement de l'année.

3. Dans les églises de Tolède et de Milan, elle s'est célébrée le 10 décembre. (MARTÈRE, *De antiquis ecclesiae ritibus*, III.)

4. HENRY, *Histoire de Roussillon*, Paris, 1835, tome Ier.

la relation que l'on possède des actes de ce concile il y fut prescrit seulement de dater des années du Seigneur : *quorum consilio et precepto* ANNUS DOMINI *institutus scribi in omnibus cartis per totum archiepiscopatum*[1]. »

Le 16 décembre 1350, Pierre d'Aragon, dans une pragmatique adoptée en 1351 par les Cortès réunies à Perpignan, prescrivit de commencer dorénavant l'année au 25 DÉCEMBRE[2].

Cet usage se généralisa, et, jusqu'à la veille de la Révolution, certains notaires du Roussillon ne cessèrent de faire commencer l'année à la NOËL[3].

Nous en avons une preuve évidente dans le document que je viens de transcrire.

---

1. *Chronique barcelonaise*, II, dans *España Sagrada*, t. XXVIII.
2. *Constitucion de Cathalunya*, t. I, liv. IV, tit. XV, et ZURITA, *Anales de la Corona de Aragon*, éd. de 1610, t. II.
3. Il est donc aisé, pour dater avec exactitude le document tout entier dont les dates sont exprimées uniformément, d'après le style *de la Nativité* (25 décembre), de faire subir à la date de chaque acte les corrections nécessaires, autrement dit de les ramener au *nouveau style*.

TABLEAU SYNOPTIQUE[1]

DES

Chemins, sentiers, voies publiques, indiqués dans le *Capbreu* de Castell Rossello.

Itinera : senderius, carreronus, via publica.

Toutes ces routes aboutissaient à Castell Rossello[1].

Pecia terre confrontata. *Via* de Elna ad *Castellum Rossilionensem* (charte de *l'an 927*, XIII kal-juin).

cum = Itinere quo itur *Als Volos.*

= Via qua itur *à les Loberes.*

= { *Via publica* qua itur *ad locum de Caneto* (*via publica* de Caneto).

ou { Itinere regali quo itur *ad locum de Caneto* (ou) de Canet.

= Via qua itur de Castro Rossilione *ad locum de Capitestagno.*

= *Via publica* qua itur de *Perpiniano* ad locum *de Caneto.*

= *Via* de les *Loberes* (ou) Via qua itur *à Les Loberes.*

= *Itinere* quo itur a *Las Loberes.*

— quo itur ad *Villam Longam.*

— quo itur de *Castro Rossilione* ad locum de Capitestagno ou de Cabestany.

= *Senderio* vocato *Los Volons* (*cenderio*) (sender).

= *Via* seu *carrerono* vocato *Los Volons.*

= *Via publica* qua itur de *Castro* ad locum de *Villalonga.*

= *Via* qua itur de *Villalonga* ad villam *Perpiniani.*

= *Carrerono* sive *cenderio* quo itur de *Perpiniano* ad *stagnum.*

= { *Via publica* qua itur de *Perpiniano* ad *dictum Castrum.*

ou { *Itinere regali* quo itur ad dictum *Castrum Rossilionis.*

= *Via publica* qua itur *de Castro Rossilione ad molendinum.*

= Via per quod (sic) itur de *Villalonga* ad villam *Perpiniani.* — Via publica = de *Perpiniano* ad locum *de Villalonga.*

---

1. Je reproduis le texte même de tous les actes que j'ai transcrits. J'ajouterai que presque tous ces chemins existent encore et sillonnent ma propriété de Castell Rossello.

= *Via publica* qua itur de *Villa Perpiniani* ad locum de *Villalonga*.
= *Via* per quod itur ad *Castrum Rossilionis* (ou) *Rossilionem*.
= *Via publica* qua itur de *loco Beate Marie de Castro Rossilione à Cabestany*.
= *Via publica* qua itur de dicto *Castro* ad locum de *Bono Passu*.
= *Via* qua itur de dicto *Castro* ad dictam villam *Perpiniani*.
= Via vocata *de Carles* ou itinere vocato d'En Carles (note A).
= *Via publica* qua itur de *Capite stagno* ad locum de *Caneto*.
= *Via de Carles* que descendit *de Santa Tecla*.
= Via qua itur de *Castro Rossilione a les Loberes*.
= *Via publica* qua itur de *Perpiniano a les Loberes*.
= *Via del Stany*.
= Itinere quo itur *als Volos* (ou) *Al Volos* (note A).
= *Via publica qua itur de Perpiniano* ad dictum locum (ou) castrum *de Castro Rossilione*.
= *Via* (seu carreronus) vocata *Los Volos*.
= *Via* et *aculea Stagni* (ou) *al Stany de Castell Rossello*.
= *Senterio* (ou) carrerono vocato *dels Volos*.
= Aculea *del exauch* que est *Via*.
= Quodam cenderio quo itur ad *dictum locum de Castro Rossilione* (a circio) cum quodam carrerono sive cenderio quo itur de *Perpiniano* ad *stagnum*.
= Via in medio per quam *itur de Castro Rossilione al Vinyer*.
= Senderio per quod itur *ad puteum* in medio.

Nous retrouvons, après cinq siècles, les mêmes voies, routes, chemins, sentiers qui sillonnent toutes les propriétés environnant Castell Rossello.

CAPBREU DE CASTELL ROSSELLO

(RÉSUMÉ)

Témoins et tenanciers avec les confrontations des tenures. Noms des tenanciers et des témoins des actes du Capbreu [1].

(Actes de 1451, 1452, 1455. — 576 tenanciers pour 230 hectares environ, y compris les tenanciers des fonds limitrophes.)

Georges Ciurane, notaire (notarius), a rédigé tous ces actes.
Vital Grimald, bourgeois de Villalongue (burgensis).
Guillaume Just, jardinier (ortolanus).
Georges Struc, tisseur, de Perpignan (textor), Perpiniani.
Bernard André, bourgeois de Perpignan (burgensis), Perpiniani (en note).
Guillaume Dez Pug, [acte 21 janvier 1451] (domicellus).
Jean *Cabestany*, jardinier (ortolanus).
Jacques *Montbaulo*, jardinier (ortolanus).
Na *Rossellona* (vidua).
Bernard Baster, jardinier, de Perpignan (ortolanus).
Bernard Pincard, peaussier (pellerius).
Bérenger Pugsech, prêtre [actes 21 février 1451] (presbiter).
Guillaume Macip, marchand, de Perpignan (mercator), Perpiniani,
Jean Montella, jardinier (ortolanus).
Guillaume Vila, jardinier (ortolanus).
Pierre André, marchand (mercator), Perpiniani.
Pierre Maria, marchand (mercator), Perpiniani.
Antoine Costa (témoin), épicier [acte 5 février 1451] (specierius), Perpiniani.
Guillaume *Volona*, marchand (mercator).
Guillaume Deus lo sal (ou) Deulosal, jardinier (ortolanus).
Jean Nigri (témoin) (loci de Volono) (mercator).
Jean Pug (témoin), notaire [acte 20 février 1451], de Perpignan (notarius), Perpiniani.
Barthélemy Griffa, jardinier (ortolanus), Perpiniani.
Jacques Vidal, jardinier (ortolanus), Perpiniani.
Jean Royre (ou) Royne, jardinier (ortolanus), de Perpiniani.

---

1. Les noms en italique sont ceux qui rappellent une localité du Roussillon ou de Cerdagne, ou même parfois un métier, une fonction, etc. On remarquera que la plupart des noms, pour ne pas dire tous ces noms, existent encore en Roussillon et dans la Cerdagne.

En Armengau Baxador.
Jean Girau ou Girald, jardinier (ortholanus), de Perpiniani.
Bernard Pla (témoin), notaire [acte 4 avril 1451] (notarius).
Jean Pesa, jardinier (ortolanus), Perpiniani.
Bernard Baster.
Arnaud *Rossello,* jardinier (ortolanus).
Jean Nègre (témoin) [acte 4 mai 1451] (*calseterius*), de Perpiniano.
Antoine Guich (*curritor phelpe*), de Perpiniano.
Barthélemy *Montbaulo.*
Jean Sabater, marchand (mercator), de Perpiniano.
Jean Geli, jardinier (ortolanus), de Perpiniano.
Pierre Guasc, jardinier (ortolanus), de Perpiniano.
En Gari (*morterator*) ou (morteraderius, note A).
Pierre Metge, tisseur (textor).
Bérenger Tenals (témoin), courtier juré [acte 17 octobre 1451] (*curritor auris*).
Pierre Baget.
Bernard Camp (junior).
En Real, épicier (spaserius).
En Moner, menuisier (*fuster*).
Jean Gacies, tisseur (textor).
François *Opol* (témoin), jardinier [acte 25 octobre 1451] (ortolanus).
Barthélemy Agullo, jardinier (ortolanus).
Arnaud Pastor, jardinier, (ortolanus).
Guillaume *Orlafa*, jardinier (ortolanus), Perpiniani.
Jean Losa, de Villalonga.
Madona Canyota.
Guillaume Pons (témoin) [acte 26 octobre 1451], de Corniliano de Riperia.
Guillaume-Pierre Maria, marchand (mercator), Perpiniani.
Pierre Jaubert, pareur (parator), Perpiniani.
Pierre Gros, jardinier (ortolanus), Perpiniani.
Bernard Albert, chevalier (miles), Perpiniani.
En Carbonell, pareur (parator), Perpiniani.
Arnaud Prats (témoin) [acte 3 novembre 1451] (*porterius regius*).
Pierre Gelabert, pareur (parator), dicte ville.
François Roure, jardinier (ortolanus).
Jean Roquete, épicier (specierius).
Léon Masada, jardinier (ortolanus).
Bernard Reg (témoin), jardinier [acte 5 novembre 1451] (ortolanus), Perpiniani.
Georges Savine, menuisier (fusterius), Perpiniani.
Georges Armengau, prêtre [acte 5 novembre 1451] (presbiter beneficiatus in ecclesia Sancti Johannis ville Perpiniani).
Jean Pesa, jardinier (ortolanus).
En Aliot, jardinier (ortolanus).
En *Torderes*, jardinier (ortolanus).

Jean Carcaner, marchand [acte 10 novembre 1451] (mercator), Perpiniani.
N... Conquers, boucher (carniserius), Perpiniani.
Guillaume Donat, jardinier (ortolanns).
Na Maysos.
En Carbonell, barbier (barbitonsor).
Barthélemy Faraho (témoin), boulanger [acte 8 mai 1452] (furnerius).
Barthélemy Jean, sutor (sutor).
Guillaume Simon, prêtre (presbiter).
Jacques Maysos, teinturier (tincturerius).
En Massa, meunier (molinerius).
Pierre Genset, bourgeois (burgensis), dicte ville.
En Bonahost, jardinier (ortholanus).
Bérenger Andreu (témoin), jardinier [acte 17 juin 1452] (ortolanus).
Bernard Gironne, écrivain (scriptor), Perpiniani.
Étienne Pug, marchand (mercator).
Jean Vila (discretus), prêtre (discretus presbiter).
Barthélemy Moner, prêtre (presbiter).
Bérenger Pugsech, prêtre (presbiter).
Pierre Rodon, bourgeois.
Antoine *Maître* (témoin), notaire [acte 23 septembre 1452] (notarius).
Jean Gitard, pareur (parator).
Bérenger Ramon, briquetier (teulerius).
Barthélemy Ballero.
Léonard Massada.
François Paulet (témoin), prêtre [acte 10 octobre 1452] (presbiter), in ecclesia S. Johannis.
Guillaume Reg, notaire (notarius).
Bernard Jorda, jardinier (ortolanus).
Jacques Pinyol, jardinier (ortolanus).
Guillaume Beneset (témoin), tisseur [acte 19 décembre 1452] (textor).
Bernard Gironne, écrivain (scribe) (scriptor).
Bérenger Tortosa.
Antoine et Jacques Buadella, jardiniers (ortolanus).
Guillaume Catala, jardinier (ortolanus), Perpiniani.
André Amell (témoin), tisseur [acte 26 mars 1455] (textor).
Jean Seguer, jardinier (ortolonus).
Guillaume de Podio (ou) Dez Puig, damoiseau (domicellus).
Bernard André, bourgeois (burgensis).
Jean Pug (témoin), jardinier [acte 27 mars 1455] (ortolanus).
Raymond Coma, procureur et avocat (causidicus seu procurator), note A.
Jacques Atzena, jardinier (ortolanus).
Pierre Calvell (témoin), coutelier [acte 27 mars 1455] (coltellerius), cotellerius (note A).
En Guayrau, jardinier (ortolanus).
Pierre Fabre, jardinier (ortolanus).
Jean Seguer, jardinier (ortolanus).

Guillaume Sapte (témoin), jardinier [acte 28 mars 1455] (ortolanus).
Pierre Tapis (ou) Tapies (*amortitzator calsis* Perpiniani).
Jean Costa, chanoine (canonicus ecclesie Sancti Johannis Perp.).
Pierre *Cabestany*, jardinier (ortolanus).
Guillaume *Ortaffa*, jardinier (ortolanus).
Bernard Ballero, jardinier (ortolanus).
Guillaume Sapte (témoin), jardinier [acte 28 mars 1455] (ortolanus).
Barthélemy Griffe, jardinier (ortolanus).
Jean Guirau ou Girau, jardinier.
Jacques Raymond, briquetier (teulerius).
Bérenger Ramon, briquetier (teulerius).
Pierre Masada, jardinier.
Antoine Massamont, menuisier (fusterius).
Jean Montella, briquetier (teulerius).
Guillaume Sapte (témoin), jardinier [acte 28 mars 1455] (ortolanus).
Jean *Opol*, jardinier (ortolanus), Perpiniani.
Raymond Balansa, jardinier (ortolanus).
Barthelemy Montalba, jurisconsulte (honorabilis), jurisperitus.
Bernard et Pierre Benedicti, tisseurs [acte 28 mars 1455] (textores), fratres.
Jean *Cerel*, étalagiste, (*tenderius*), ville Perpiniani.
Pierre Maso, tisseur (textor).
Hippolyte (ou) Polit Burges (ou) Burguès, menuisier (fusterius).
Guillaume Crestia, négociant (mercator).
Guillaume Aloy (témoin), forgeron (faber).
Guillaume et Jean Riu, jardiniers [acte 28 mars 1455] (ortolanus).
Pierre et Jean Pesa, jardiniers [acte 29 mars 1455] (ortolanus).
Bernard Blanquet, jardinier (ortolanus).
Bérenger Boffill, briquetier (teulerius).
Jacques et Jean Blanquet, jardiniers (ortolanus).
Pierre Masada (témoin), jardinier [acte 29 mars 1455] (ortolanus).
Jean Bassagoda ou Baseguda (note A), jardinier (ortolanus).
Honoré Buadella, jardinier (ortolanus).
Bernard Barallo, jardinier (ortolanus).
André Amell (témoin), tisseur [acte 29 mars 1455] (textor).
Christophe Blanquet, jardinier (ortolanus).
Bernard *Feliu*, jardinier (ortolanus), ville Perpiniani.
François Blanquet, jardinier (ortolanus).
Bernard Baster, jardinier [acte 29 mars 1455] (ortolanus).
Jacques Balansa.
Na Balansana (veuve).
Raymond et Pierre Bonet, jardiniers (ortolanus).
Raymond Roig.
Pierre et Bernard Beneset (frères), tisseurs (textores).
Jacques Possimanya (témoin), jardinier [acte 29 mars 1455] (ortolanus).
Arnaud Aganet, jardinier (ortolanus).
Jacques Maysos, apprêteur de draps (parator).

Pierre Carbonell, chirurgien (magister), *cirurgicus*.
En Conquer, jardinier (ortolanus).
Pierre Geli (témoin), jardinier (ortolanus) [acte 31 mars 1455], *die tricesima prima et ultima marcii.*
Jacques Gelsen, jardinier (ortolanus).
Jacques Caselles, jardinier (ortolanus).
Jean Colom.
Bernard *Ortola*, épicier [acte 31 mars 1355] (specierius).
Antoine Portell, tisseur (textor).
Barthélemy Vesia, pareur (parator).
(Domina) Balansana (vidua).
Étienne Pug (ou) Puig (note A), négociant (mercator).
Na Cabanera (vidua).
Jacques Sellera (témoin) [acte 31 mars 1455], Thuir (loci de Thoyrio).
Raphaël Rog (ou) Roig, épicier (specierius).
François Rocha, pareur (parator).
Jean Sebiud, tisseur (textor).
Barthélemy *Vallespir*, tisseur [acte 31 mars 1455] (textor), Perpiniani.
Guillaume Pares, tisseur (textor).
Bernard et Jacques *Sabater*, pareurs (paratores), ville Perpiniani.
En Cases, cordonnier (sabaterius).
Jean Aloy.
Jacques Bonahost (témoin), tisseur [acte 31 mars 1455] (textor).
En Terrius (de Villalongue).
Jean Pau (de Villalongue).
Jean Vaquer.
Jean Roquete, épicier (specierius).
Étienne et Jean *Opol* (témoin, prêtre) [acte 31 mars 1455] (presbiter in ecclesia S. Johannis).
Bernard *Cabestany* (loci de Capitestagno).
Guillaume *Ortaffa*, jardinier (ortolano).
Arnaud Pastor, jardinier (ortolano).
Jean Costa, prêtre (presbiter S. Johannis), Perpiniani.
Na Masona (vidua).
Antoine et Guillaume Masada (témoins) [acte 8 avril 1455], Cabestany (loci de Capitestagno).
Bernard Vila, boucher (de castro Rossilione) (carniserius, de castro Rossilione), *carnifex* (capbreu A).
Pallais Duran, jardinier (ortolanus), ville Perpiniani.
Antoine et Bernard Oliba.
Martin Ortaffa (héritiers), jardinier, ortolanus.
André Amell (témoin), tisseur [acte 10 avril 1455] (textor).
Nicolas Tauler, tisseur (textor).
Étienne Cassanyes, épicier [acte 14 avril 1455] (specierius).
Jean Griffa (témoin), jardinier (ortolanus).
Hippolyte (Polite) Tallant, de Cabestany (loci de Capitestagno).
Nichay (Nicolas) Castillio, négociant (mercator), Perpiniani.

Martin *Ortaffa*, jardinier (ortolanus).
Jean Molinès, pareur (parator).
Bernard Pincard, peaussier (pellerius).
Pierre Aganet, jardinier (ortolanus).
Bernard Major, jardinier (ortolanus).
Guillaume Sellera (témoin), négociant [acte 14 avril 1455] (mercator).
Raymond Comes, procureur du fisc royal (procurator fischalis regii).
Guillaume Tuxa, briquetier (teulerius).
Guillaume *Tarascho*, menuisier (fusterius).
Madona Fabressa.
Bernard Bonet.
Jean Rabolf (témoin), menuisier [acte 14 avril 1455] (fusterius), Perpiniani.
Guillaume Just, pareur (parator).
Bérenger Tortosa.
Georges Prim (témoin), jardinier [acte 14 avril 1455] (ortolanus), Perpiniani.
Jean Calmet, tisseur (textor).
Pierre Julia, négociant [acte 15 avril 1455] (mercator).
Raymond Balansa, jardinier (ortolanus).
Guillaume *Castell*, tisseur (textor).
Jean Guitard, jardinier (ortolanus).
Guillaume et Jean *Maurellas* (témoins), jardiniers [acte 15 avril 1455] (ortolani), Perpiniani.
Jean Armengau, prêtre (presbiter, discretus).
François Roure, courtier (correterius).
Antoine Orts, jardinier et brassier (ortolanus, brasserius), Perpiniani.
Bérenger Amill, prêtre (presbiter, discretus).
Étienne *Villalonga*.
Jean et Pierre *Cabestany* (témoins), jardiniers [acte 15 avril 1455] (ortolani), de Capitestagno.
Arnaud Pastor, jardinier (ortolanus), de Capitestagno.
Jean Baster, de Villalonga.
Bernard et Pierre Reig, jardiniers (ortolani).
Bérenger Blanquet, jardinier (ortolanus).
Jacques Armengau, prêtre (presbiter).
Jean *Torderes*, jardinier (ortolanus).
Jean Fabre, jardinier (ortolanus).
Guillaume de la Sana (témoin), jardinier [acte 15 avril 1455] (ortolanus).
Jean Massa, pareur (parator).
Barthélemy Maso.
Jean *Ceret*, étalagiste (tenderius).
Bernard Sabater, tisseur (textor).
Jean Boquer (témoin), jardinier [acte 15 avril 1455] (ortolanus).
Jean Alerigues, pareur (parator).
Jean Samaler, tisseur (textor).
Antoine Sabater, prêtre (presbiter).

André Amell (témoin), avocat [acte 15 avril 1455] (causidicus).
En Bernard Minyot, pareur (parator).
Jacques Vidal.
Jean Reynes (Aliot).
Georges et Jean *Cabestany*, jardiniers (ortolani).
François Serra, teinturier (tincturerius).
Antoine Melet, jardinier (ortolanus).
Nicolas Moleres.
(Domina) Volona.
Pierre Caselles (témoin), jardinier [acte 15 avril 1455] (ortolanus).
Na Bellerona.
François Roure, courtier (correterius).
Jean Roquete, épicier (specierius).
Jean Morera (témoin), jardinier [acte 15 avril 1455] (ortolanus).
Guillaume Costa, forgeron (faber).
Bernard Barallo, jardinier (ortolanus).
Guillaume Jean, négociant (mercator), Perpiniani.
Bernard Camp.
Guillaume Catala, jardinier (ortolanus).
Jean Roig.
Antoine Melet ou Malet (note A), jardinier (ortolanus).
Arnaud March, portier royal (*portarius regius*).
(Dominus) Bocanova, prêtre (presbiter).
Bernard Bonet, marchand forain (aventurerius), Perpiniani.
Pierre Carbonell, chirurgien (cirurgicus), Perpiniani.
Guillaume Pares, tisseur (textor).
Jean Maysos. teinturier (tincturerius).
Bérenger Guitard, jardinier (ortolanus).
Julien Pages (témoin), charretier [acte 15 avril 1455] (traginerius)[1], Perpiniani.
Laurent Ysern, cordonnier (*sutor*), ville Perpiniani.
Michel Pastor, juge (jurisperitus).
En Bertran Pellisser.
Jean Guitard, de Villalonga.
Antoine Oliver (témoin) [acte 15 avril 1455] (*sutor*), loci de Clayrano.
Pierre Garau, menuisier (fusterius).
Jean Membrat, pareur (parator).
Jean Cases, cordonnier (sabaterius).
Guillaume Jaubert, pareur (parator).
François Étienne (témoin), tisseur [acte 15 avril 1465] (textor).
Jean Xantmar ou Xammar, peaussier (pelliparius), Perpiniani.

---

1. Le *trajiner* était l'homme chargé de transporter les récoltes à dos de mulet. Le commerce se faisait autrefois par des caravanes de mulets conduits par un *trajiner;* on en rencontre encore dans la haute vallée du Tech. (P. Chevalier, P. Pacouil, G. Dagneaux, *Histoire du Roussillon; État économique et social du Roussillon*.)

Bernard *Alanya,* négociant (mercator).
Jean Tallet.
Guillaume Jaubert, pareur (parator).
Perpignan Speransa (témoin), peigneur de chanvre [acte 15 avril 1455] (pentinator).
En Blager, jardinier (ortolanus).
Pierre Balle, pareur (parator).
Guillaume Macip, négociant (mercator).
Jean Alegret, hôtelier (hostalerius), ville Perpiniani.
Bernard André, bourgeois (burgensis), dicte ville.
Antoine Adoet, hôtelier (hostalerius).
Arnaud de Granyau (témoin), bâtier [acte 15 avril 1455] (*basterius*), Perpiniani.
Pierre *Ortapha*, jardinier (ortolanus).
Pallais Duran.
Jean Boquer, jardinier (ortolanus).
Jean Camo, jardinier (ortolanus).
Bernard Camp, jardinier (ortolanus), ville Perpiniani.
Pierre Baget, jardinier (ortolanus).
Jean Reyal, épicier (spaserius).
Jean Riu, jardinier [acte 15 avril 1455] (ortolanus).
Jeanne, femme de Jacques Sabater.
Jean Aloy, jardinier (ortolanus).
Guillaume Pares, tisseur (textor).
Jean Cases, cordonnier (sutor).
Pierre Martines, intendant du bayle, satgio (nuncius), note A.
Honoré Darder, jardinier (ortolanus).
En Terre, tisseur (textor).
En (Bernard) *Montbaulo*, jardinier (ortolanus).
Georges Raynart, tisseur (textor), ville Perpiniani.
Jean Sparts, pareur (parator), ville Perpiniani.
Georges Borrat, pareur (parator), Perpiniani.
Antoine Bo, jardinier (ortolanus).
Arnaud-Guillaume Daubert (témoin), berger [acte 17 avril 1455] (pastor).
Nicolas Moleres, jardinier (ortolanus).
Pierre Candell, notaire (notarius).
Pons et Arnaud Aganet, jardiniers (ortolanus).
Jean Oliver, tisseur (textor).
André Marti, juge (jurisperitus).
Jean Uguet, jardinier (ortolanus).
Bérenger Valls (témoin), pareur [acte 17 avril 1455] (parator).
Paul et Jacques Rodon, jardiniers (ortolanus).
Jean *Vallespir*, jardinier (ortolanus), ville Perpiniani.
Guillaume March (témoin), jardinier [acte 17 avril 1455] (ortolanus).
Barthélemy Garriga, jardinier (ortolanus).
Jean Sola.
Jean et Mestre Guilhem Vila, jardiniers (ortolanus).

Bernard Sebrer (ou) Sabrer (de Pontella), loci de Pontiliano.
Jacques *Vives* (témoin), jardinier [acte 17 avril 1455], loci de Pontiliano.
Pierre Losa ou Llosa, jardinier, locé de Pontiliano.
Antoine Fita (témoin), jardinier [acte 17 avril 1455), loci de Pontiliano.
Perpignan Losa, jardinier, loci de Pontiliano.
François Calmet, tisseur (textor).
Jean Jaubert, négociant (mercator), Perpiniani.
Bernard Major, jardinier (ortolanus).
Bernard Batalla, tisseur (textor).
Jacques Guirau (témoin), jardinier [acte 21 avril 1455] (ortolanus).
Bérenger Boffill, briquetier (teulerius), ville Perpiniani.
François Rocha, pareur (parator).
Michel Lobet, prêtre (presbiter).
Bernard Vila, bayle *de Castell Rossello*-(bajulus) Castri Rossilionis.
Mossen Riambau.
Jacques Fabre (témoin), tisseur [acte 23 avril 1455] (textor).
Jean Laurera, briquetier (taulerius).
Marguerite, femme de Guillaume Volona, négociant (mercator).
Jean Olivier, tisseur (textor).
En Grasset, pareur (parator).
Pierre Cathala, négociant (mercator).
Étienne Cardo (témoin) [acte 23 avril 1455], de Baixas, loci de Baxanis.
Jean Blanquet, chanoine (de l'Église de la Real) (religiosus), *canonicus ecclesie Beate Marie de Regali, Perpiniani.*
Marguerite, femme de François Cantagrills, négociant (mercator), ville Perpiniani.
Pierre Calmilla (ou) Camilla, jardinier (ortolanus).
Arnaud Pastor, jardinier (ortolanus).
Jean (vénérable) Costa (témoin), sacristain [acte 25 avril 1455], sacrista major ecclesie Sancte Johannis.
Jeanne, femme d'Amédée *Rossello*, jardinier (ortolanus).
Bernard Pincard, peaussier (pellerius).
Jean Aganet (témoin), jardinier [acte 28 avril 1455] (ortolanus).
Honoré *Volo*, jardinier [acte 28 avril 1455] (ortolanus), ville Perpiniani.
Antoine *Toir*, cordonnier (sutor).
Bernard Dalmau, jardinier (ortolanus).
Jean Avril, tailleur (sartor).
Jacques *Soler*, jardinier [acte 28 avril 1455] (ortolanus).
Bérenger Tortosa, jardinier (ortolanus), ville Perpiniani.
Bernard *Ortola*, épicier (specierius).
Guillaume Just, jardinier [acte 28 avril 1455] (ortolanus).
Jacques Rotundi, jardinier (ortolanus).
Guillaume Domingo, jardinier (ortolanus).
Pierre Maura, menuisier (fusterius).
Jean Uguet, jardinier (ortolanus).
Bernard Spinet, tisseur [acte 28 avril 1455] (textor).

Jean Roqueta, épicier (specierius).
Georges Struch, tisseur (textor).
Jean Riu.
Pierre Maura, menuisier (fusterius).
Jacques Guayrau, négociant [acte 7 mai 1455] (mercator).
Jean Colom, jardinier (ortolanus).
Jean Vindro, jardinier (ortolanus).
S. Seguer, jardinier (ortolanus).
Michel Corb (témoin), boulanger [acte 7 mai 1455] (furnerius).
Mestre de *la Menyera* (note A) ou Manyera, tailleur (sartor), Perpniani.
Guillaume Tuxa, briquetier (teulerius), ville Perpiniani.
Bernard Balaguer, jardinier (ortolanus).
Pierre Caselles, jardinier (ortolanus).
Bernard Vinyes (témoin), brassier [acte 7 mai 1455] (brasserius), Perpiniani.
Jean de la Guardia, brassier (brasserius).
Jacques Montaner, notaire (notarius).
Guillaume Daubia (témoin), pareur [acte 27 mai 1455] (parator).
François Olive, cordonnier (sutor).
Raymond Coma, avocat et procureur royal (causidicus et procurator fischalis curie Patrimonii regii), Perpiniani.
François Calmet.
Bernard Ysern, jardinier (ortolanus).
Arnaud Bigorda (témoin) [acte 9 mai 1455], loci de Sancto Cipriano.
Jean de Valentia, civitatis Elne.
Laurent Sabater, jardinier (ortolanus), ville Perpiniani.
En Terre.
Barthélemy *Montalba*, juriste (jurisperitus).
En Simon.
Bernard *Féliu* (témoin) [acte 16 mai 1451].
Raymond et Jacques Balansa.
René Martines, intendant du bayle, sagio (nuntius) curie bajulie Perpiniani.
Guillaume Jaubert.
(Domina) Aloya.
Jean Cases cordonnier, (sutor).
Ypolite Burgues (témoin), menuisier [acte 16 mai 1455] (fusterius).
Jean *Fuster*, scribe (scriptor).
Jean Vindro, jardinier (ortolanus).
Jean et François Blanquet (témoins), jardiniers [acte 19 mai 1455] (ortolani).
Jacques Gelsen (ou) Guelsen, maître maçon (peyrerius), ville Perpiniani.
Bernard Balaguer.
Pierre de Ruat (témoin), pareur (parator).
Antoine *Sabater*, maçon [acte 19 mai 1455] (peyrerius), Perpiniani.

Pierre Bo, jardinier (ortolanus), ville Perpiniani.
Georges Tallant, pareur (parator).
Barthélemy Domenech (témoin), tisseur [acte 19 mai 1455], (textor), Perpiniani.
Mathieu Blager, jardinier (ortolanus), ville Perpiniani.
En Masada.
En *Ceret*.
Bernard *Rossilio[nis]*, jardinier (ortolanus).
Jean Roquarol (témoin), brassier [acte 20 mai 1455] (brasserius).
Jean Cenros, forgeron (faber), Perpiniani.
Laurent Calmet, prêtre (presbiter), tutor et curator.
Perpinianus Losa, jardinier (ortolanus).
Guillaume Christia, négociant (mercator).
Pierre Guillaume.
Jean Batalle (témoin), tisseur [acte 20 mai 1455] (textor).
Jean Savile, tisseur (textor).
François Roure, courtier (carraterius), ville Perpiniani.
Jean Godall (témoin), notaire (notarius), Perpiniani.
Bernard *Samaler* (note A) ou Semaller (témoin), notaire [acte 20 mai 1455] (notarius), Perpiniani.
Bernard Baster, jardinier (ortolanus), tutor datus.
François Pagès.
Bernard Polit (témoin). jardinier [acte 20 mai 1455] (ortolanus).
Pierre Olive, poissonnier (peixonerius, peysonerius) (note A).
Jean Serra, négociant (mercator).
En *Urgell*, loci de Villalonga.
Jalabert (ou) Gilabert *d'Elna*.
Jean-Pierre, fils de Raymond, poissonnier [acte 27 mai 1455] (pexonerius).
Raymond de Gratia, poissonnier [acte 27 mai 1455] (pexonerius)
Hippolyte Torner, poissonnier (pexonerius), Perpiniani.
Guillaume Jaubert, pareur (parator).
Bernard Fabre, tisseur (textor).
Guillaume Baget, jardinier (ortolanus).
Dalmacius Deu, tisseur (textor).
En *Teuler* (ou) Tauler, tisseur (textor).
Étienne (et) Barthél. Dauder (témoins), jardiniers [acte 27 mai 1455] (ortolani).
Pierre Venrell (témoin), jardinier [acte 27 mai 1455] (ortolani).
Pierre Casals, cardeur de laine (cardayre).
Jean Montella, jardinier (ortolanus).
Antoine Amfos (ou) Alfos, pareur (parator).
Antoine Calaf (témoin), négociant [acte 27 mai 1455] (mercator).
Pierre Surge, coiffeur-barbier, (barbitonsor), Perpiniani.
François Peyronet.
Jacques (et) Barthélemy, fils de Raymond.
Jean Cicre (témoin), brasseur [acte 2 juin 1455], (brasserius).

Jean Lambert (ou) Lambard, loci de Rofiaco[1], Carcassonensis diocesis.
Pierre Farete, scribe (scriptor discretus et procurator honorabilis Raymundi).
Bérenger Guitard.
Guillaume Donat, jardinier (ortolanus).
Jean *Rossello* (témoin), jardinier [acte 25 juin 1455] (ortolanus).
François Roche, pareur (parator).
Germain Castello, tisseur (textor).
Na Borolla.
Bérenger Boffil, briquetier (teulerius).
Jean Sabiut, tisseur (fils aîné), textor (major dierum).
Raphaël Bosch, pareur (parator), de Perpiniano.
Pierre Huguet, pareur (parator), de Perpiniano.
Guillaume Anella, prêtre (presbyter).
Martin Fabre, jardinier (ortolanus).
Bérenger Armengau (témoin), brasseur [acte 12 juillet 1455] (brasserius).
Pons Castell, empailleur (empallator), Perpiniani.
Claire, femme de Ferréol Boscarios et fille d'Étienne Cassanyes, épicier (specierius).
Guillaume Jaubert, négociant [acte 21 juillet 1455] (mercator).
Pierre Baciner, pareur (parator).
Pierre Vaquer.
Jean Jou (témoin), bourgeois [acte 22 juillet 1455], (burgensis honorabilis).
Pierre Savine, menuisier (fusterius).
Gaspar Ysern, in loco de Ortaffano comorans.
Bérenger Macip, négociant (mercator).
Bernard Vila, bayle de Castel Roussillon (bajulus Castri Rossilionis).
Gabriel Codalell (ou) Codolell (témoin), pareur [acte 1er août 1455] parator.
Bernard Pedrer, négociant (mercator), Perpiniani.
Pierre Vila (ou) Valls, jardinier (ortolanus).
Paul Rodon (témoin), jardinier [acte 15 octobre 1455] (ortolanus).
Jean Cathala, maçon (peyrerius), Perpiniani.
Jean Metge, tisseur (textor), ville Perpiniani.
En Tolsa, courtier (curritor).
Antoine Resplant (témoin), notaire [acte 20 octobre 1455] (notarius discretus).
Jean Sebiud (ou) Sabiud, tisseur (textor), Perpiniani.
En Rocha, tisseur (tixador).
Barthélemy Borrell, pareur (parator), ville Perpiniani.
Pierre et Guillaume Geli, tisseurs (textores).
Jean Semaler, tisseur (textor).

---

1. Probablement Rouffiac-des-Corbières, canton de Tuchan, où l'on voit les vestiges du vieux château de Pierre-Pertuse (*Perapertusa*).

Jean Alarigues, pareur (parator).
Gabriel *Codalet* (témoin), pareur [acte 26 novembre 1455].
Laurent Guiter (témoin), pareur [acte 26 novembre 1455].
Jacques Montaner, notaire (notarius), ville Perpiniani.
Michel Pastor (témoin), juge [26 novembre 1455] (jurisperitus, baccallarius in legibus).
Jacques Çatorre, scribe (scriptor), Perpiniani.
Guillaume Tuxa, briquetier (teulerius), Perpiniani.
Jean Vola, bourgeois (burgensis).
Pierre Aybri (témoin), négociant [acte 27 novembre 1455] (mercator).
Jean Traginer, scribe (scriptor), ville Cauquiliberi (Collioure).
Françoise, veuve de Guillaume Just, jardinier (ortolanus) (quondam).
En Loga (ou) Lloga.
Jean *Vives* (témoin), jardinier [acte 1er décembre 1455] (ortolanus).
Jean Texet, courtier (carreterius), Perpiniani.
Jean Vindro, jardinier (ortolanus).
En Orts, peigneur de chanvre [acte 2 décembre 1451] (pentinator).
Bernard André, bourgeois (burgensis), ville Perpiniani.
Jean et Arnaud Montella.
Na (vidua) *Montalbana.*
Pierre Marcial.
En Gasany.
En *Monlaur.*
Pierre *Villalonga.*
(domina) Guerauda.
Pierre (témoin) [acte 10 décembre 1455], Petrus, diocesis Sancti Johannis de Moriena (Saint-Jean-de-Maurienne, comté depuis le onzième siècle).
Bernard André.
Jean de Ulmis, donzell (domicellus), d'Oms.
Jean Nomdedeu, négociant (Johannis Nominis Dei, mercatoris).
Guillaume Tuxa.
Michel Montella.
Guillaume *Illes,* prêtre (presbiter).
Bérenger Béatriu (Biatriu), pareur (parator).
Marguerite, fille de feu Puig (filia Podii quondam), de Bajolis.
Barthélemy de Genoha, bijoutier (argenterius), de Perpiniano.
Arcendis.
(Feu) Arnaud Piquer.
G. Causit.
Pierre Carcaner [actes 16 décembre 1455].
Guillermona, femme de Jacques Pinyol, jardinier (ortolanus).
Bernard et Pierre Benoît, tisseurs (textores, fratres).
Bérenger Amill, prêtre (presbiter).
En Seguer, de Villalonga.
Jean Mayor et Jean Colom (témoins), jardiniers [acte 31 décembre 1455] (ortolani).

Jacques Redon.
Jean Calmet, tisseur (textor).
Raymond Pellicer, forgeron (faber).
Bernard Vila (témoin), bayle [acte 5 janvier 1456], bajulus Castri Rossilionis.
Peyrot de Peres, berger (pastor).
Guillaume de Casa bona, berger (pastor).
Guillaume Griffe, jardinier (ortolanus).
En Adoet, hôtelier (aubergiste) (ostalerius).
En Alegret, hôtelier (ostalerius).
Bernard Reg, jardinier (ortolanus).
Na Francha [acte 21 janvier 1456].
Guillaume Pagès, habitator loci de Bono Passu, diocesis Elnensis.
En Piquer, de Ribesaltes.
Michel Struch, intendant du bayle de Perpignan (sagio curie honorabilis bajuli), ville Perpiniani.
Pierre Pedrer (témoin), pareur [acte 16 mars 1456] (parator), Perpiniani.
Guillaume Danjou, pareur (parator).
Jean Bonet, habitator de Villalonga.
Jean Massot, jardinier (ortolanus).
André Fresche, loci de Villalonga.
Pierre Bochanova (témoin), peaussier [acte 17 mai 1456] (pelicerius).
André Amell, procureur (procurator seu causidicus).
Pierre Vaquer, jardinier (ortolanus), ville Perpiniani.
Pierre Cellera, jardinier [acte 23 septembre 1450] (ortolanus).
Lauren Ysern, cordonnier [acte 11 novembre 1456] (sutor).
Antoine Guich, courtier (curritor), de Perpiniano.
Antoine Ventos, étudiant (studens in artibus), fils de Bernard Ventos, coiffeur (barbitonsor), Perpiniani.
Jacques Parigues, de Torreilles (in loco de Turrillis).
Grimalda, filia J. Grimau, bourgeois (burgensis.
Arnaud *Arles*, jardinier (ortolanus).
Jean Dalmau (témoin), cordonnier [acte 3 novembre 1460, M°CCCCLX] (sutor).
Barthélemy *de Castres*, Perpiniani.

CAPBREU DE CASTELL ROSSELLO

(1451-1456)

Numéros des actes, noms, profession, contenance et lieux dits, redevances.

---

1. Bernard Oliba, jardinier (champ), 2 ayminates, via du Château à Villalonga, 2 sous 6 deniers.

— (champ), 3 cartonates (du Château à Cabestany), 1 denier de cens.

— (champ), 4 ayminates (du Château à Villalonga), 18 deniers de cens.

— (champ), 1 ayminate (via de Castro à Bonpas, condomina d'*En Mondo*), 6 deniers de cens.

— (vigne), 2 ayminates, 12 deniers de cens.

— (maillol), 3 cartonates de terre, 6 deniers de cens.

— (maillol), 3 quadrones, 6 deniers de cens.

— (maillol), 5 quadrones, 2 sous de cens.

2. Guillaume Jaubert, marchand (olivette), 3 ayminates et demie, *Lo Stany*, 12 deniers et l'aumône : 6 deniers.

3. Jean Oliver, tisserand (maillol), 1 ayminate, 4 deniers.

4. Jean Torderes, jardinier (maillol) (quantité n'est pas indiquée), 4 sous de cens.

5. Bernard Pincard, peaussier (vigne et terre), 6 cartonates, *Los Volons*, 6 deniers.

6. Arnaud Marc, joueur de flûte (*tubicen*) (vigne), 1 ayminate, à Castel Roussillon, 1 obole de cens.

7. Jean Darder, jardinier (vigne), 1 ayminate, à Castel Roussillon, 4 deniers de cens.

— (terre), 2 ayminates, à Castel Roussillon, 9 deniers.

8. Bernard Ballero, jardinier (vigne), 6 cartonates, *Pug Teuler*, 22 deniers.

9. Jean Sola, jardinier (vigne), 2 ayminates, 3 sous de cens.

10. Pierre Reg, jardinier (vigne), 1 ayminate, *Loberes*, 2 deniers et 1 obole de cens.

11. Bernard Reg (son frère), jardinier (vigne), 1 ayminate, 1 denier de cens.

12. Jacques Armengau, prêtre bénéficier de Saint-Jean (vigne), 2 ayminates, 12 deniers de cens.

13. Jacques Possmanya, jardinier (champ), 7 cartonates, 2 sous 6 deniers de cens.

— (vigne), 5 cartonates (confrontant en Vila, bayle de Castel Roussillon), 3 sous de cens.

14. François Pages, jardinier (terre), 1/2 ayminate, à *Bell Royre*, 1 denier de cens.
15. Pierre Casals, cardeur (vigne), 1 ayminate, 18 deniers de cens.
16. Jean Sola, jardinier (vigne), 5 cartonates, 2 deniers de cens.
17. Jean Girald, jardinier (vigne), 1 ayminate, 6 deniers de cens.
— (vigne), 1 ayminate, 6 deniers de cens.
18. Pierre et Bernard Beneset, tisseurs (champ), 4 ayminates (confrontant *Lo Capellaniu* et *Via de Carlos*, via de Perpiniano à Villalonga), unam guallinam domesticam bene receptibilem et trois deniers de cens.
19. Jean Cabestany, jardinier (vigne), 3 cartonates, 1 denier de cens.
20. Guillaume Prim, jardinier (champ), 2 ayminates (prope *mansum* Guillelmi de Podio, domicelli), 12 deniers de cens.
21. Laurent Torre, baynerius (garrigue), 2 ayminates, *Coma Lobera*, 6 deniers de cens.
22. Jean Vindro, jardinier (vigne), 2 ayminates, *Al Volos*, 6 deniers de cens.
23. Arnaud Pastor, jardinier (vigne), 6 cartonates, 5 deniers de cens.
24. Barthélemy Griffe, jardinier (vigne), 2 ayminates, *Coma Lobera*, 8 deniers de cens.
— (vigne), 1 ayminate (*Dejus les faldes de Santa Tecla*), 4 deniers de cens.
25. Jean Opol, jardinier (champ), 1 ayminate (*Sobre l'Estany gros*), 1 *punyeria d'orge*.
26. Jean Ceret, tenderius (vigne), 1 ayminate, *Los Volos*, 1 obole de cens.
27. Arnaud Marti, jardinier (vigne), 3 ayminates, *Les Loberes*, 18 deniers de cens.
28. Jacques Blanquet, jardinier (vigne), 6 cartonates, *Al Pug de la Rosa*, 1 *pugesia* de cens.
29. Bernard Blanquet, jardinier (vigne), 3 cartonates, *Pug de la Rosa*, 1 *pugesia* de cens.
30. Jean Bassagoda ou Baseguda, jardinier (vigne), 6 cartonates, *Al Cap del Stany*, 1 denier de cens.
31. Christophe Blanquet, jardinier (champ) (?), *L'Estany d'En Losa*, 6 deniers de cens.
32. Guitard, jardinier (vigne) (?), près *Santa Tecla*, 10 deniers de cens.
33. Bernard Bonet, jardinier (terre), 3 cartonates, *Pug de la Rosa*, 12 deniers de cens.
34. Bérenger Guitard, jardinier (terre), 3 cartonates, *A bell Roure*, 1 denier de cens.
35. Bernard Balaguer, jardinier (terre), 1 ayminate, *Les Loberes*, 9 deniers de cens.
— (terre), 3 cartonates, *Los Volos*, 6 deniers de cens.
36. Bernard Feliu, jardinier (terre), 1 ayminate, *Cap de Caderoles*, 6 deniers de cens.

37. Esclarmonde, femme de B. Vesia, pareur (vigne), 1 ayminate, *prope capillam Sante Tecle*, 3 deniers de cens.

38. Germain Castillo, tisseur (vigne), 1 ayminate, *Pug de la Rosa*, 3 sous de cens.

39. Guiraud, femme de G. Pares, tisseur (vigne), 6 cartonates, *Les Carderoles*, 1 obole de cens.

40. Ypolite Bonet, jardinier (vigne), 2 ayminates, *Lo Cap del Stany*, 8 deniers de cens.

41. Bernard Cabestany (vigne), 4 ayminates, loco *Teulet*, 12 deniers de cens.

42. Agnès, femme de Pallais Duran, jardinier (champ), 6 cartonates, *Na Brandina*. 2 sous de cens.

43. Bernard Jorda, jardinier (champ), 4 ayminates, *En Correu*, 1 *gallina domestica* et 3 deniers de cens.

44. Bernard Baster, jardinier (terre), 2 *pièces de terre*, *L'Estany d'En Losa*, 5 sous et 1 denier de cens.

— (olivette), 6 cartonates, *Na Brandina*, 2 sous de cens.

— (vigne), 3 cartonates, *Los Volos*, 1 denier de cens.

— (vigne), 3 cartonates, *Los Volos*, 5 deniers de cens.

— (champ), 3 cartonates, *Lo Stany d'En Losa*, 1 denier de cens.

— (champ), 6 cartonates, *L'Estany d'En Losa*, 1 obole de cens.

45. Pierre Bonet, jardinier (vigne), 3 ayminates, *Les Loberes*, 1 sou de cens.

— (champ), 6 cartonates, *Pug Coma*, 6 deniers de cens.

46. Bernard Ortola, épicier (vigne), 7 cartonates, *Al Volos*, 8 deniers de cens.

47. Georges Prim, jardinier (vigne), 2 ayminates, *Los Volos*, 1 oie (ancerem domesticum bene receptibilem) *unum anchot*).

48. Riccende, femme de R. Balansa, jardinier (vigne), 1 ayminate, *Santa Tecla*, 3 deniers de cens.

49. Bernard Reig, jardinier (vigne), 1 ayminate, *Les Loberes*, 1 denier de cens.

50. Jean Blanquet, jardinier (champ), 1 ayminate, *Dejus Carderoles*, 6 deniers de cens.

51. Arnaud Aganet, jardinier (champ), 1 ayminate (note A), 5 ayminates, *La Salancha*, 12 deniers de cens.

52. Bernard Ballero, jardinier (vigne), 6 cartonates, *Pug Taulo*, 22 deniers de cens.

53. Léonard Masada, jardinier (vigne), 3 ayminates, *Les Loberes*, 4 deniers de cens.

54. Jean Raynès ou Aliot, jardinier (vigne), 2 ayminates, *Les Loberes*, 6 deniers de cens.

55. Marguerite, femme d'Hippolyte Burgues (maillol), 1 ayminate, *Los Volos*, 1 obole de cens.

56. Guillaume Geli, épicier (vigne), 3 cartonates, *Lo Pug de la Rosa*, 6 deniers de cens.

— (cotiu), 3 ayminates, 2 sous de cens.

57. Jean Torderes, jardinier (vigne), 2 ayminates, *Les Loberes,* sine prestatione alicujus census.

58. Jean Montella, jardinier (vigne), 5 cartonates, *Al Cap dels Volos,* 5 sous de cens.

59. Jean Uguet, jardinier (vigne), 1 ayminate, *Les Loberes,* 4 deniers de cens.

60. Georges Guirau, jardinier (vigne), 3 cartonates, *Les Loberes,* 6 deniers de cens.

61. Pierre Reig, jardinier (vigne), 1 ayminate, *Loberes,* 2 deniers et 1 obole.

62. Pons Aganet, jardinier (coteau), 2 ayminates, *Bell Roure,* 3 deniers de cens.

63. Manda, femme de Bernard Camp, jardinier (vigne), 3 cartonates, *Los Volos,* 5 deniers de cens.

64. Pierre Guasc, jardinier (vigne), 1 ayminate, *Carderoles,* 9 deniers de cens.

65. Jacmina, femme de Pierre Carbonell, chirurgien (vigne), [ ], *Carderoles,* 1 denier de cens.

66. Laurent Ysern, cordonnier (terre), 5 cartonates, *Loberes,* sine prestatione alicujus census.

67. Garauna, femme de Pierre Garau, menuisier (vigne), 1 ayminate, *Sobre l'Estany de Castell Rossello,* 12 deniers de cens.

68. Agnes, uxor relicta de Jean Xantmar, peaussier (terre), 1 ayminate, *Sancta Tecla,* 12 deniers de cens.

69. Bernard Minyot, pareur (champ), 2 ayminates, *La creu de Castell Rossello,* 8 deniers de cens.

70. Jean Alegret, hôtelier (vigne), 6 ayminates, *Al Planas,* confrontant *cum stagno* Andree burgensis dicte ville, 6 sous de cens.

71. Pierre Ortapha, jardinier (vigne), 1 ayminate, *A la Casa Na Brandina,* 12 deniers de cens.

72. Bernard Camp, jardinier (cotiu), 2 ayminates, *Coma Lobera,* 8 deniers de cens.

73. Jeanne, femme de Jacques Sabater (champ), 3 cartonates, *Al Cap de Carderoles,* 4 deniers.

— (champ), 1 ayminate, sine prestatione census.

74. Honoré Darder, jardinier (cotiu), 2 ayminates, *Al Planas,* 8 deniers de cens.

75. Georges Raynart, tisseur (vigne), 6 cartonates, *Les Loberes,* 9 deniers de cens.

76. Jean Sparts, pareur (vigne), 6 cartonates, *Loberes,* 9 deniers de cens.

77. Guillaume Ortaffa, jardinier (vigne), 5 ayminates, *Taulet,* confrontant *lo exauch del stany de Castell Rossello,* 2 sous et 7 deniers.

78. Nicolas Moleres, jardinier (maillol), 1 ayminate, *Bell Roure,* 4 deniers de cens.

— (vigne), 5 cartonates, *Bell Roure,* 6 deniers de cens.

79. Jean Vallespir, jardinier (coteau), 2 ayminates, *Volos*, 12 deniers de cens.

80. Jean Opol, jardinier (terre), 1 ayminate, *Al Cap del Stany*, 4 deniers de çens.

81. Etienne Pug, marchand (maillol), 3 cartonates, *Dejus Santa Tecla*, 4 deniers de cens.

82. Jean Tallet, jardinier (vigne), 7 cartonates, *Als Volos*, 6 deniers de cens.

83. Pierre Losa, jardinier (champ), 3 ayminates, *Bell Roure*, 12 deniers de cens.

84. Perpinianus Losa, jardinier (vigne), 1 ayminate, *Al Cap del Stany*, 6 deniers de cens.

85. Bernard Major, jardinier (vigne), 6 cartonates, *Carderoles*, 3 deniers de cens.

86. Bérenger Boffill, briquetier (vigne), 1 ayminate, *Al camp d'En Terrena*, 18 deniers de cens.

— (gravam), 1 ayminate, *Al camp d'En Terrena*, 3 sous de cens.

— (cotiu) [ ], *Al camp d'En Terrena* (sans cens).

87. Bérenger Boffill (terrain rocailleux), 1 ayminate, 3 sous de cens; et coteau, exempt de cens.

88. Marguerite, femme de Guillaume Volona, marchand (maillol), 1 ayminate, *Les Loberes*, 6 deniers de cens.

89. Marguerite, femme de François Cantagrills, marchand (vigne), 2 ayminates, *Al Cap del Stany*, 6 deniers de cens.

90. Jeanne, femme d'Amédée Rossello, jardinier (champ), 5 cartonates, *Los Volos*, 1 denier de cens.

91. Honoré Volo, jardinier (vigne), 1 ayminate, *A Bell Roure*, 6 deniers de cens.

92. Bérenger Tortosa, jardinier (vigne), 6 cartonates, *Als Volos*, 6 deniers de cens.

93. Georgia, femme de Honoré Volo, jardinier (vigne), 5 cartonates, *Los Volos*, 6 deniers de cens.

94. Guillaume Deus lo sal, pareur (vigne), 3 cartonates, *A Bell Roure*, 12 deniers de cens.

95. Jean Roqueta, épicier (vigne), 6 cartonates, *Al Cap del Stany*, 4 deniers de cens.

96. Jacques Guayrau, marchand (champ), 5 cartonates, *Los Volos*, 6 deniers de cens.

97. Guillaume Tuxa, briquetier (terre), 3 ayminates, *A les Loberes*, 12 deniers de cens.

98. Jacques Opol, jardinier (champ), 1 ayminate, *Stany*, 4 deniers de cens.

99. Raymond Coma, causidicus et procurator... (vigne) [ ], *Les Loberes*, 3 deniers de cens.

100. Laurent Sabater, jardinier (vigne), 1 ayminate, *Stany gros*, 1 *punyeria* d'orge.

101. Pierre Matines, *sagius curie bajuli ville P.* (vigne), 3 cartonate *Bell Roure*, 4 deniers de cens.

102. Jean Colomi, jardinier (cotiu), 2 ayminates, *Los Volos*, 2 sous de cens.
103. Jacques Gelsen, maçon, peyrerius (vigne), 6 cartonates, *Loberes*, 8 deniers de cens.
104. Pierre Bo, jardinier (champ), 2 ayminates, *Al Stany*; cens d'un *demi-quarton d'orge purgée*.
105. Mathieu Blager, jardinier (vigne), 3 ayminates, *Santa Tecla*, 12 deniers de cens.
106. Laurent Calmet, prêtre (vigne), 1 ayminate, *Los Volons*.
— (garrigue) [ ], *Los Volons*, pas de cens.
107. François Roure, courtier, carraterius (vigne), 4 ayminates, *Les Loberes*, 16 deniers de cens.
108. Bernard Baster, jardinier (maillol), 3 ayminates, *Coma Lobera*, 9 deniers de cens.
109. Pierre Olive, peixonerius (vigne), 3 ayminates et demie, *Coma Lobera*, 18 deniers de cens.
110. Hippolyte Torner, poissonnier (vigne), 1 ayminate, *Los Volos*, 6 deniers de cens.
111. Jean Guirau, jardinier (garrigue), 2 ayminates, *Cardaroles*, 15 deniers de cens.
112. Jean Massa, jardinier (vigne), 1 ayminate, *Los Volons*, 3 sous de cens.
113. Guillaume Raymond, marchand (forêt, *nemus*), 6 cartonates, *La Rola*, 10 deniers de cens.
114. Arnaud Aganet, jardinier (vigne), 2 ayminates, *Bell Roure*, 2 deniers de cens.
115. François Rocha, pareur (vigne), 1 ayminate, *Al Pug de la Rosa*, 3 sous de cens.
116. Bérenger Boffill, briquetier (vigne), demi-ayminate, *Prope lo Stany d'En Dousa*, 18 deniers de cens.
117. Claire, femme de Ferréol Boscarios, fille d'Etienne Cassanyes, épicier (champ), 4 ayminates, in terminis de Castro Rossilione; 1 gallina domestica bene receptibilis.
118. Guillaume Montella, jardinier (terre), 4 ayminates, *Lo Stany de Castell Rossello*, 3 sous et 3 deniers.
119. Gaspard Ysern, habitant à Ortaffa (olivette), 2 ayminates, *Santa Tecla* et *Prope Crucem*, 1 denier de cens.
120. Pierre Vila, jardinier (champ), 2 ayminates, *Porta Major*, 7 deniers de cens.
121. Jean Metge, tisseur (vigne), 3 cartonates, *Al Stany*, 6 deniers de cens.
122. Barthélemy Borrell, pareur (maillol), 3 cartonates, *Pug de la Rosa*, 12 deniers de cens.
123. Jacques Montaner, notaire (vigne), 1 ayminate, *Al Cap del Stany*, 4 deniers de cens.
124. Guillaume Tuxa, briquetier (gravam), 3 ayminates, *Sublus turrim de Castro Rossilione*, 3 sous de cens.
125. Françoise, femme de Guillaume Just, jardinier (maillol), 6 cartonates, via vocata *de Carles*, 1/2 quarton d'orge *raserius*.

126. Jean Colomi, jardinier (champ), 5 cartonates, *Dels Volos*, 18 deniers de cens.

127. Bernard André, bourgeois (terra francha allodialis), 3 ayminates, *L'Estany*, 18 deniers de cens. — Cette pièce de terre contient 1.500 cannes de Montpellier, 3 sous de cens.

128. Bernard André, 1° aliam (terre), in terminis Castri, 6 deniers, — 2° aliam peciam terre, in dictis terminis, 6 deniers.

129. Guillaume Macip, marchand (terre), 7 ayminates, *Costis de Puig Olrer,* 12 deniers barcelonais.

— (alia terra), 9 ayminates, confrontant *ecclesiam* Beate Marie de Carmelo, 28 sous.

— (duas alias pecias) [ ], *Villa Noveta*, 12 deniers.

— (alia pecia terre) [ ], in terminis de Castro, 1/2 carton d'orge.

— (champ) [ ], in dictis terminis, 1 denier de cens.

— (pecia terre) [ ], via publica qua itur de Castro Rossilione ad molendinum, 3 deniers de cens.

— (champ) [ ]; *Villa Noveta,* 15 deniers.

— (pecia terre), 5 ayminates, *Porta Major*, 5 sous de cens.

— (pecia terre) [ ], in terminis dicti loci, 12 deniers.

— (vigne), via publica qua itur de Perpiniano ad locum de Canet, 12 deniers.

— (vigne), 1 cartonate et demie, 9 deniers.

— (jardin), 1 cartonate et demie, 2 sous, 4 deniers.

— (jardin), 1/2 ayminate, 3 sous.

— (pecia terre), 1/2 ayminate, 1 denier et 1 obole.

— (pecia terre), 7 cartonates, 1 sou.

— (patuos), 7 cartonates, 7 deniers.

— (peciola terre), 1/2 cartonate, 1 sou.

— (pecia terre), 1/2 cartonate, 3 sous et 2 deniers.

130. Guillermona, femme de Jacques Pinyol, jardinier (champ), 1 ayminate 1/2, *A la Salancha subtus dictum castrum*, 12 deniers.

131. Jacques Redon, jardinier, 1 ayminate 1/2, *Al Volos*, 6 deniers.

132. Guillaume Griffa, jardinier (vigne), 2 ayminates, *L'Estany d'En Dossa,* 9 deniers barcelonais de tern.

133. Guillaume Pages (habitator de Bono Passu, *du diocèse d'Elne*), 6 cartonates, *Crestenteres*, in terminis sancti Salvatoris de Canamals, 3 oboles.

134. Jean Bonet, hab. de Villalonga (champ), 3 ayminates, *La Salancha*, 12 deniers.

135. Pierre Vaguer, jardinier (terre), 2 ayminates 1/2, *La Salancha*, (partie), 15 deniers (et partie non assujettie au cens).

136. Guillaume Montella, jardinier (terre), 4 ayminates, *L'Estany; tresdecim* denarios.

137. Antoine Ventos (studens in artibus), fils de Bernard Ventos, barbitonsoris, 7 cartonates, *Los Volos*, 4 deniers de cens.

CONCLUSION

J'ai eu soin de mentionner[1], et principalement de mettre en évidence tout ce qui pouvait donner à ces documents une valeur historique, tels que les noms propres, et dénominations particulières relevées dans les deux Registres du Capbreu de Castell-Rossello.

Relevons, en passant, en ce qui concerne les noms de lieu, ceux qui proviennent de noms composés.

Lorsque les éléments de composition s'étaient anciennement fondus ensemble et avaient formé, en latin déjà, un nom composé, ce nom s'est naturellement transformé, selon les lois générales de la phonétique, en un nom français dans lequel les termes entrés dans la composition ne sont reconnaissables que si l'on remonte au latin. Très souvent, les anciens noms latins sont formés de deux mots simplement juxtaposés. De ces deux mots, l'un est toujours un substantif de la langue commune,

---

1. A. Giry : « Tout éditeur d'un recueil de chartes doit y ajouter un index alphabétique où figurent tous les noms de lieu sous leur forme actuelle et sous les diverses formes anciennes relevées dans les documents qui composent le recueil. (*Manuel de diplomatique*, liv. III, ch. III.)

qui en devenant français a subi les règles spéciales au parler du pays où la localité était située.

Ainsi, par exemple, nous désignerons dans le Capbreu *Villa, Mansus, Casa.*

Le second des deux termes est, ou bien un adjectif qui s'accorde avec le substantif (juxtaposés de coordination) *Villa nova* (Capbreu, actes divers), *Villa longa* (Capbreu, actes divers); soit un second substantif qui est le régime de l'autre (juxtaposés de subordination : village de Bonpas (*de bono passu*).

On remarquera pour les noms de lieu désignés dans le Capbreu de Castell-Rossello, noms qui existent encore dans les localités, tels que *Villa nova*, aujourd'hui Villeneuve, et *Villa longa* (Villelongue), que chacun des deux termes s'est transformé séparément, et que le nom est resté formé de deux éléments groupés selon les règles de l'ancienne syntaxe française. On peut écrire ces noms en un ou deux mots, et les séparer ou non par un trait d'union.

Ces noms de lieu français sont généralement formés de deux éléments encore moins étroitement unis que dans les précédents : le second élément y est précédé de l'article se rapportant soit au nom qui précède, soit au nom qui suit, ou, comme en Roussillon, les deux termes sont liés par une préposition, telle que *de : Villeneuve de* la Raho; *Villelongue de* la Salanque; *Villeneuve de* la Rivière, etc...

Dans les noms ainsi formés, si le premier terme est souvent un nom ancien, dérivé ou composé, le second est une addition française, sans fixité et souvent d'une époque relativement récente. Il n'est généralement point exprimé dans l'usage local, et n'est qu'une désignation accessoire destinée à distinguer les localités du même nom.

Dans les noms de lieu remontant à l'époque gallo-romaine, dérivés d'un nom commun, qui se sont formés généralement à l'aide de deux suffixes latins, ce suffixe, joint à des noms de végétaux, a servi à former dès l'antiquité des noms communs désignant des plantations de ces végétaux. Ces noms communs n'ont pas tardé à être employés comme noms de lieu; citons le suffixe *etum* : *Vernetum,* du celt. *Vernos*, « aune », Vernet.

Dans les noms les plus anciens, les deux mots latins ont été traités comme un nom simple et ont donné des noms français, affectés d'un accent unique, dans lesquels s'est perdu tout souvenir étymologique et qui se sont peu à peu transformés suivant les lois phonétiques; je citerai un nom qui revient souvent dans le Capbreu, et qui est en même temps un nom de lieu et un nom de personne : Cabestany (aujourd'hui village existant encore près de Castell-Roussillon, dont le nom est composé de deux substantifs : *caput, stagni*). L'étang s'est aujourd'hui retiré, mais, au quinzième siècle, il est probable que l'étang baignait les murs de ce village, dont les marais ont été desséchés.

Depuis la fin XIe siècle jusqu'au XVe siècle, les abbayes, les seigneurs, pour fixer la population nomade, peupler leurs domaines et les mettre en culture, avaient fondé un grand nombre de villes[1] auxquelles ils concédèrent des privilèges. Quelques-unes de ces fondations reçurent les noms de leur fondateur. A Castell-Rossello, le seigneur Arnaud de Perapertuse avait légué son nom au domaine rural qui était sous sa dépendance : *Vilarnau*, plusieurs fois mentionné dans les documents, rappelle la *Villa Arnaldi*, la nouvelle ville du Seigneur de Castel-Roussillon, *Arnald* de Perapertuse ou d'Ortafa.

1. *Pia*. Ce nom paraît être une abréviation du latin *Appia*, mais l'histoire de la période romaine est muette sur cet endroit, qui était peut-être la *ville* d'un *Appius*. Au Moyen âge, les archevêques de Narbonne étaient seigneurs du lieu[1].

1. P. Vidal, *Guide historique et pittoresque dans le département des Pyrénées-Orientales*, 1re partie, § 2.

Nota. — En terminant cette étude, je me fais un devoir de remercier l'érudit archiviste des Pyrénées-Orientales, M. Marcel Robin, de l'obligeance qu'il a mise à rechercher minutieusement les documents qui m'ont été utiles pour ce travail, et pour l'étude qui va paraître incessamment : La Seigneurie de Castell-Rossello (*Capbreu d'André de Fenouillet, vicomte d'Ille et de Canet, Seigneur de Castel-Roussillon*).

TABLE DES MATIÈRES

Toulouse. — Imp. et Lib. Édouard Privat. — 464.

DU MÊME AUTEUR

Le Bilan des Fouilles de Ruscino, in-8° raisin; ouvrage orné de 46 photogravures et de 3 phototypies en couleurs hors texte. Imprimerie J. Comet, Perpignan.

Cet ouvrage a été présenté à l'Académie des Inscriptions et Belles-Lettres le 6 novembre 1914, en séance publique. (Le secrétaire perpétuel : G. Maspéro.)

Les Vestiges de Ruscino, in-8° raisin; ouvrage orné de 16 photogravures et d'une phototypie en couleur hors texte. Imprimerie Barrière et Cie, Perpignan.

Les Guerres dans l'Antiquité et la Guerre moderne, in-8° raisin, tome Ier. Imprimerie Catalane, Perpignan.

Pour paraître fin novembre :

EN COURS DE TIRAGE

Les Guerres dans l'Antiquité, tome II.

Les Librairies à l'époque antique; les Manuscrits du Roussillon (Supplément de la *Revue Catalane*, Société d'Études catalanes), in-8° raisin. Imprimerie J. Comet, Perpignan.

La Colonie antique de Ruscino, in-8° raisin. Imprimerie J. Comet, Perpignan.

TOULOUSE. — Imp. et Lib. ÉDOUARD PRIVAT. — 464

www.ingramcontent.com/pod-product-compliance
Ingram Content Group UK Ltd.
Pitfield, Milton Keynes, MK11 3LW, UK
UKHW022012170726
13837UKWH00001B/147

9 782019 939823